AF534386

VARIANTENREICHES Modellieren

Verblüffende Ergebnisse ohne Brand

Darlene Olivia McElroy & Patricia Chapman

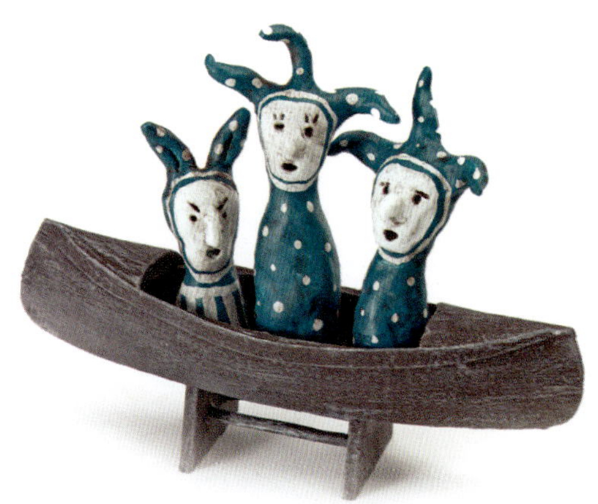

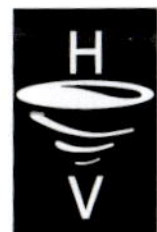

INHALT

WERKZEUGE & MATERIALIEN

Zu Beginn eines jeden Kapitels finden Sie einen Überblick über Werkzeuge und Materialien, mit denen in diesem Kapitel gearbeitet wird. Sie müssen jedoch nicht alles anschaffen, was in der Liste aufgeführt wird. Die Techniken und Projekte in diesem Buch lassen sich so abwandeln, dass Sie sie mit Ihrem verfügbaren Fundus an Werkzeugen und Materialien durchführen können.

← VORHERIGE SEITE
THE NAVIGATORS (Die Navigatoren) ▪ PATRICIA CHAPMAN
Critter Clay, Acrylfarbe, Fundstück (Boot)

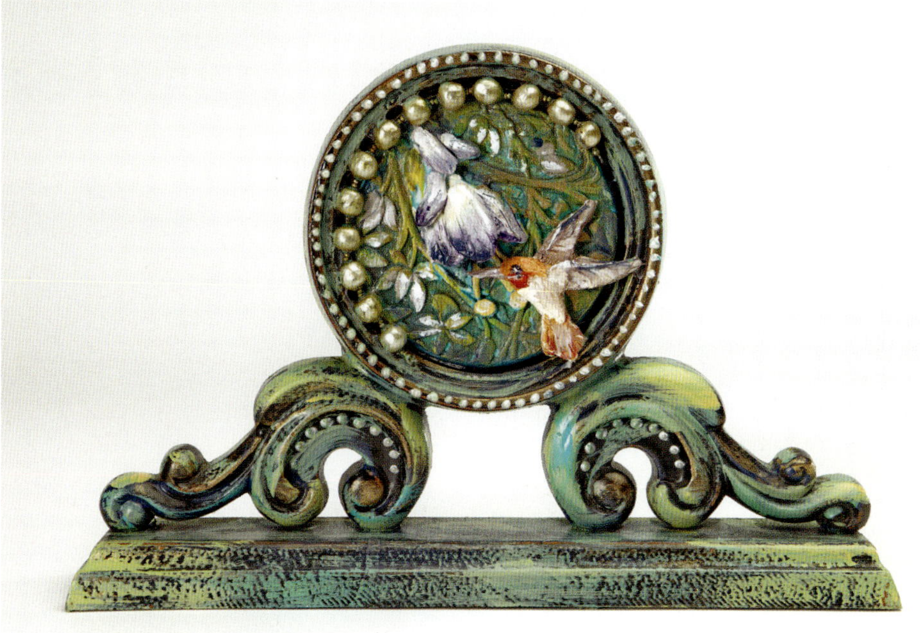

← **MY GARDEN FRIEND (Mein Gartenfreund)** ▪ DARLENE OLIVIA MCELROY
Siehe: Kapitel 3 (Silikon) und 12 (Creative Paperclay)

↓ **SEGRETO (Rätsel)** ▪ DARLENE OLIVIA MCELROY
Siehe: Kapitel 13 (Paper Clay) und 19 (Thermoplastische Modellierpellets und -streifen)

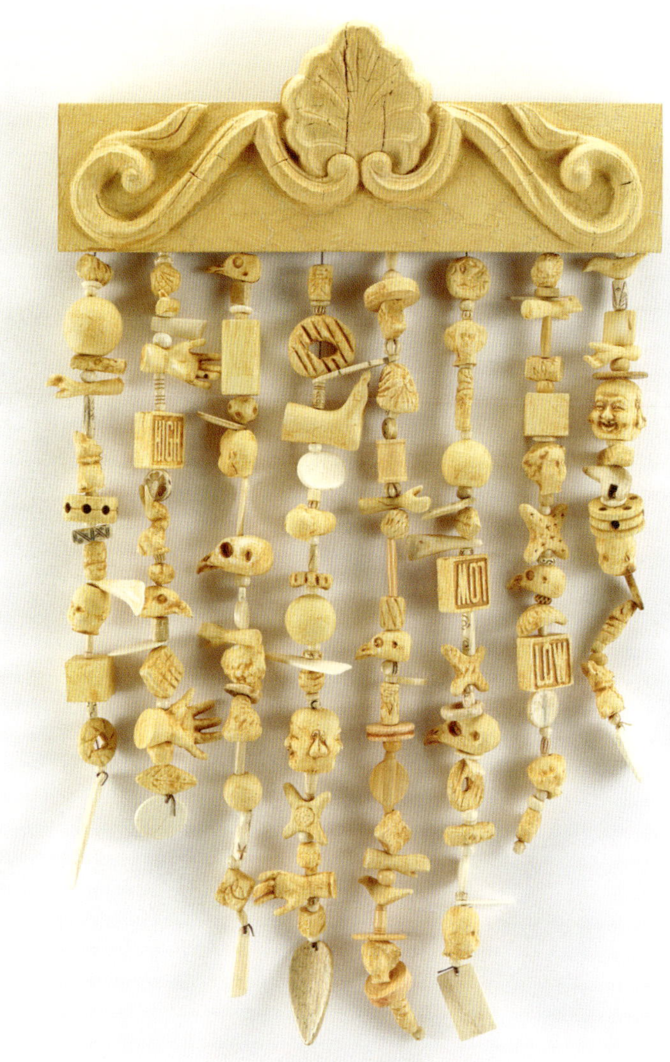

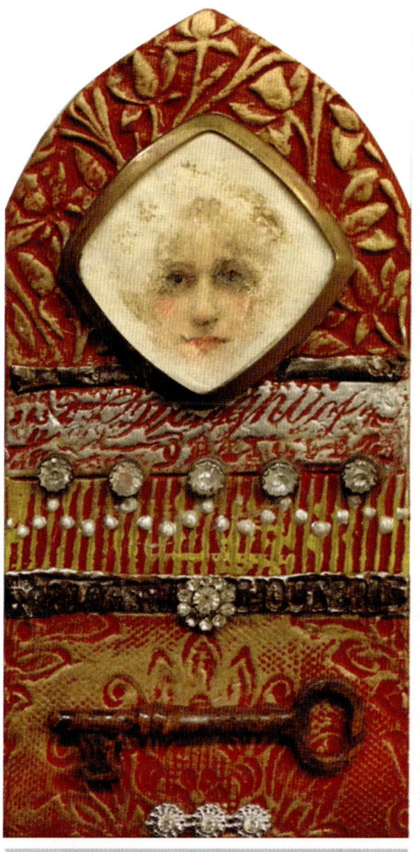

INFO

Anleitungen zu den Stücken auf dieser Seite finden Sie auf CreateMixedMedia.com/Mixed-Media-in-Clay (auf Englisch).

↑ **BEADED CURTAIN (Perlenvorhang)** ▪ PATRICIA CHAPMAN
Siehe: Kapitel 4 und 11 (Dreidimensionale Gussformen & Critter Clay)

EINLEITUNG

Die meisten von uns denken gern daran zurück, wie wir als Kinder im Dreck gespielt haben und hinterher entsprechend aussahen. Nun, es ist höchste Zeit, sich wieder die Hände schmutzig zu machen! Mit diesem Buch können Sie die kreative Vielfalt von Ton und anderen Modelliermassen neu erleben und eine riesige Bandbreite an unterschiedlichen Techniken kennenlernen.

Wir erkunden, wie man Ton einmal ganz anders einsetzen kann, und stellen Ihnen Materialien vor, die ähnliche Eigenschaften haben wie Ton. Daraus lässt sich von Schmuckstücken über Collage-Elemente bis hin zu größeren Skulpturen alles herstellen, was Ihre Fantasie Ihnen vorgibt.

Egal, ob wir mit vertrauten Materialien wie Ton, Gips und Papiermaschee arbeiten oder neuartige Massen wie thermoplastische Modellierpellets und -streifen verwenden: Allen gemeinsam ist, dass Sie keinen Haushaltsofen oder gar einen Töpferofen brauchen, um die daraus geformten Gegenstände fest werden zu lassen und haltbar zu machen. Jedes Material hat seine Eigenheiten, die wir in unseren Projekten besonders hervorheben. Manche haben große Ähnlichkeit mit klassischem Ton, andere erinnern an Metall oder weisen besondere Klebeeigenschaften auf. Ihrer Kreativität sind jedoch keine Grenzen gesetzt. Probieren Sie aus, wie sich die vorgestellten Techniken abwandeln und die Materialien auf andere, ungewöhnliche Weise einsetzen lassen.

Da wir immer wieder nach Guss- und Abformtechniken gefragt werden, werden wir einige dieser Techniken hier vorstellen. Die meisten von ihnen sind unglaublich einfach und natürlich sagen wir Ihnen, welches Material sich am besten für welche Technik eignet.

Wenn Sie Fundstücke aus der Natur zusammenfügen, eine freistehende Skulptur schaffen oder die Oberflächentextur Ihrer Bilder verändern wollen und neugierig sind auf die unterschiedlichsten Modelliermassen, dann sind Sie hier genau richtig. Jede Menge Inspirationen, Informationen und Ideen warten nur darauf, dass Sie sie erkunden und damit spielen.

Viel Spaß dabei!

Darlene & Patricia

INFO

Anleitungen zu den Stücken auf dieser Seite finden Sie auf **CreateMixedMedia.com/ Mixed-Media-in-Clay** (auf Englisch).

→ **EVERYTHING IS COMING UP ROSES**
(Alles bestens) ▪ PATRICIA CHAPMAN
Siehe: Kapitel 13 (Selbsthärtende Modelliermasse), 16 (Gips und Gipsbinden) und 4 (Dreidimensionale Gussformen)

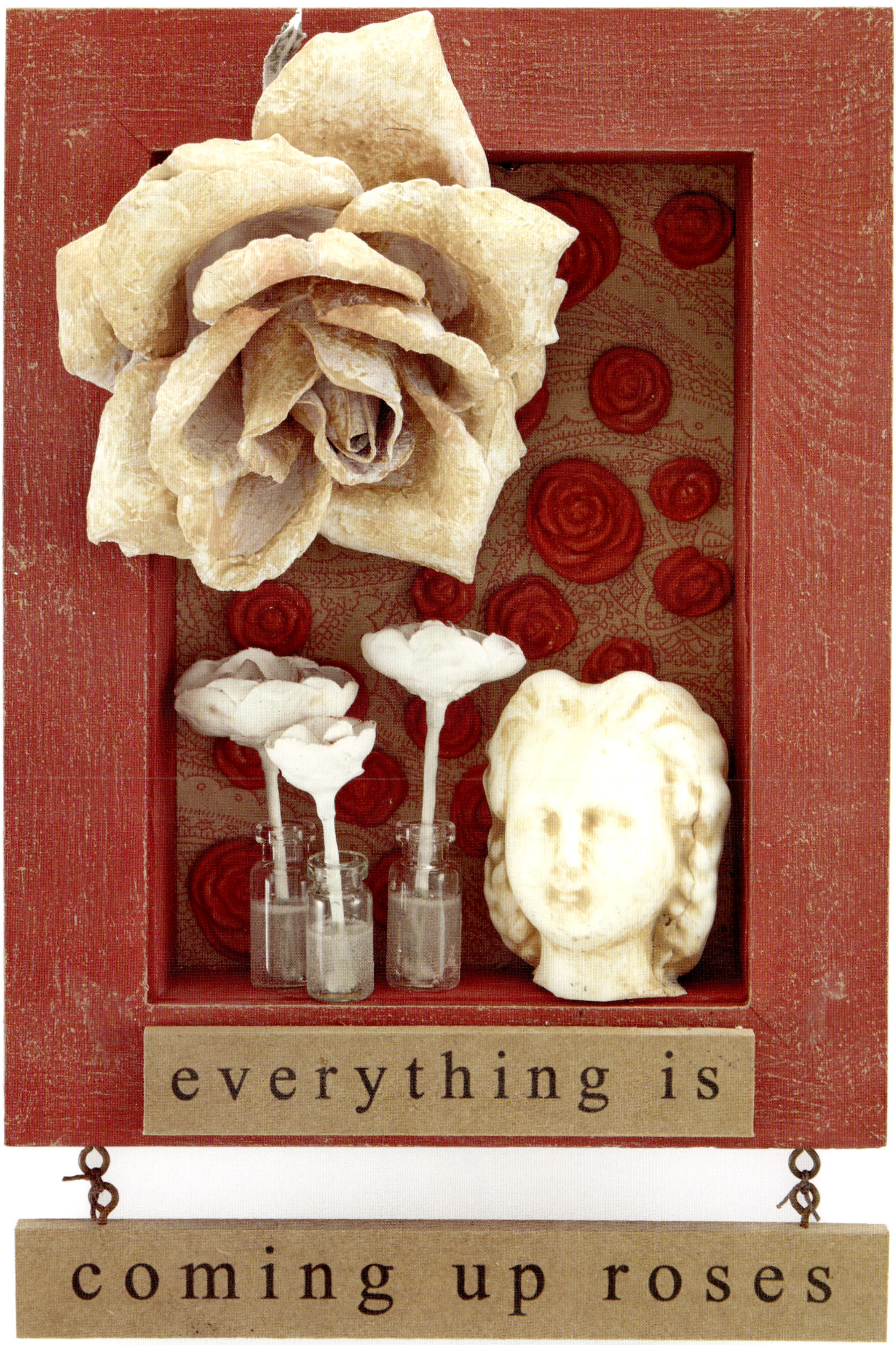

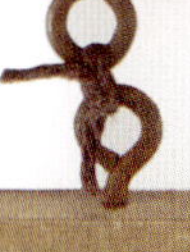
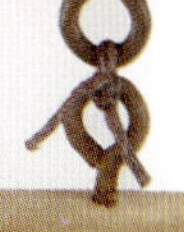
everything is
coming up roses

TON UND ANDERE MODELLIERMASSEN

Woran denken Sie bei dem Wort „Ton"? An lehmigen Matsch? Keramik? Schwer? Klebrig? An Gips, Plastik, Harz oder Papiermachee denken Sie vermutlich eher nicht. Gleichwohl haben diese Materialien eines mit Ton gemeinsam: Sie verwandeln sich von einer formbaren Substanz in etwas Festes. Beginnen wir unser Buch also mit einer kurzen Einführung in die unterschiedlichen Modelliermassen, die wir hier verwenden.

KLASSISCHER TON

Mit klassischem Ton meinen wir den in der Natur vorkommenden Ton, der normalerweise gelb, rot oder grau ist und blockweise verkauft wird. Man kann Formen aus Platten oder Wülsten aufbauen, von einem Block abtragen, gießen oder auf einer Töpferscheibe drehen. Ton wird bei hohen Temperaturen in einem Brennofen gebrannt. Dabei wird ihm die Flüssigkeit entzogen und das Tonobjekt nimmt eine beständige Form an. Im Gegensatz zu lufttrocknenden Modelliermassen ist Ton im knochentrockenen und ungebrannten Zustand sehr brüchig und zerbrechlich. Da wir ohne Brennofen arbeiten, verwenden wir traditionellen Ton bei unseren Projekten auf eine ganz und gar untraditionelle Weise.

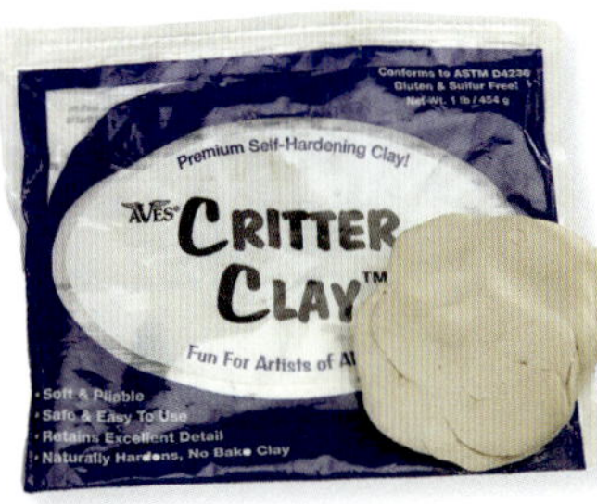

CRITTER CLAY

Es gibt unterschiedliche lufttrocknende Modelliermassen auf dem Markt, denen eines gemeinsam ist: Sie brauchen nur Zeit und Luft, um aus einer knetbaren Masse eine feste Form zu machen. Bei unseren Projekten verwenden wir Critter Clay der Fa. Aves Studio, ein qualitativ hochwertiges und haltbares Produkt, mit dem Sie so arbeiten können wie mit Ton. Im Gegensatz zu geschrühtem Ton lassen sich lufttrocknende Modelliermassen im festen Zustand bohren oder schleifen. Der einzige Nachteil ist, dass sie erst wasserfest werden, wenn Sie die Oberfläche versiegeln. Sie können jede Art von Farbe oder Oberflächenbehandlung verwenden.

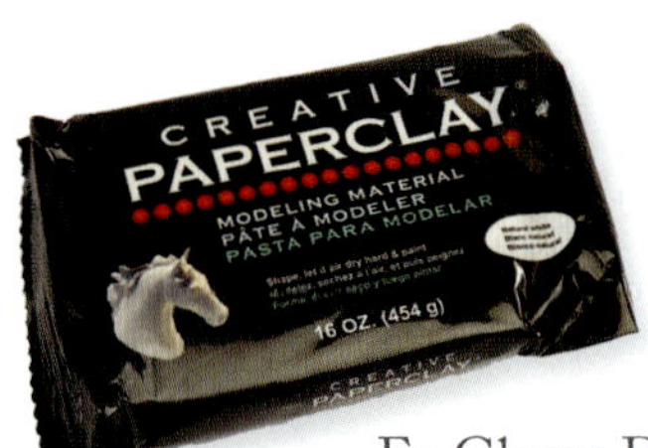

CREATIVE PAPERCLAY

Wir verwenden hier die Sorte Creative Paperclay der Fa. Glorex. Dabei handelt es sich um ein leichtes, lufttrocknendes Material, das vielseitig einsetzbar ist. Im feuchten Zustand können Sie damit abformen, frei modellieren oder um Armaturen herum aufbauen. Es ist ungiftig, besteht ausschließlich aus natürlichen Bestandteilen und eignet sich hervorragend zum Modellieren von Puppen, Gefäßen, Schmuck, Reliefs oder Skulpturen. Es haftet gut und lässt sich nach dem Trocknen mit allen Farben oder Oberflächenbehandlungen bearbeiten. Und selbstverständlich muss es nicht gebacken oder gebrannt werden.

ZWEI-KOMPONENTEN-MODELLIERMASSE

Im Kunst- und Bastelbereich findet diese Alternative zu Ton immer häufiger Verwendung. Wir arbeiten hier mit Apoxie Sculpt der Fa. Aves Studio. Es ist in unterschiedlichen Farbtönen erhältlich, Sie können jedoch die verfügbaren Farben auch zu Ihrer Wunschfarbe mischen oder die Masse mit Acrylfarbe einfärben. Sculpt wird innerhalb von wenigen Stunden hart, endgültig ausgehärtet ist das Material allerdings erst nach 24 Stunden. Wenn Sie zwei gleiche Anteile der beiden Komponenten verkneten, bekommen Sie eine zähe, dichte, kittähnliche Masse, die an allem außer Silikon oder Teflon haftet. Sie können Sculpt zum Kleben, Abformen oder Modellieren benutzen oder Schmuckstücke oder Collage-Elemente daraus fertigen. Auch als Grundmaterial für Perlenmosaike oder andere Mosaike aus kleinen Teilen eignet es sich.

CLAYSHAY

Klassischer Töpferton ist auch in Pulverform erhältlich. Die Modelliermasse, die entsteht, wenn Sie Tonpulver mit Wasser vermischen, weist allerdings keine der Eigenschaften auf, mit denen ClayShay von der Fa. Aves Studio aufwartet. ClayShay ist eine pulverförmige Mischung aus Ton und Papiermachee. Im dünnflüssigen Zustand eignet sich die Mischung zum Gießen, wenn sie etwas dickflüssiger ist, kann man sie auf leicht angeraute, nicht glatte Oberflächen oder Armaturen aufbringen. Das Material haftet hervorragend. Wenn man mit wenig Wasser eine tonähnliche Konsistenz erzeugt, lässt sich damit abformen oder modellieren. Bei all seiner Vielseitigkeit bietet das Material einen weiteren Vorteil: Es schrumpft beim Trocknen nur minimal, außerdem ist es sehr robust und kann nach dem Abbinden gebohrt, geschliffen, geschnitzt oder bemalt werden.

PAPIERMASCHEE

Papiermaschee ist eine bemerkenswerte Modelliermasse aus Papier und Kleister, die an aufgerauten oder porösen Oberflächen wie Styropor haftet und erstaunlich leicht und haltbar ist. Verteilen Sie die feuchte Mischung auf dem Gegenstand Ihrer Wahl, glätten Sie sie mit einem nassen Finger und bedrucken, beschreiben oder bemalen Sie sie. Nach dem Trocknen kann Papiermaschee geschliffen, bemalt, gebohrt oder geschnitzt werden.

GEBRAUCHSFERTIGE FEINSPACHTELMASSE

Diese preiswerte weiße Spachtelmasse wird normalerweise beim Trockenbau verwendet. Gebrauchsfertige Feinspachtelmasse ist eine komplexe Mischung; sie besteht meist aus Wasser, Kalkstein, Blähperlit und anderen Substanzen. Sie ist sofort einsatzbereit und durch ihre cremige Konsistenz leicht zu verarbeiten. Wenn die Feuchtigkeit entweicht, härtet sie aus. Sie eignet sich vor allem für Hintergründe und Oberflächentexturen.

GIPS UND GIPSBINDE

Abformungen mit Gips sind ideal für ungeduldige Naturen: Die Abbindezeit ist erfreulich kurz. Gips ist preiswert und lässt sich problemlos anrühren. Im getrockneten Zustand hat er große Ähnlichkeit mit weißem Porzellan. Was immer Sie in Ihre Gips-Wasser-Mischung tauchen: Die Veränderungen, die der Gipsüberzug bewirkt, ist erstaunlich. Aus einem alten Schuh wird so ein edles Kunstobjekt.

Gipsbinde besteht aus groben, mit Gips getränkten Gewebestreifen. Wenn Sie die Gipsbinde in Wasser tauchen, lässt sie sich in jede erdenkliche Form bringen, indem Sie sie z.B. über einen Gegenstand drapieren. Nach dem Abbinden behält sie diese Form bei. Sowohl Gips als auch Gipsbinde können mit allen Arten von Farben bemalt werden.

STUCCO FEINSPACHTEL

Stucco Feinspachtel ist ein Wand- und Deckenputz, der aus Kalk und Marmormehl besteht und in mehreren dünnen Schichten aufgetragen wird. Wenn diese Schichten poliert werden, entsteht eine glatte Oberfläche, die den Anschein von Tiefe und Textur erweckt. Im unpolierten Zustand fühlt sich der Stucco Feinspachtel so rau an wie Stein. Das Material kann mit Pigmenten und anderen Farbmitteln abgetönt werden.

FASERPASTE

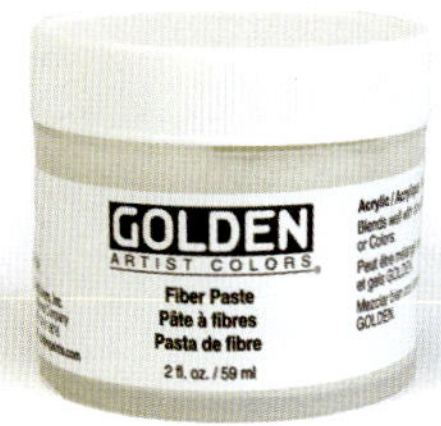

Diese Faserpaste von Golden hat nach dem Trocknen eine raue, cremefarbene Oberfläche wie handgeschöpftes Papier. Wenn Sie mit einem nassen Palettenmesser darüberfahren, trocknet die Oberfläche glatter an. Sie ist sehr saugfähig und eignet sich daher vor allem für die Arbeit mit Wasser-und Acrylfarben oder Tinten. Die Paste kann auch vor der Verarbeitung mit Acrylfarbe oder -tinte eingefärbt werden. Sie lässt sich nähen, formen, prägen oder mit Schablonen verwenden.

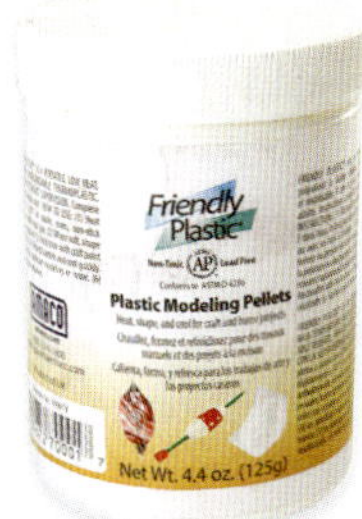

THERMOPLASTISCHE MODELLIERMASSE

Wir verwenden Granulat und Streifen aus der Friendly-Plastic-Serie von Amaco. Bei dem Granulat handelt es sich um kleine, milchigweiße Kügelchen, die klar und formbar werden, wenn man sie in heißem Wasser, in einer beschichteten Partypfanne oder mit einer Heißluftpistole erhitzt. Im geschmolzenen Zustand lassen sie sich mit anderen Materialien mischen, um Farbe oder andere Akzente hinzufügen. Nach dem Abkühlen können Sie sie mit Acrylfarbe bemalen. Da das Granulat die Form behält, die es im heißen Zustand angenommen hat, eignet es sich zum Figurenmodellieren, zum Abformen von Texturplatten oder Pressformen aus Silikon, für die Herstellung von Perlen oder Collage-Elementen. Wenn Ihnen das Ergebnis nicht gefällt, schmelzen Sie die Masse wieder ein und fangen von vorn an.

In Streifenform gibt es die thermoplastische Modelliermasse auch in leicht glänzenden Metallfarben. Auch die Streifen lassen sich einfach in heißem Wasser, in einer beschichteten Partypfanne oder mit einer Heißluftpistole weichmachen. Sie eignen sich für die unterschiedlichsten Verarbeitungstechniken: zum freien Formen, Abformen, Bestempeln, Schneiden, Aufschichten, Ausrollen oder Eindrücken in Silikonformen. In Verbindung mit schönem Papier, Perlen, Draht oder anderem Zubehör lassen sich daraus einzigartige Werke herstellen.

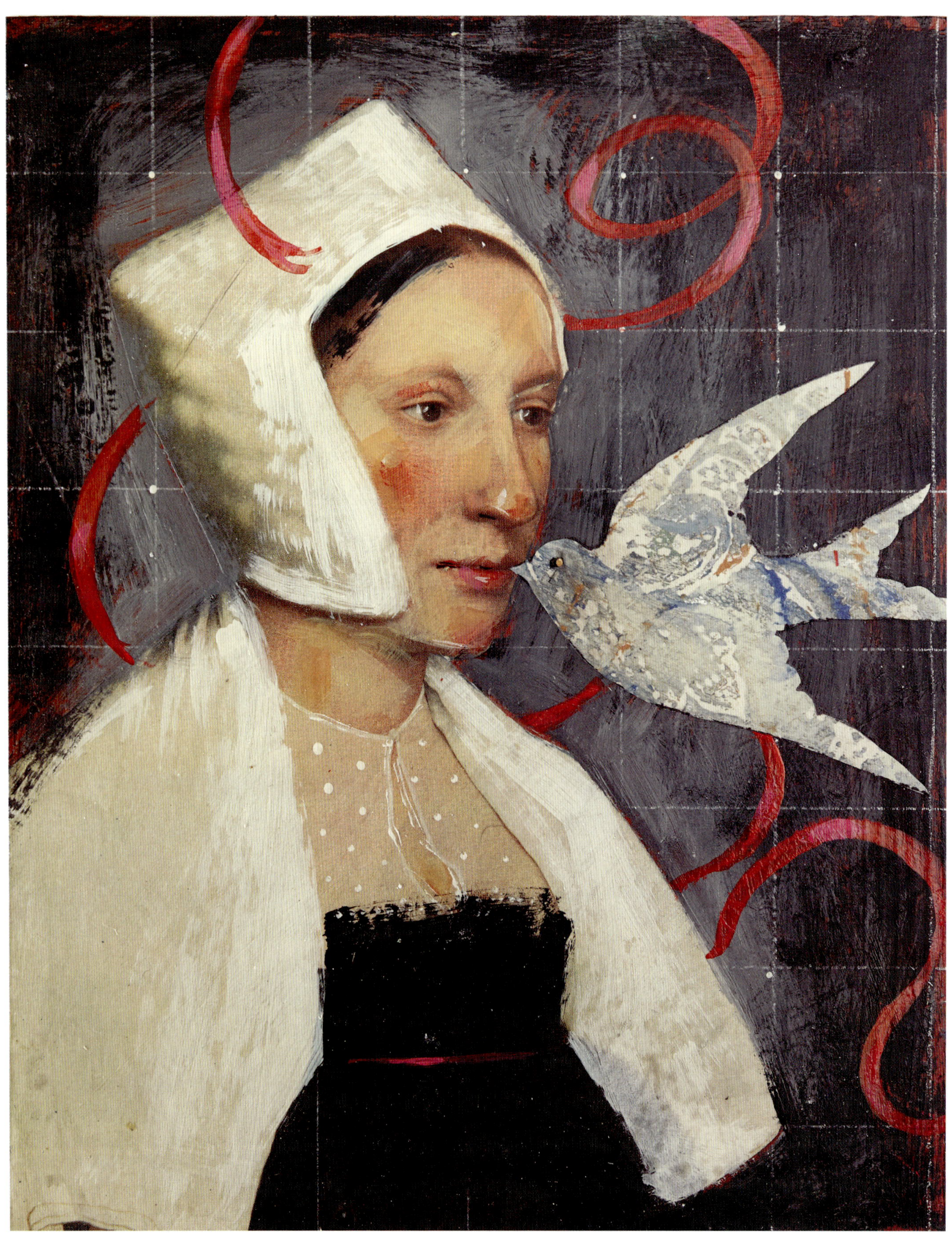

DREAM KISS (Traumkuss) ▪ DARLENE OLIVIA MCELROY
Vogelumriss aus einem Monoprint mit Ton ausgeschnitten und mit einem speziellen Collagenkleber aufgeklebt.

MONOPRINTS MIT TON 1

Wer hätte gedacht, dass man so viel mit Töpferton anstellen kann, ohne dafür einen Brennofen zu brauchen! Bei diesem Projekt dient der Ton als Druckvorlage. Er wird geprägt, geritzt, bestempelt oder auf andere Weise mit Mustern versehen. Wir streichen ihn mit Farbe ein, drucken auf unterschiedlichen Untergründen, lassen die Drucke einander überlagern und experimentieren mit Metallfarbe und ihren Glitzereffekten. Das Erstaunliche an dieser Technik ist, dass Sie selbst bestimmen können, wie groß oder klein Ihre tönerne Druckplatte ist: Sie können jede erdenkliche Form daraus zuschneiden. Der Ton lässt sich überdies problemlos reinigen und kann jederzeit wiederverwendet werden, solange er nicht trocknet und hart wird. Die hier vorgestellte Drucktechnik eignet sich für Künstler aller Altersstufen.

MATERIALLISTE:

Acrylfarbe

Acrylfarbe der Produktlinie „Open“ der Fa. Golden

Handdruckwalze

leichtes Papier und Stoff

Papierhandtücher

Schwammpinsel

Sprühflasche mit Wasser

Teigroller

Töpferton, weiß, ohne Schamotte

weiches Einschlagpapier oder Plastikfolie

Werkzeuge zum Prägen, Ritzen, Stempeln usw.

MONOPRINTS HERSTELLEN

Monoprints ohne Druckerpresse und ohne Dreck! Sie brauchen nichts weiter als weißen Töpferton ohne Schamotte, den Sie für wenig Geld beim Handel für Keramikbedarf erstehen können. Sie müssen den Ton nur ausrollen und mit einem Messer, Bleistift oder Töpferwerkzeugen Muster in die Oberfläche ritzen. Streichen Sie die feuchte Oberfläche mit Farbe ein und legen Sie dann Papier, Stoff oder ein Tapetenstück darauf. Der Abdruck erscheint seitenverkehrt. Üben Sie zunächst mit einfachen Formen, bevor Sie sich an komplexe Muster wagen.

Experimentieren Sie mit mehreren übereinander gedruckten Bildern. Die Druckfarben, ihre Konsistenz und der Druck, den Sie mit der Handdruckwalze ausüben, beeinflussen das Ergebnis.

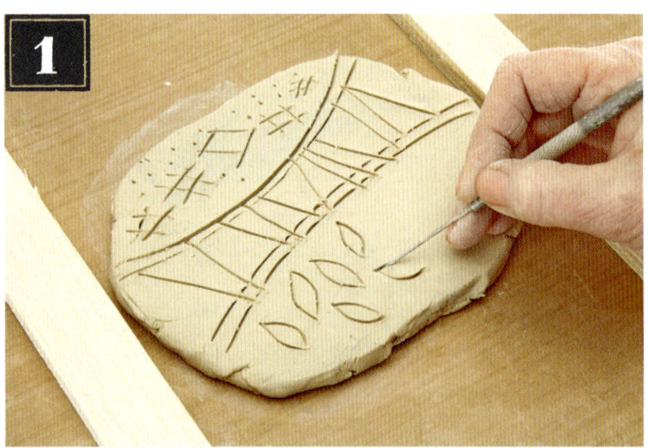

Walzen Sie den Ton zu einer 6-13 mm starken Platte aus. Ritzen Sie Muster in den Ton. Begradigen Sie die Kanten, wenn Sie mögen.

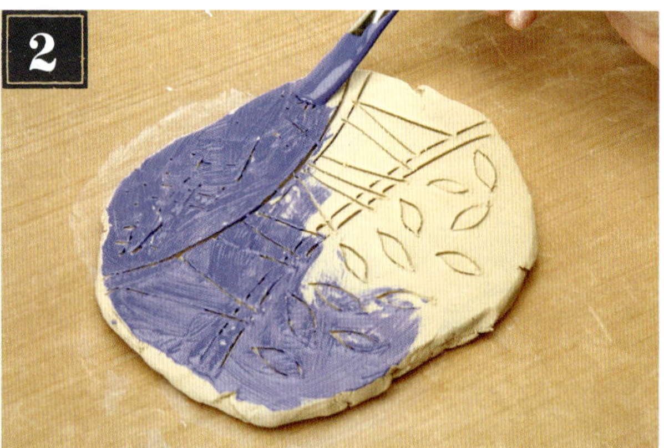

Bestreichen Sie die erhabenen Flächen mit Farbe. Diese Flächen erscheinen im Druck.

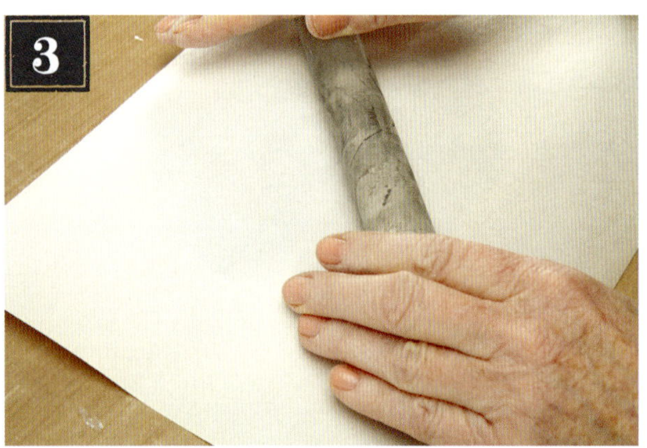

Legen Sie das Papier auf den Ton und fahren Sie mit einer Handdruckwalze oder einem Nudelholz darüber, um einen klaren Abdruck zu bekommen.

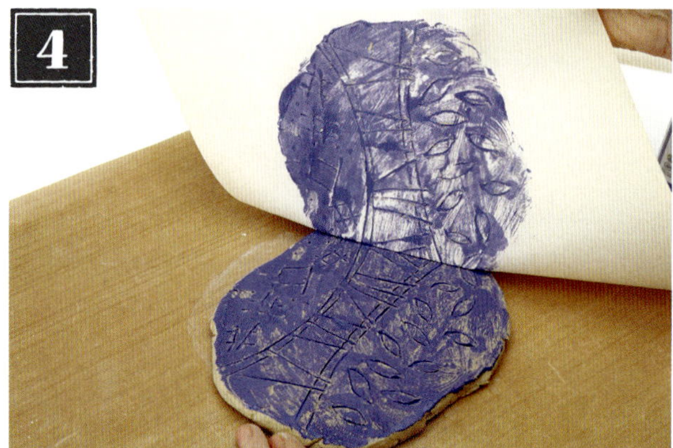

Ziehen Sie das Papier vorsichtig ab.

PROBLEMLÖSUNGEN

- Wenn Ihre Muster nicht tief genug eingeritzt sind, wird der Abdruck undeutlich. Machen Sie ein paar Probedrucke mit unterschiedlich tiefen Mustern.
- Ist der Druck verschmiert, haben Sie zu viel Farbe verwendet. Wenn Sie gar keinen Abdruck aufs Papier bekommen, war die Farbe möglicherweise zu trocken, bevor Sie das Papier aufgelegt haben.

TIPPS

- Wie ein Druck aussieht, hängt vom Papier, der Konsistenz der Farbe und davon ab, wie stark das Papier angedrückt wird.
- Muster lassen sich nicht nur mit Messern oder ähnlichem einritzen. Auch Stempel und Texturplatten sind gut geeignet.
- Schnitzwerkzeuge ergeben sehr feine Linien im Druck.
- Sie können den Ton bemalen, bevor Sie die Muster einritzen.

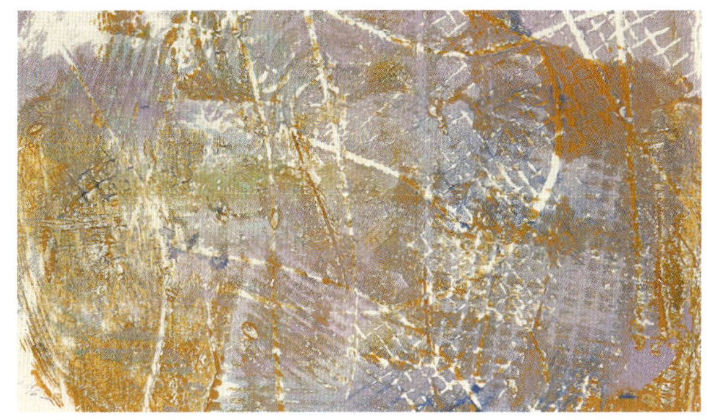

Papier mit drei Druckschichten.

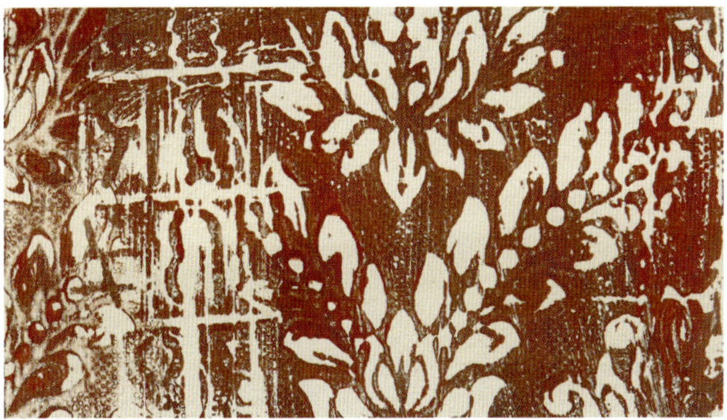

Tapetenmuster in Ton. Die erhabenen Flächen im Ton werden mit Farbe eingestrichen, dann folgt der Druck.

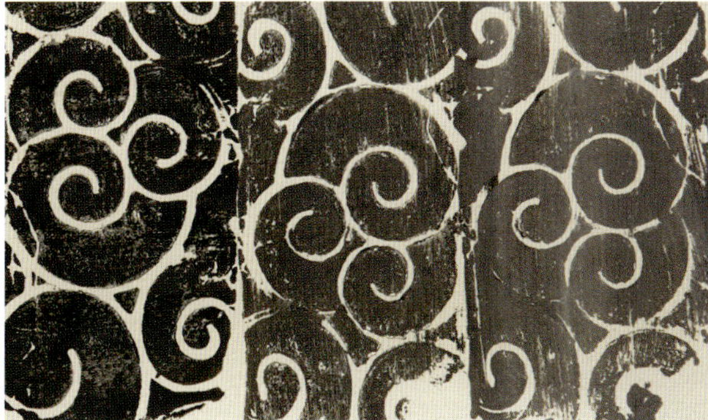

Jeder Druck lässt das Muster flacher werden. Achten Sie darauf, wie die Linien sich verändern.

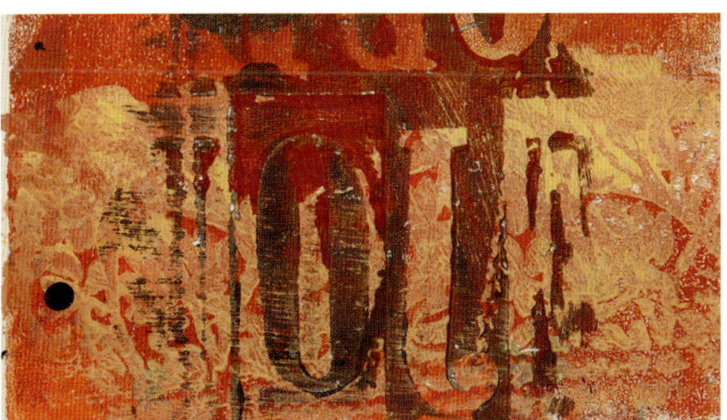

Mehrere Druckschichten auf bemaltem Papier.

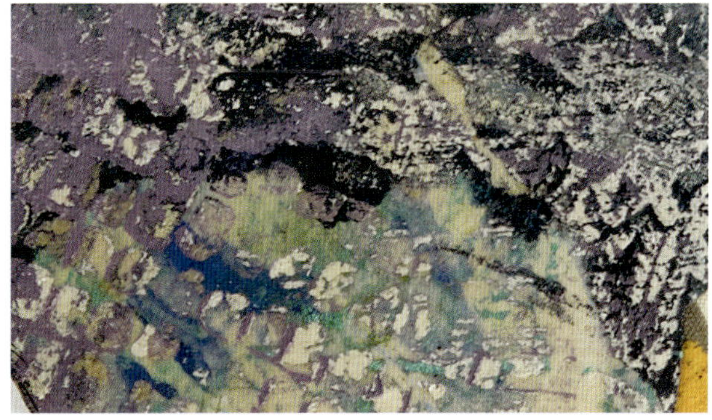

Zahlreiche überlappende Druckschichten.

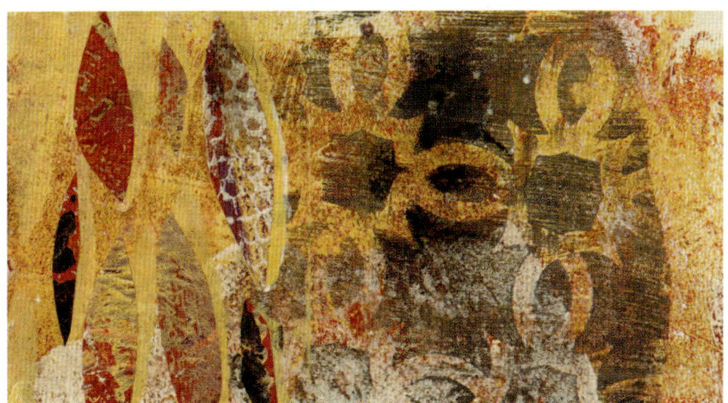

Monoprint-Ausschnitte als Collage-Elemente auf einem weiteren Monoprint.

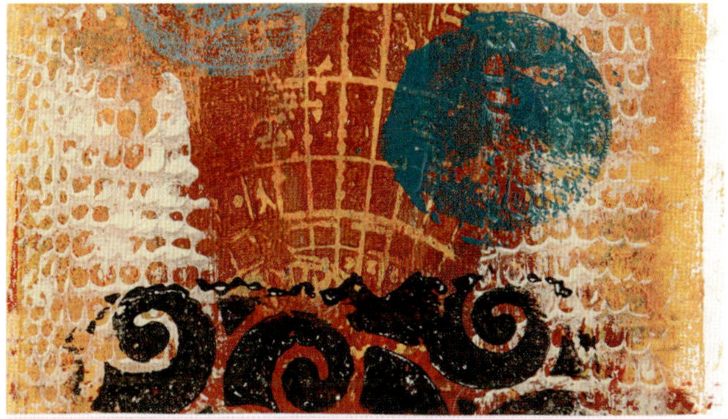

Stempelabdrücke auf Tonplatte, bestempelter Druck.

TIPP

Es kann vorkommen, dass Sie neben der Farbe auch feuchten Ton auf Ihrem Druck finden. Lassen Sie den Druck trocknen und bürsten Sie den getrockneten Ton ab. Wenn Sie die Tonreste erhalten wollen, überziehen Sie den Druck mit einem matten Malmedium. Das funktioniert allerdings nur bei kleinen Tonmengen. Wenn Sie den Ton lederhart werden lassen (steif, aber noch etwas feucht), haftet er nicht am Papier, kann aber nicht wiederverwertet werden.

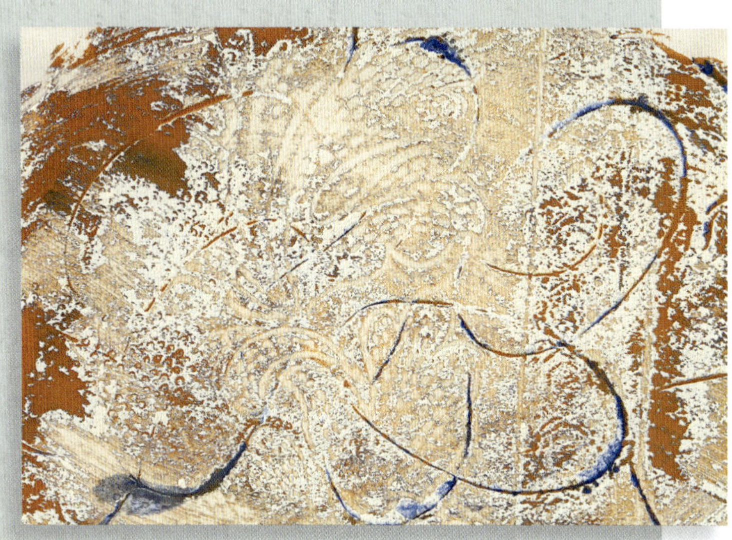

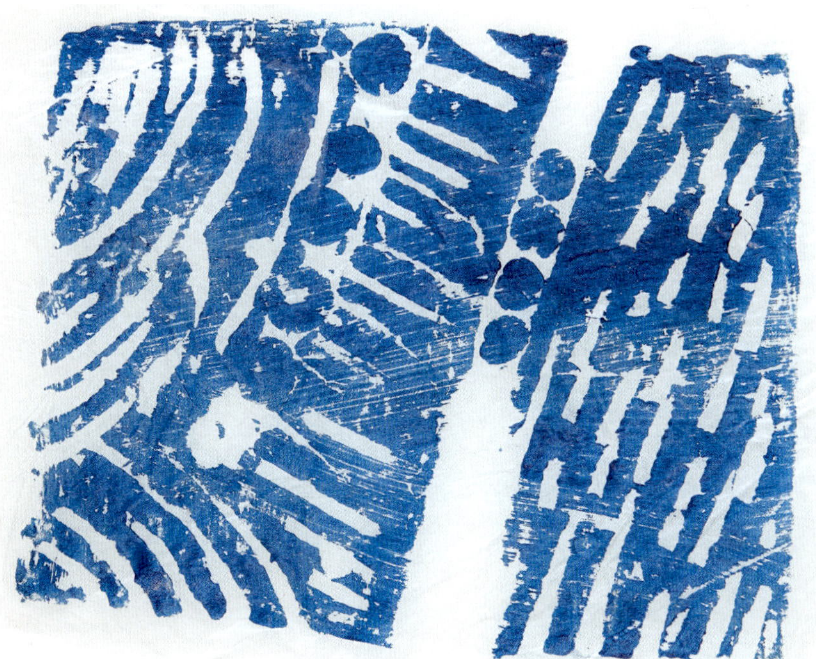

Holzschnitten nachempfundene Drucke können Sie auf Papier oder Stoff drucken.

„HOLZSCHNITTE" DRUCKEN

Wenn Sie bei dieser Technik nicht mit Farben auf Ölbasis arbeiten wollen (das ist ein ganz anderes Thema), empfehlen wir die Acrylfarben der Produktlinie „Open" der Fa. Golden, die eine längere Trockenzeit haben als andere Acrylfarben. Schnitzen Sie ein Muster in eine 13 mm dicke, lederharte (steif, aber noch leicht feucht) Tonplatte. Tragen Sie die Farbe auf, legen Sie das Papier auf, fahren Sie mit der Handdruckwalze darüber und ziehen Sie das Papier dann ab. Machen Sie Probedrucke, um ein Gefühl für die richtge Farbkonsistenz und das passende Papier zu bekommen.

MONOPRINTS ALS COLLAGE-ELEMENTE

Monoprints sind gemusterte Papiere, die Sie zerschneiden und als texturierte Elemente in Ihre Collage einfügen können. Legen Sie einen Vorrat an Monoprints an, sodass Sie immer auf eine Auswahl an Mustern und Farben zurückgreifen können.

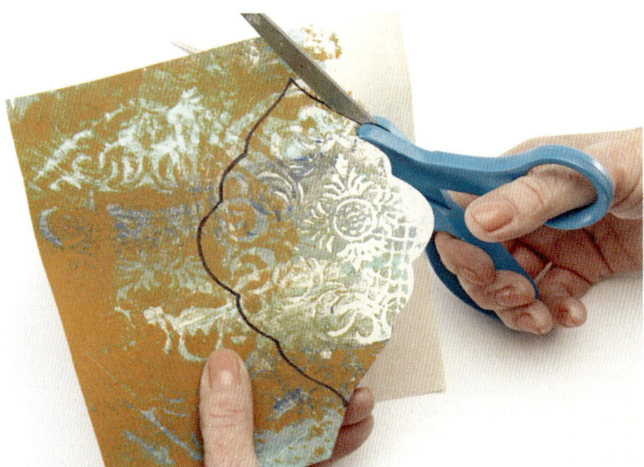

Zeichnen Sie einen Umriss auf Ihren Monoprint und schneiden Sie ihn aus.

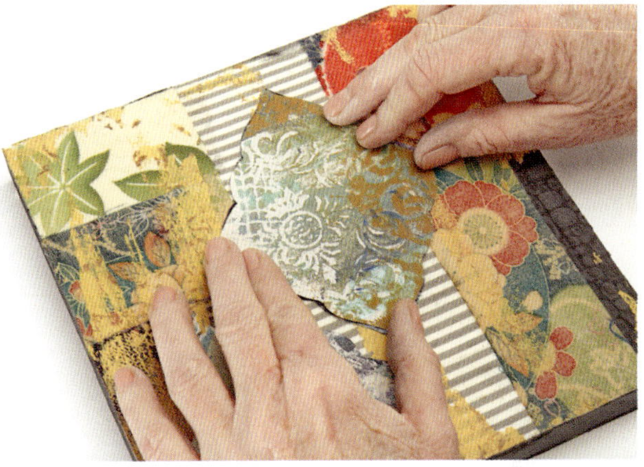

Kleben Sie ihn mit Soft Gel in Ihre Collage aus gemusterten Elementen.

ZUSÄTZLICHE EFFEKTE FÜR MONOPRINTS

Sie können Ihre Monoprints mit Hilfe von Schablonen, Glasur oder aufgetropfter Farbe weiter bearbeiten.

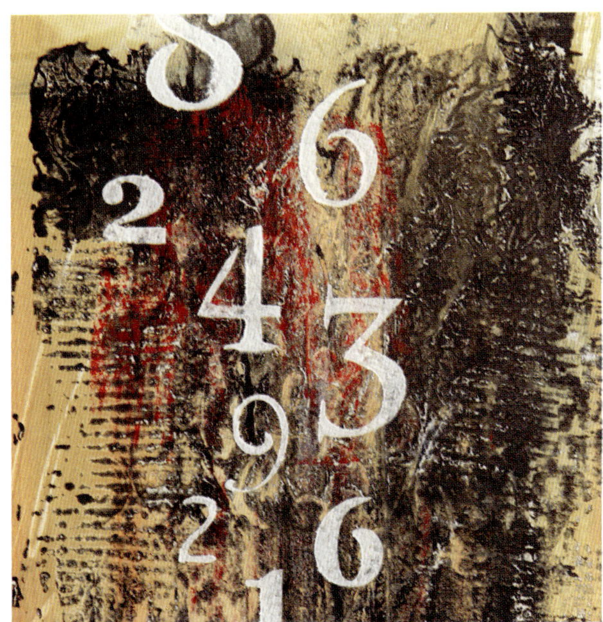

Fügen Sie mit einer grobkörnigen Strukturpaste schablonierte Muster hinzu.

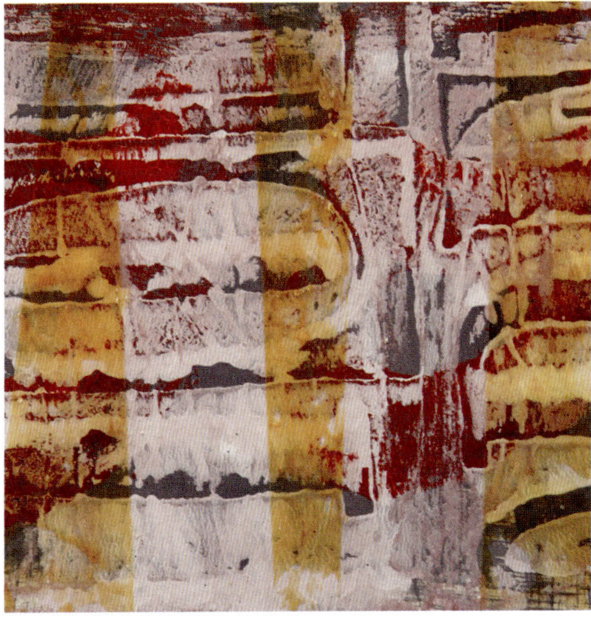

Malen Sie mit gefärbter Glasur Streifen auf.

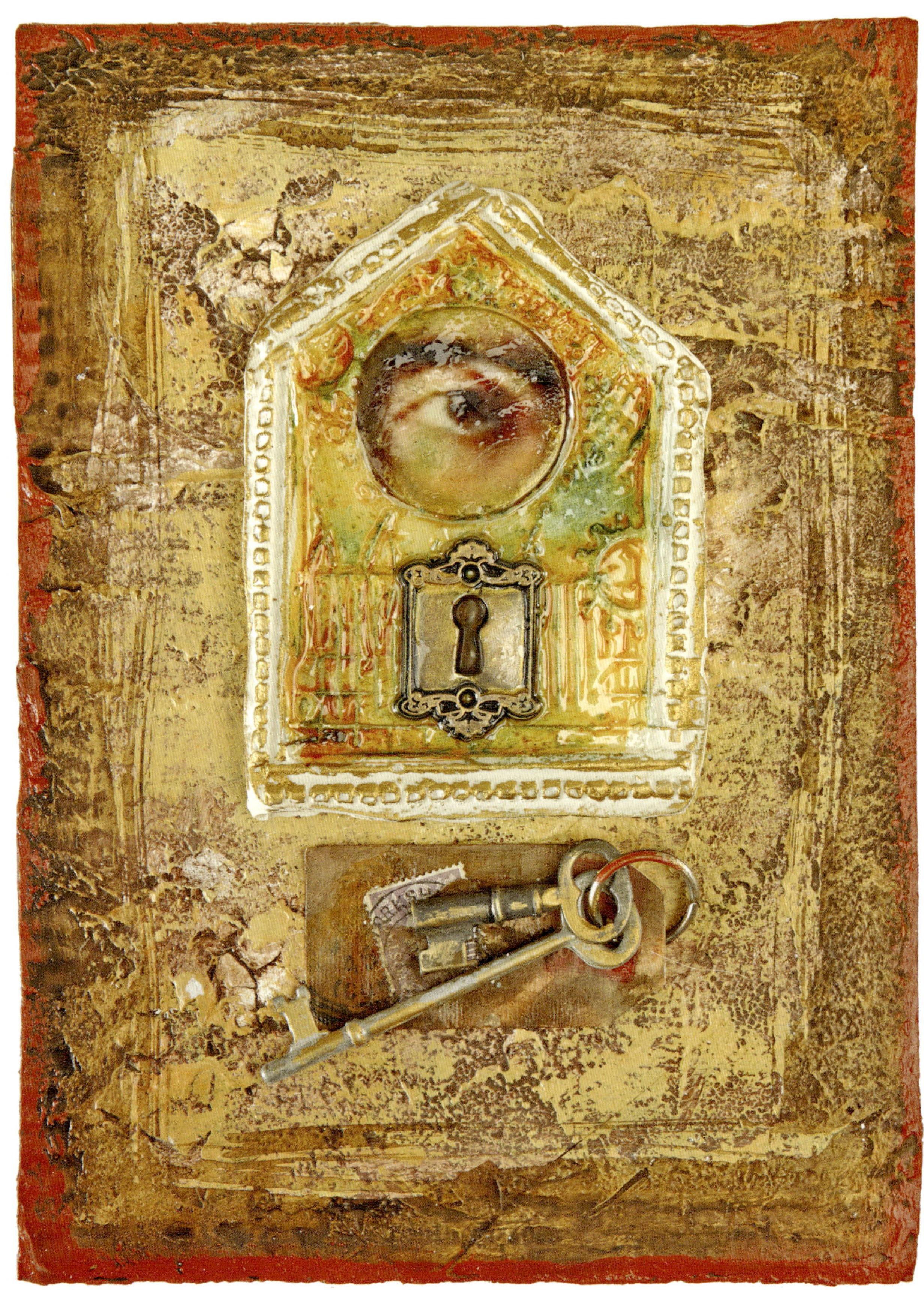

MYSTERY BEHIND THE KEYHOLE (Geheimnis hinter dem Schlüsselloch) ▪ Darlene Olivia McElroy
Fensterform, bemalt und mit gegossenen Musterstreifen eingerahmt, mit Kraftkleber auf den Hintergrund geklebt.

GUSSFORMEN AUS TON

Erinnern Sie sich, wie viel Spaß es gemacht hat, Gipsabdrücke unserer Hände zu machen, als wir Kinder waren? Hier ist die Erwachsenenversion – und die macht genauso viel Spaß! Es gibt vielfältige Möglichkeiten, mit Gussformen aus Ton zu arbeiten und mit unterschiedlichen Gussmaterialien interessante Elemente für Ihre Kreationen zu schaffen.

Gips – erzeugt einen weichen, kreideähnlichen Abguss und nimmt Farbe gut auf. Mit einem Überzug mit GAC 800 oder Harz entsteht eine harte Oberfläche. Braucht 20 bis 30 Minuten zum Trocknen. Bei richtiger Lagerung kann die Tonform wiederverwendet werden.

Gießharz – erzeugt eine sehr harte Oberfläche, ist jedoch nicht ungiftig und sollte daher in gut durchlüfteten Räumen verwendet werden. Harz lässt sich vor dem Gießen mit Harzfarben abtönen, es gibt auch vorgefärbte Harze. Braucht etwa 15 Minuten zum Abbinden. Die Tonform kann man nur einmal verwenden.

Fiber Paste von Golden – ist im trockenen Zustand biegsam und fühlt sich an wie handgeschöpftes Papier. Braucht bis zu einem Tag zum Trocknen. Ist vielseitig einsetzbar und kann gebogen, gefaltet, genäht und geheftet werden. Eignet sich für dreidimensionale Formen und nimmt Farbe gut an. Die Tonform kann nur einmal verwendet werden.

MATERIALLISTE:

Acrylfarbe
Backtrennspray
Fiber Paste (Faserpaste)
Frischhaltefolie
Gießharz (Amazing Casting Resin)
Gips
Handdruckwalze
Kinetic Sand
Malmedium
Messer und gerade Kante (z.B. Kantholz)
optional: bunte Enkaustikwachse
optional: GAC 800
Palettenmesser
Pappkarton
Pinsel
Schnitzwerkzeuge
Töpferton
Zahnbürste

GIESSTIPPS

- Beim Druck erscheinen Ihre Muster seitenverkehrt.
- Gießharz nur bei guter Belüftung verwenden.

EINE GUSSFORM HERSTELLEN

Stempeln oder ritzen Sie Muster in die Tonplatte, die später ausgegossen wird. Denken Sie daran, dass die tiefsten Einschnitte auf dem Abguss am höchsten erscheinen. Wenn Sie mit Ihrem Muster fertig sind, schneiden Sie die Platte zu einem Quadrat oder Rechteck zurecht. Schneiden Sie aus dem restlichen Ton die Begrenzungen für die Form aus, in die die Gießmasse gefüllt wird.

Machen Sie den Abguss, bevor der Ton hart wird, damit Sie die Tonplatte von dem ausgehärteten Gipsabdruck abziehen können.

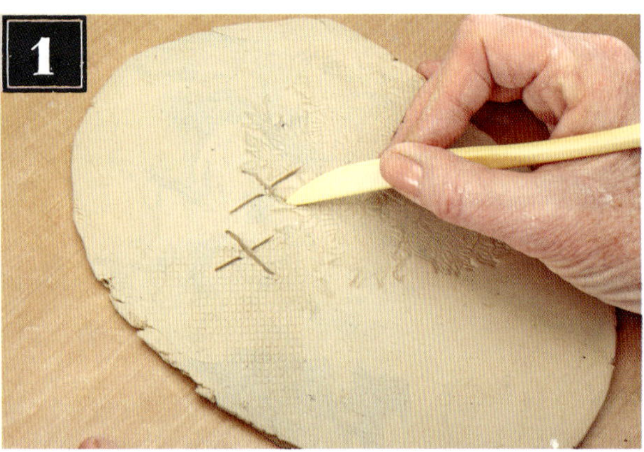

Ritzen Sie ein Muster in den Ton.

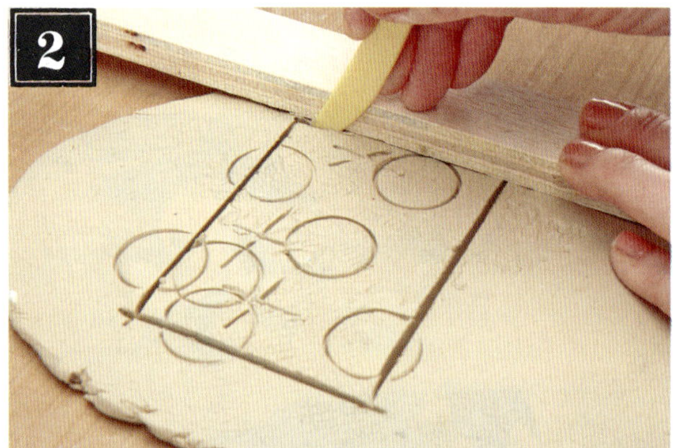

Schneiden Sie die Platte zu einem Rechteck oder einem Quadrat zurecht.

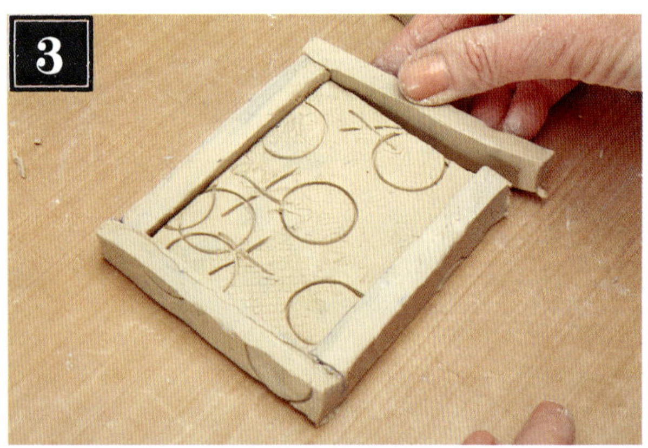

Die Begrenzung der Gussform besteht aus Tonstreifen, die 13 mm breit und 13 mm höher als die Musterplatte sind. Rauen Sie die Kanten auf und befeuchten Sie sie, bevor Sie sie ansetzen.

GIESSEN

Sie können auch den Boden aus einer kleinen Pappschachtel ausschneiden und die Wände in die Tonplatte drücken. Gießen Sie den Gips hinein, lassen Sie ihn durchtrocknen und ziehen Sie die Pappwände ab.

MIT GIPS GIESSEN

Gips lässt sich leicht bemalen, zuschneiden und schmirgeln. Er ist weiß, daher zeigt sich der weiße Untergrund, wenn von der bemalten Oberfläche ein Stück absplittert. Sie können den Gips jedoch beim Anmischen durch Tempera- oder flüssige Acrylfarbe abtönen. Eine Versiegelung mit GAC 800 oder Harz macht die Oberfläche unempfindlicher.

Mischen Sie den Gips nach Herstellerangaben. Wenn Sie Tempera- oder Acrylfarben beimengen, nehmen Sie kühles Wasser, weil es die Topfzeit verlängert und Sie so Zeit haben, die Farbe gründlich unterzumischen. Den Ton bewahren Sie nach dem Aushärten des Gipses in einer Plastiktüte mit etwas Wasser auf. Sie können ihn später wiederverwenden.

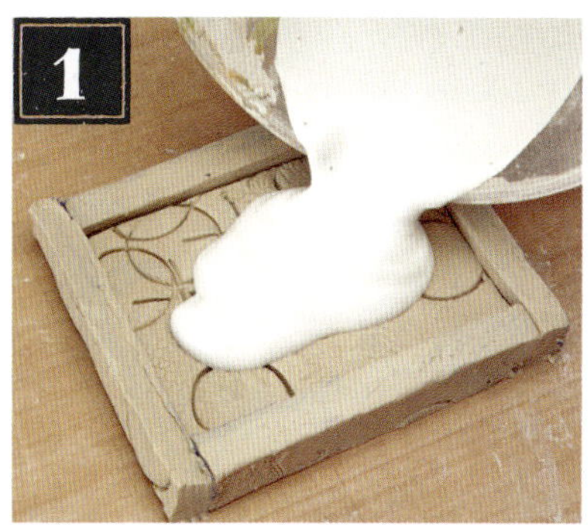

Gießen Sie Gips in die Tonform. Warten Sie mindestens 30 Minuten. Für den Fall, dass Gips ausläuft, können Sie Alufolie auf dem Tisch ausbreiten.

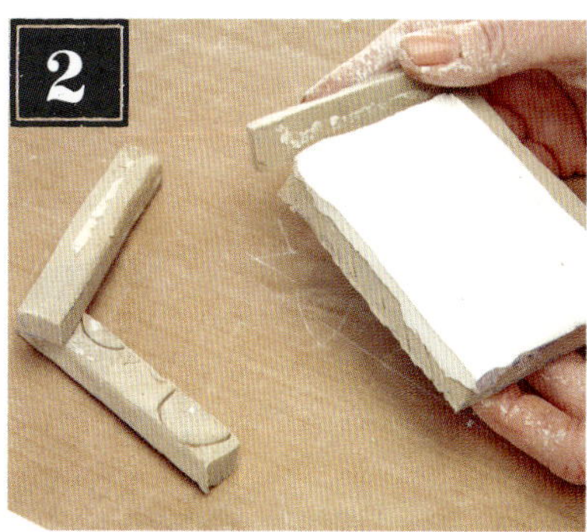

Lösen Sie die Tonwände, sobald der Gips hart ist.

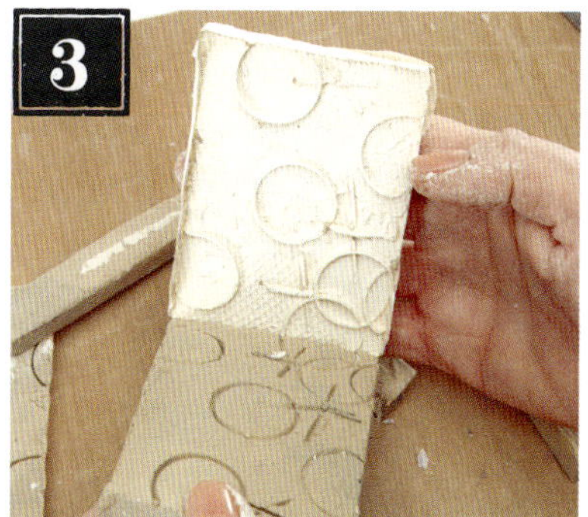

Ziehen Sie den Ton ab. Zum Vorschein kommt der texturierte Gipsabdruck.

SCHMIRGELN

Sie können die Kanten des Gipsabdrucks mit dem Dremel, einer Bandsäge, etwas Sandpapier oder sogar auf einem Betonweg in der Nähe glattschmirgeln. Erlaubt ist, was funktioniert.

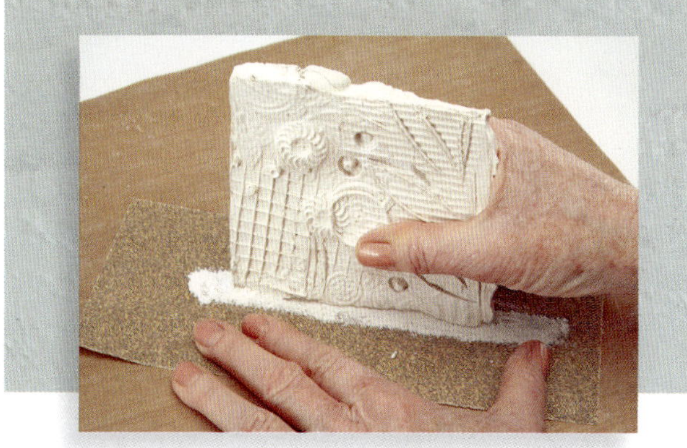

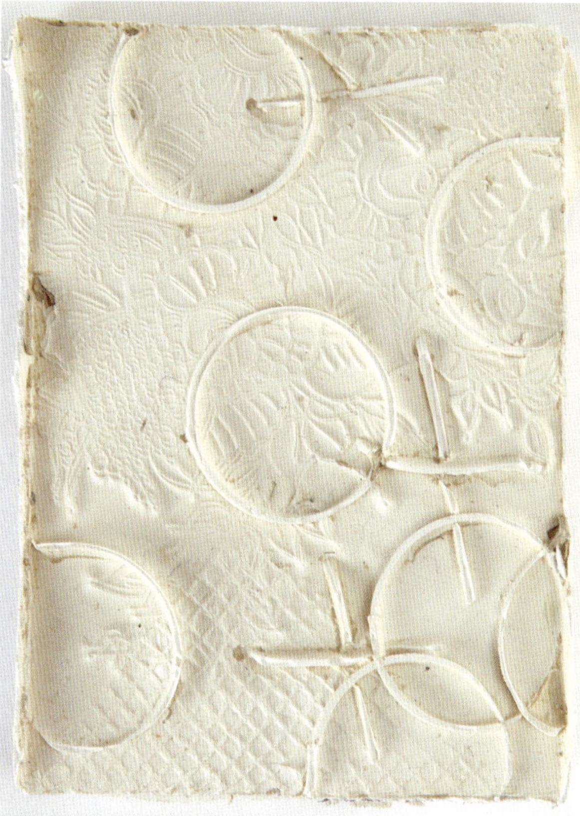

KLEINE GUSSFORMEN AUS TON

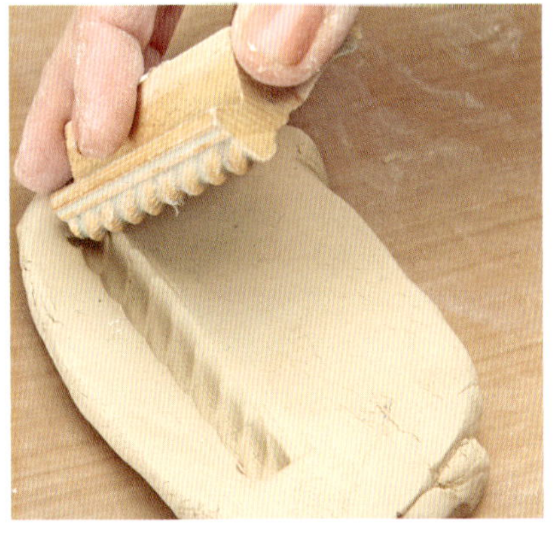

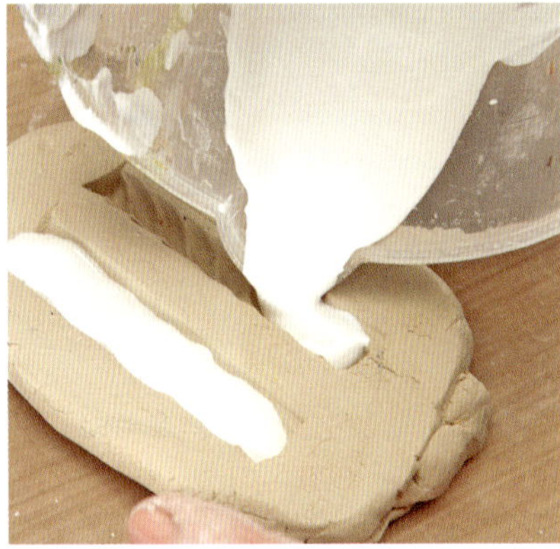

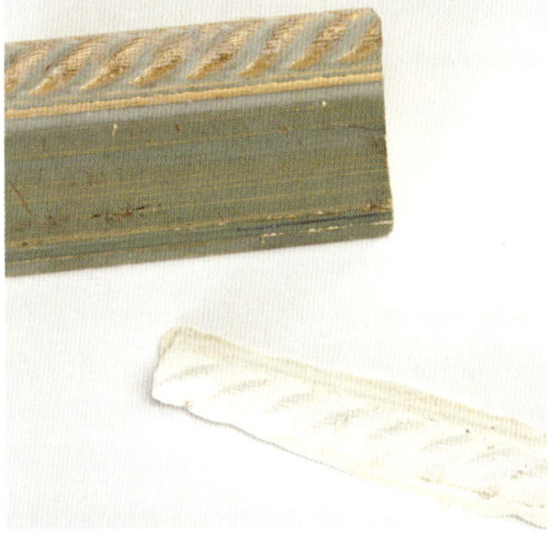

Drücken Sie einen kleinen Gegenstand in den Ton und gießen Sie die Vertiefung mit Gips aus. Lösen Sie den Ton, wenn der Gips hart ist.

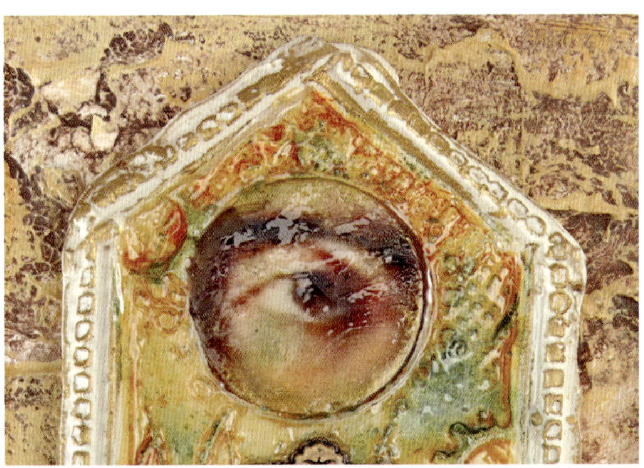

OBERFLÄCHENBEHANDLUNG

Versiegeln Sie den Gips mit Polymermedium, bevor Sie ihn mit Acrylfarben bemalen. Nach dem Farbauftrag sorgt eine Schicht Gac 800 oder Harz für eine harte, glänzende Oberfläche. Mit Enkaustik bekommen Sie eine verschwommene, wachsige Oberfläche. In diesem Fall verzichten Sie auf die Versiegelung, da Enkaustikwachs nur auf porösen Untergründen haftet.

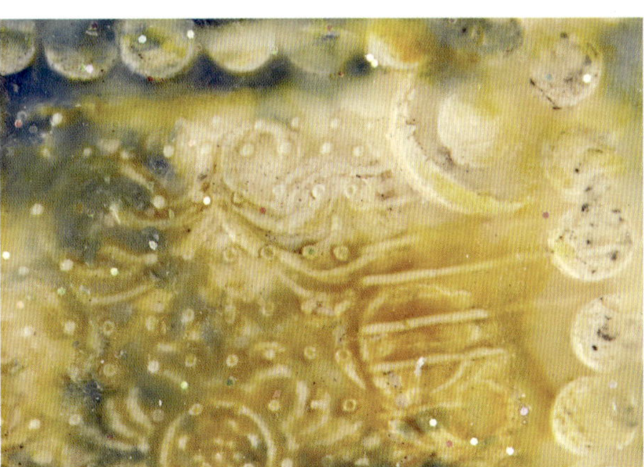

Ausgehärteter Gips mit farbigem Enkaustikwachs hat eine matt glänzende Oberfläche.

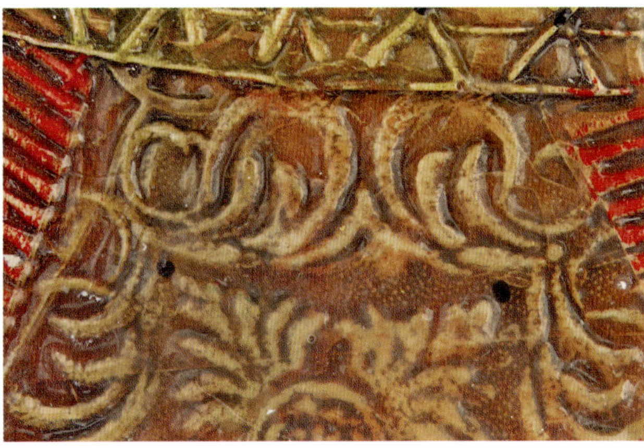

Eine Schicht GAC 800 oder Harz sorgt für eine harte Oberfläche.

KLEINE GUSSFORMEN IN KINETIC SAND

Sie haben ein Rahmenstück, eine kleine Puppe oder ein Schmuckstück, von dem Sie einen Abdruck machen wollen? Dann ist Kinetic Sand ideal. Achten Sie darauf, dass die Sandschicht tief genug ist, drücken Sie den Gegenstand hinein, gießen Sie die Form mit Gips aus und lassen Sie ihn hart werden. (Kinetic Sand gibt es in unterschiedlichen Farben. Wir haben uns hier für Pink entschieden.)

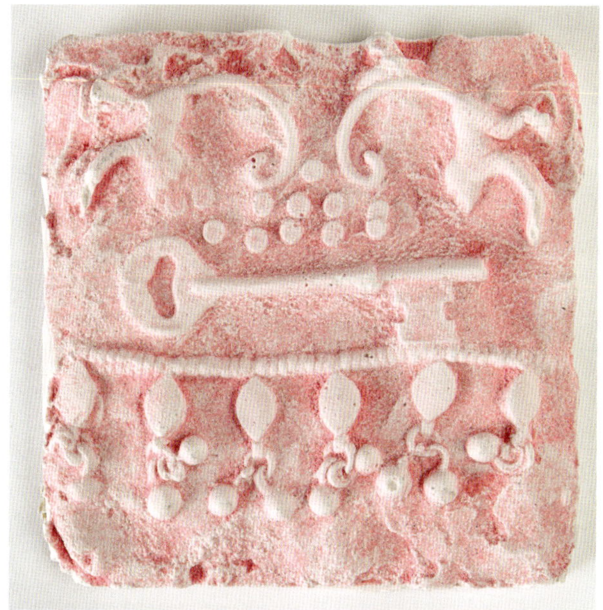

ABTÖNEN

Denken Sie daran, dass Sie den Gips beim Mischen mit flüssiger oder High-Flow-Acrylfarbe abtönen können. Je wärmer das Mischwasser, desto schneller härtet der Gips aus.

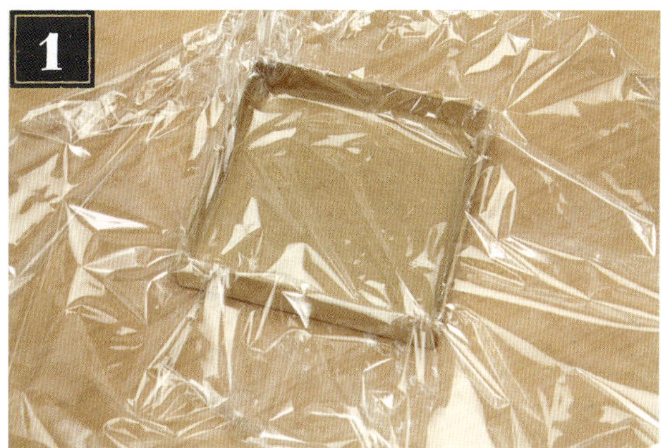

Legen Sie eine flache Schachtel mit Frischhaltefolie aus.

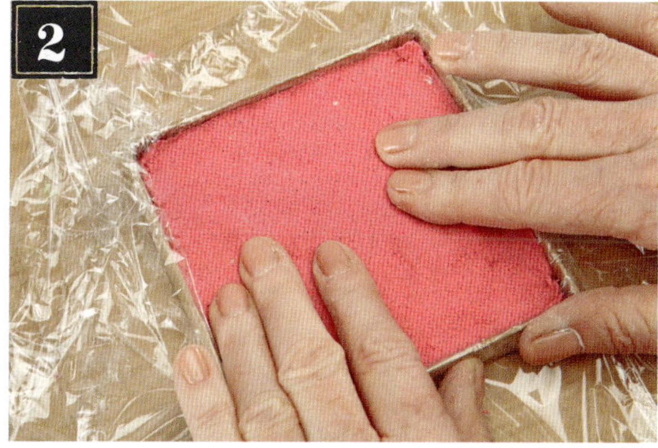

Drücken Sie Kinetic Sand in die Form. Streichen Sie ihn glatt.

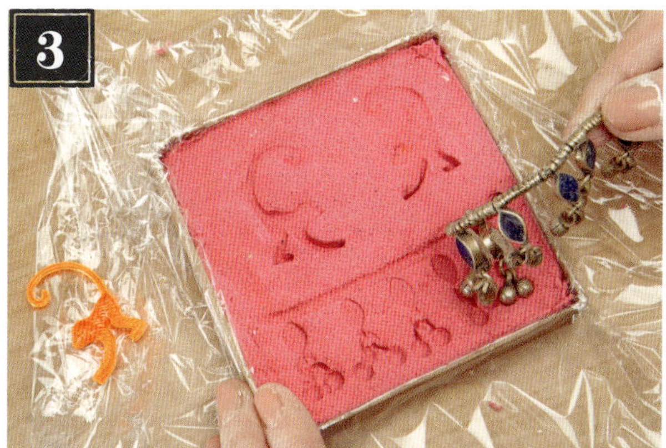

Drücken Sie den Gegenstand fest in den Sand. Dann heben Sie ihn vorsichtig hoch, ohne den Abdruck zu beschädigen.

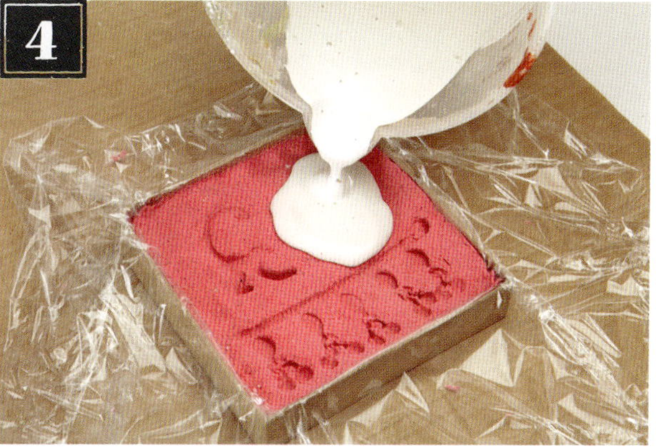

Gießen Sie Gips in die Form, lassen Sie ihn trocknen, nehmen Sie die Gussform ab. Sandreste mit einer Zahnbürste abbürsten.

MIT GIESSHARZ ARBEITEN

Statt Gips können Sie Ihre Form aus Ton auch mit Gießharz ausgießen. Das Ergebnis ist ein sehr hartes Gussstück.

Mischen Sie die Komponenten nach den Angaben des Herstellers. Dann gießen Sie die Mischung in Ihre texturierte Gussform. Nach etwa 6 Minuten wird sie hart, sodass Sie die Tonform von dem Harzstück lösen können. Der Ton ist nicht wiederverwertbar. Sie können das Harz abtönen, werden allerdings feststellen, dass es beim Abbinden etwas von der Tonfarbe aufnimmt. Auf diese Weise entsteht eine interessante Rückseite, die Ihnen vielleicht ebenso gefällt wie die texturierte Vorderseite. Das Harz lässt sich mit Acrylfarben bemalen.

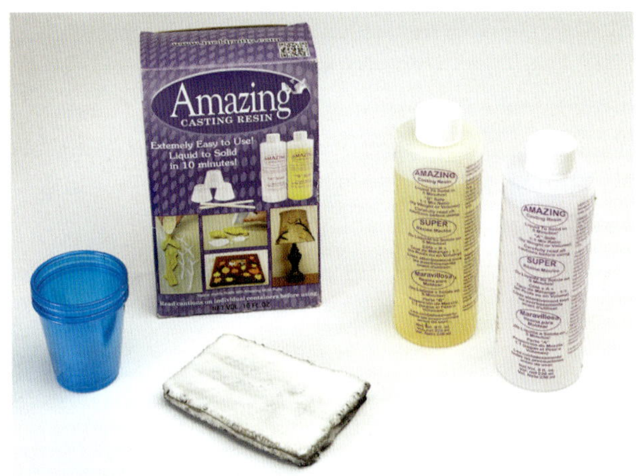

Bitte bedenken Sie, dass es unterschiedliche Arten von Gießharz gibt, die mehr oder weniger giftig sind. Halten Sie daher unbedingt alle Sicherheitsbestimmungen ein, arbeiten Sie immer in gut durchlüfteten Räumen und tragen Sie, falls nötig, Einweghandschuhe.

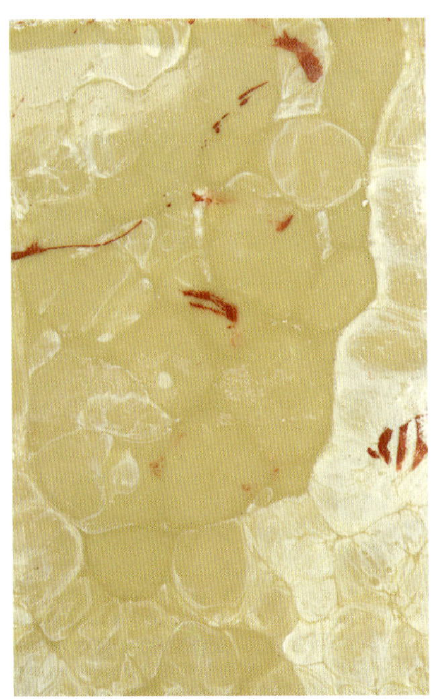

Beim Abbinden färbt der Ton das Harz. (Hier: die Rückseite des Gussstücks.)

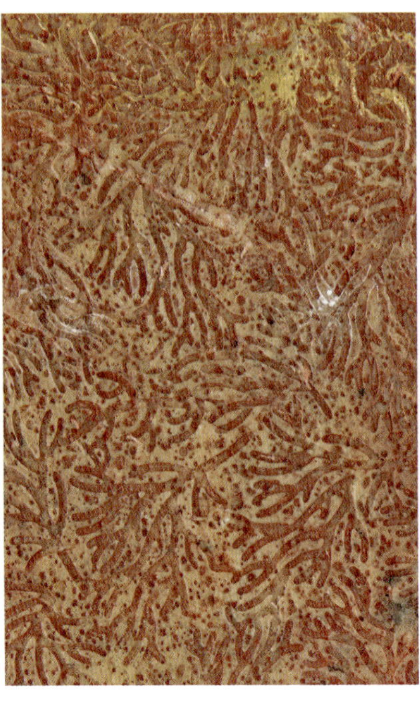

Gießharz mit oxidroter Lasur.

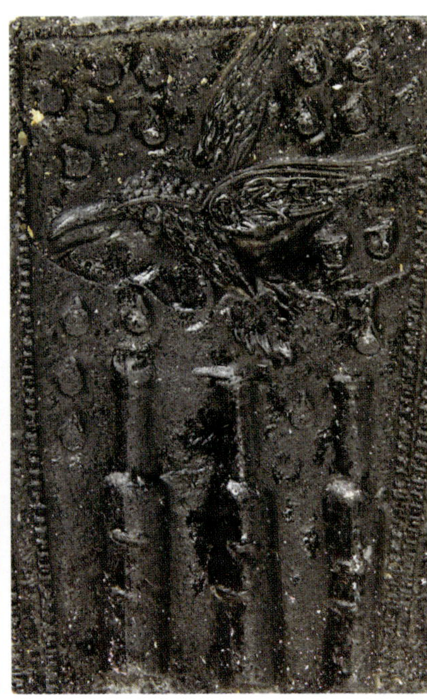

Gießharz mit schwarzer Sprühfarbe.

FASERPASTE ALS GUSSMASSE

Faserpaste ist ideal für biegsame Gussstücke, die man formen, schneiden oder sogar nähen kann. Getrocknete Faserpaste ist eine Acrylhaut, die sich wie handgeschöpftes Papier anfühlt. Sie kann vor dem Gießen abgetönt oder nach dem Trocknen mit Acrylfarbe bemalt werden. Ihre Gussstücke können für sich stehen, als Collage-Elemente dienen oder als Blätter zu einem Buch zusammengefasst werden. Wenn Sie sich nicht sicher sind, ob die Masse ganz trocken ist, testen Sie vorsichtig an einer Ecke, ob sie sich problemlos anheben lässt. Es kann bis zu 24 Stunden dauern, bis das Gussstück durchgetrocknet ist und sich leicht von der Form löst. Den Ton können Sie nicht wiederverwerten.

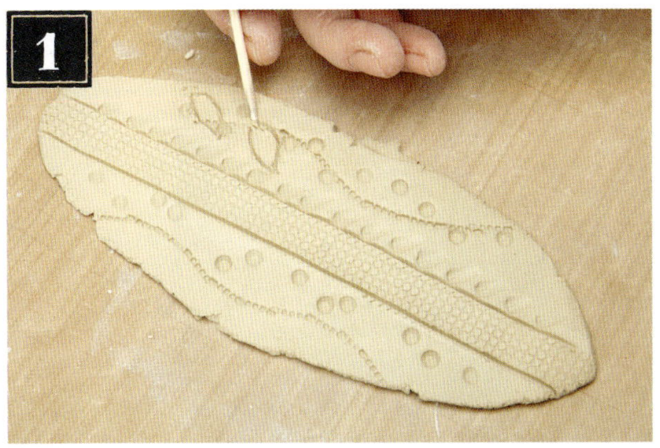

Besprühen Sie den gemusterten lederharten oder trockenen Ton mit Backtrennspray. Wischen Sie den Überschuss ab.

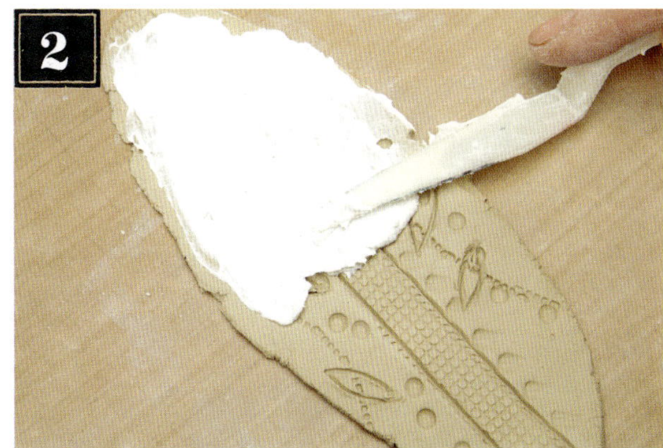

Streichen Sie Faserpaste auf den Ton und lassen Sie sie trocknen. Dann ziehen Sie den Ton ab.

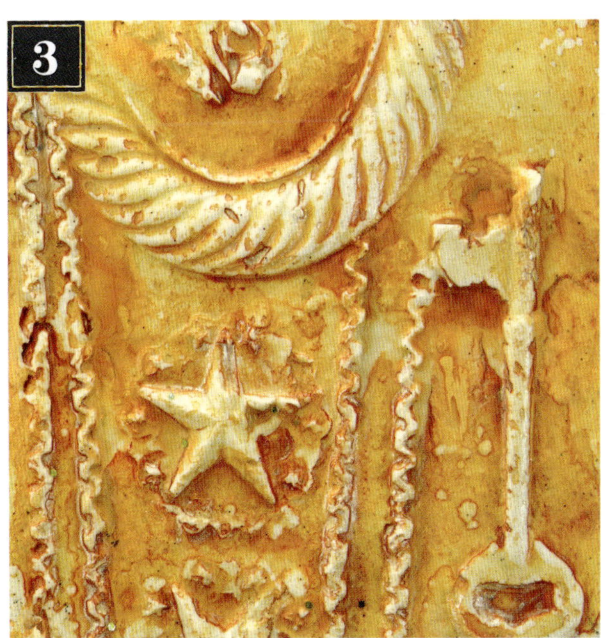

Mit Farbe, Blattmetall oder farbiger Dekorpaste können Sie die getrocknete Faserpaste weiter bearbeiten.

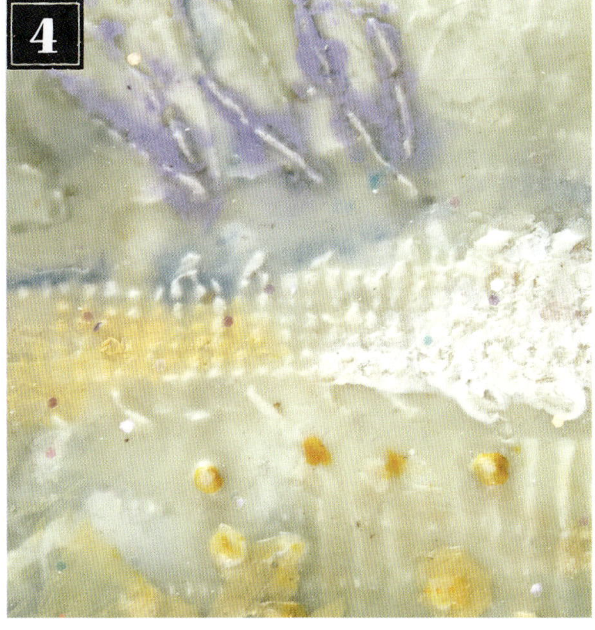

Enkaustikwachs ist eine andere Möglichkeit, die getrocknete Faserpaste farbig zu gestalten.

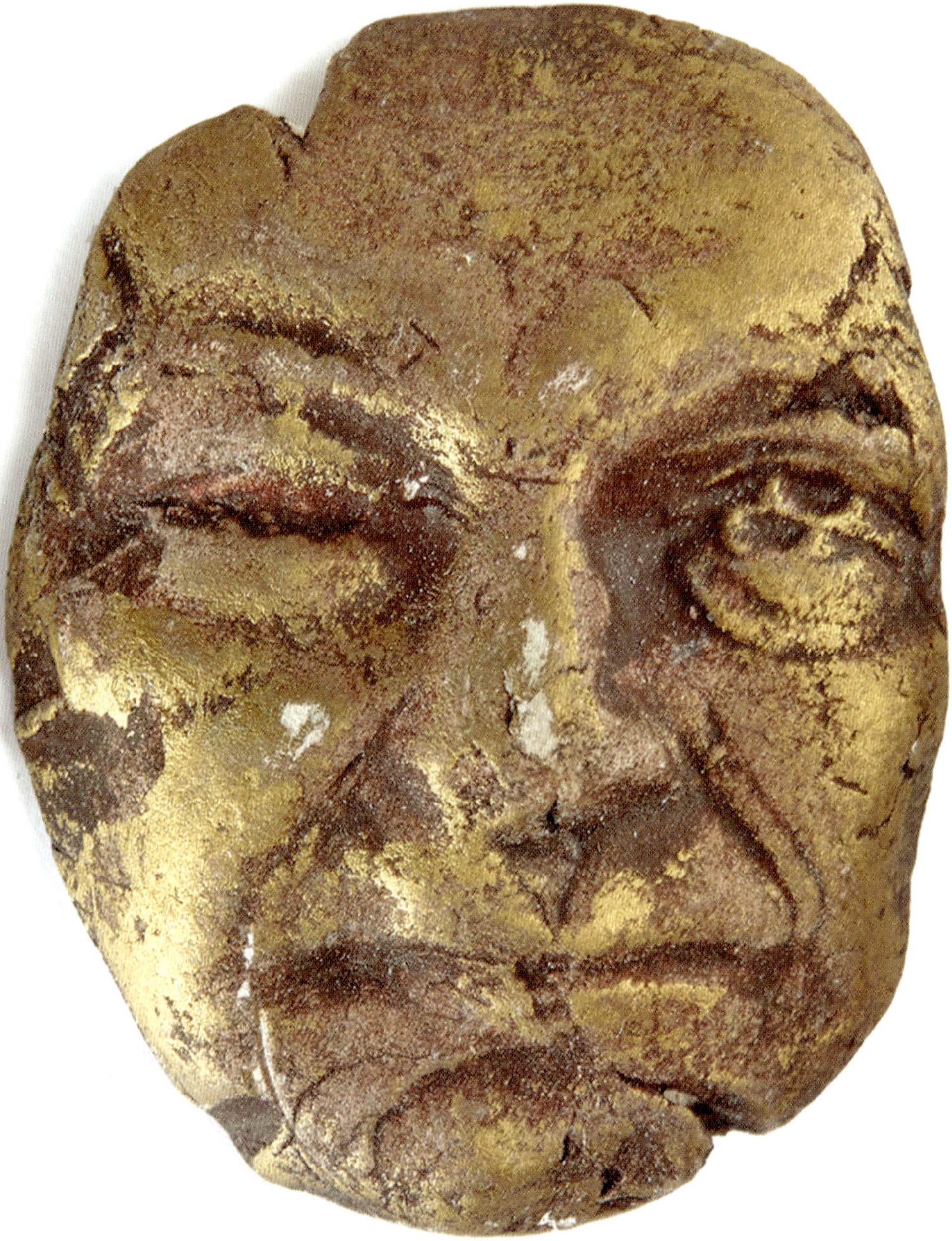

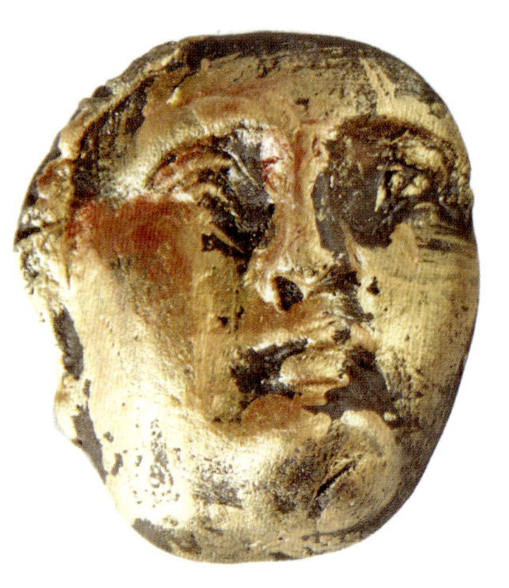

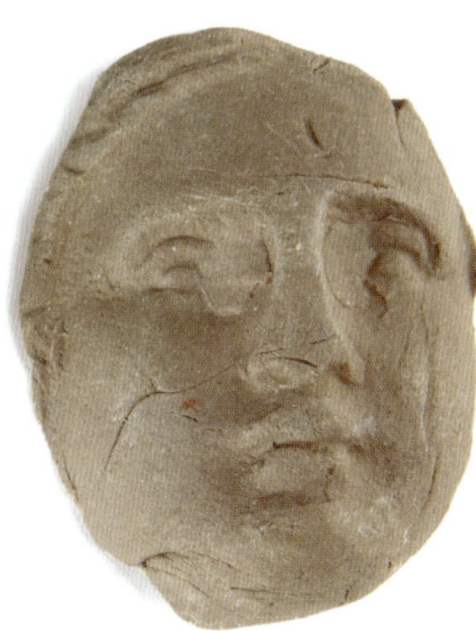

CLASSICAL CAST FACES
(Klassische Gesichter, gegossen) ▪
DARLENE OLIVIA MCELROY
Oben: ClayShay (Ton und Papiermaschee), Gebrannte Umbra mit Dekorpaste.
Links: Creative Paperclay, Blattgold und Farbbeize.
Rechts: Critter Clay, unbehandelt.

KNETSILIKON 3

Nachdem Sie Ihr erstes Fundstück mit diesem erstaunlichen Material abgeformt haben, werden Sie immer mehr Formen herstellen wollen: von Muscheln, Armbändern, Gullideckeln … den Möglichkeiten sind keine Grenzen gesetzt. Wenn Sie etwas haben, das Ihnen zu kostbar ist, um es z.B. in eine Collage zu kleben, können Sie es abformen und einen Doppelgänger mit den hier vorgestellten Materialien gießen. Am besten haben Sie immer ein bisschen Knetsilikon in der Tasche. Schließlich können Sie nie wissen, wann Ihnen ein Gegenstand zum Abformen über den Weg läuft.

Experimentieren Sie mit Gussmaterialien wie Creative Paperclay, Zwei-Komponenten-Modelliermasse, Faserpaste und Bimssteinpaste. Bis auf die Zwei-Komponenten-Modelliermasse können die Materialien im trockenen Zustand beigeschnitten werden.

MATERIALLISTE:

Acrylfarbe

Babyöl

Faserpaste

Fugenmittel aus klarem/transparentem Silikon

Gegenstände mit Textur

kleine Gegenstände zum Abformen

Knetsilikon (z.B. Amazing Mold Putty oder Melt Art Mold-n-Pour von Ranger)

Maisstärke

Pappteller

schweres Buch

Teigroller

Wachspapier

Wegwerfhandschuhe

FORMEN AUS KNETSILIKON

Amazing Mold Putty und Melt Art Mold-n-Pour von Ranger sind Modelliermassen, die aus zwei knetbaren Komponenten bestehen. Sie brauchen von beiden jeweils die gleiche Menge und kneten sie so lange, bis sie gut vermischt sind.

Legen Sie die Knete auf einen texturierten Gegenstand und warten Sie eine Viertelstunde. Danach sollte sich die Knete gummiartig anfühlen. Nun lösen Sie die Gussform und können sofort anfangen zu gießen. Das Material eignet sich am besten für flachere Gegenstände (höchstens 2,5 cm hoch).

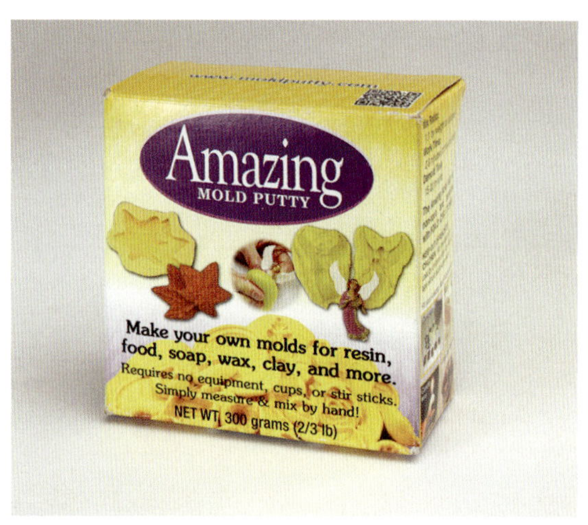

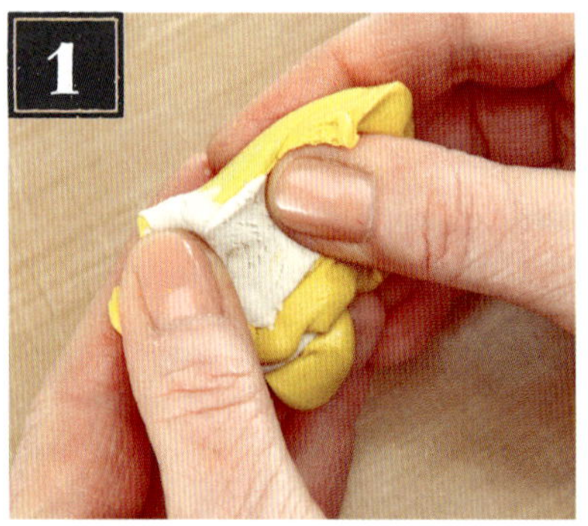

Messen Sie nach Herstellerangaben von beiden Komponenten gleiche Mengen ab und verkneten Sie sie gründlich.

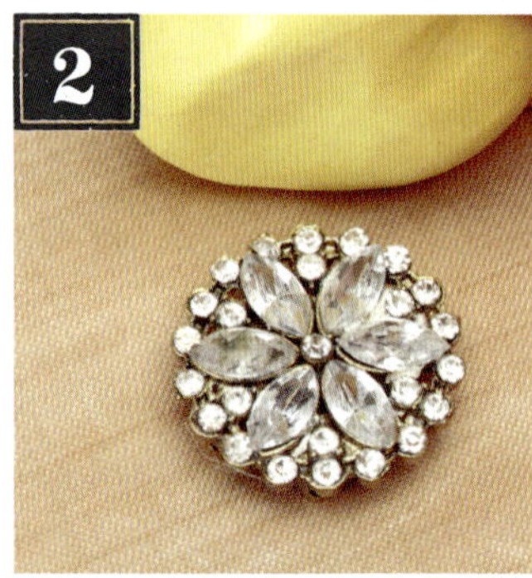

Legen Sie die Knete auf den abzuformenden Gegenstand und drücken Sie sie an. Lassen Sie sie eine Viertelstunde oder länger liegen.

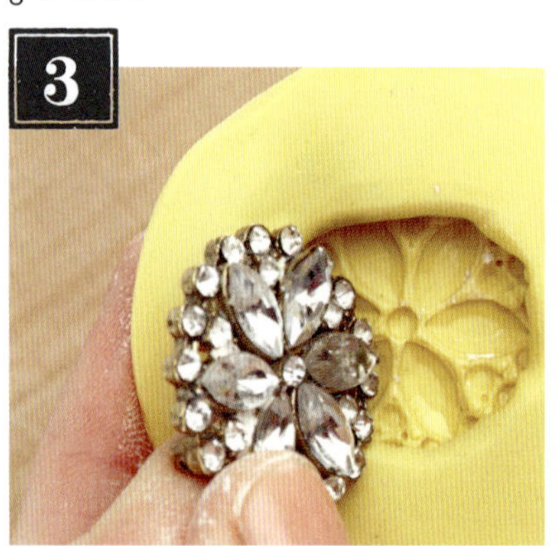

Fühlt sich die Knete gummiartig an, lösen Sie sie vom Abformobjekt. Die Form ist nun gebrauchsfertig.

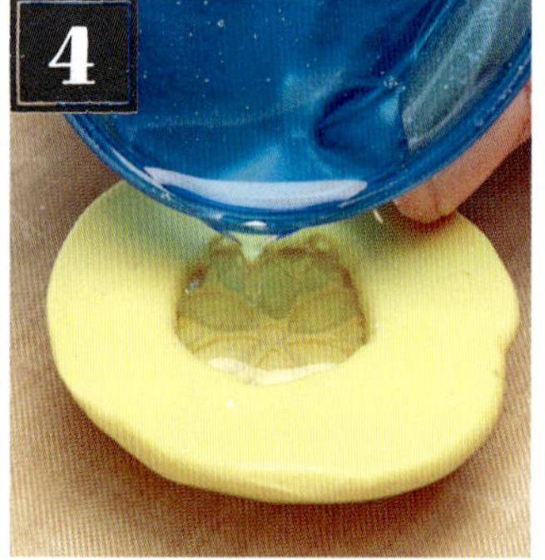

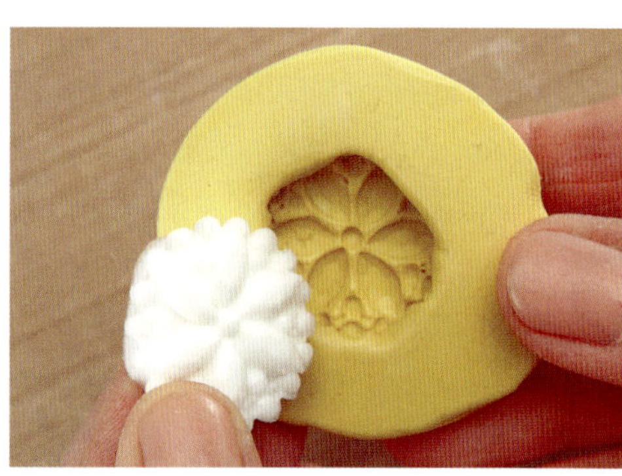

Die Negativform kann mit Strukturpaste, Harz (wie auf dem Foto) oder anderen Modelliermassen gefüllt werden. Geben Sie das Harz in die Form und lösen Sie es, wenn es trocken oder ausgehärtet ist. Die Ränder lassen sich im feuchten oder trockenen Zustand bearbeiten.

PROBLEMLÖSUNGEN

Wenn die Silikonknete nicht richtig durchgemischt ist, bindet sie nicht ab.

ABFORMUNGEN VON GROSSEN, FLACHEN ODER UNGEWÖHNLICHEN GEGENSTÄNDEN

Mit Silikonknete lassen sich auch schwach texturierte Oberflächen wie Perlenstickereien abformen. Stellen Sie zunächst die Negativform her. Dann verteilen Sie Faserpaste in der Form und walzen sie mit einem Nudelholz glatt. Das macht die anschließende Schmirgelarbeit leichter. Wenn eine Seite trocken ist, schlagen Sie die Form mit der Paste in Wachspapier ein und legen ein schweres Buch darauf, damit keine Verwerfungen entstehen. Die Trockenzeit verlängert sich, aber es lohnt sich. Ist der Abdruck aus Faserpaste dennoch krumm geworden, legen Sie ihn in Wasser und streichen ihn vorsichtig glatt. Zu viel Druck und zu wenig Feuchtigkeit lassen ihn brechen.

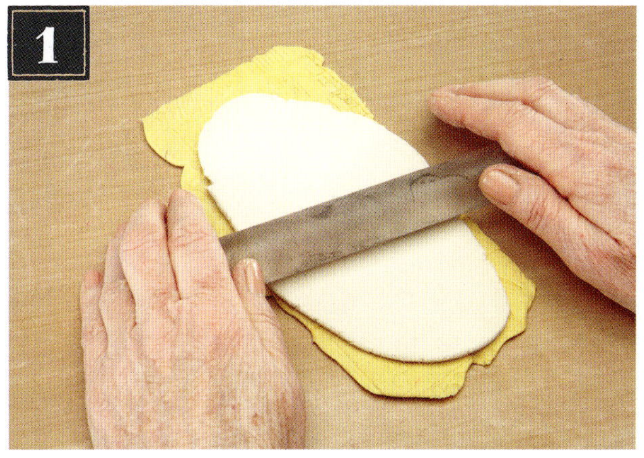

Breiten Sie Faserpaste auf die Form aus Silikonknete. Walzen Sie sie mit dem Nudeholz glatt.

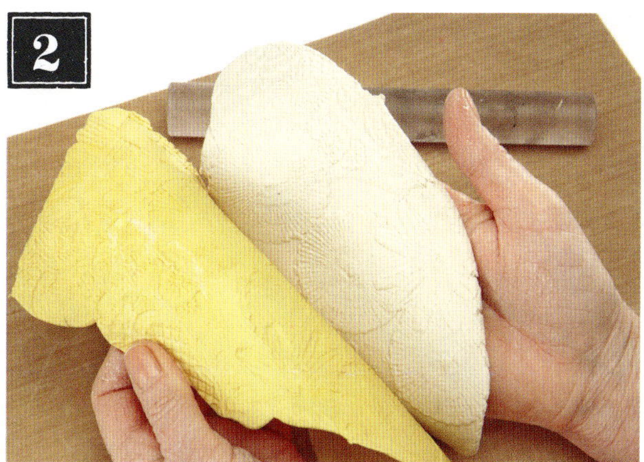

Lassen Sie die Faserpaste in der Form trocknen, dann lösen Sie sie heraus und bemalen sie.

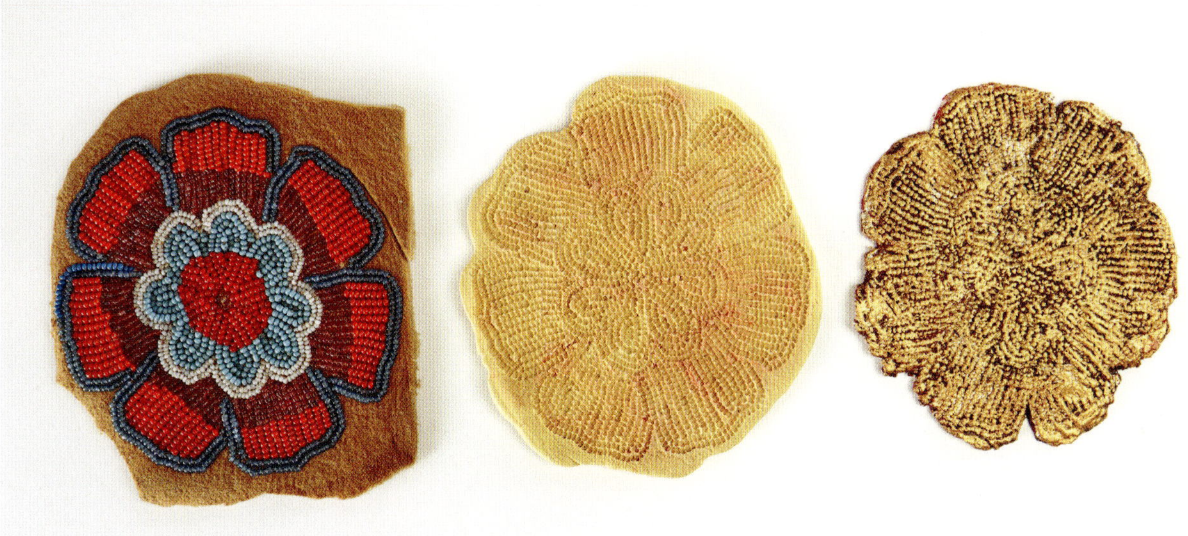

Hier sehen Sie eine große Gussform (Mitte) von einer indischen Perlenstickerei (links). Von der Form entstand ein Abdruck mit Faserpaste (rechts), der braun angemalt und mit Goldpaste nachbehandelt wurde.

SELBST-GEMACHTE SILIKONKNETE

REZEPT

59 ml	100 % Fugenmittel aus klarem Silikon
118 ml	Maisstärke
1 ml	Acrylfarbe
2 ml	Babyöl

Geben Sie das Fugenmittel auf einen Pappteller, fügen Sie Maisstärke, Farbe und Babyöl hinzu und vermischen Sie alles, bis die Mischung nicht mehr klebt. Fügen Sie eventuell weitere Maisstärke hinzu.

Für wenig Geld lässt sich Silikonknete selbst herstellen. Mit der Mischung aus klarer Fugenmasse aus reinem Silikon, Maisstärke, etwas Acrylfarbe und Babyöl können Sie erstaunlich detailgetreue Abformungen machen. Bei der Gussmasse haben Sie die Wahl zwischen Gießharz, Papiermaschee, lufttrocknender oder Zwei-Komponenten-Modelliermasse. Arbeiten Sie in einem gut durchlüfteten Raum und tragen Sie Einweghandschuhe.

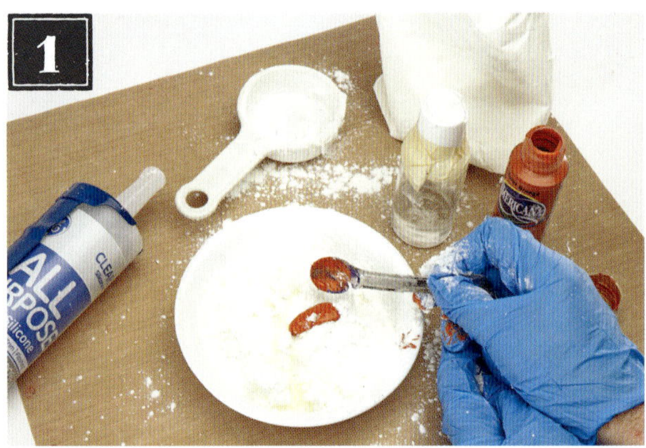

Mischen Sie aus den Zutaten eine Silikonknete nach Art des Hauses.

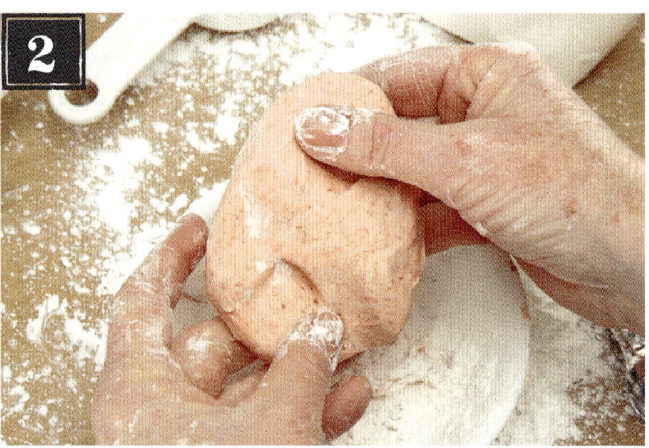

Kneten Sie so lange, bis die Mischung nicht mehr klebt. Fügen Sie eventuell mehr Maisstärke hinzu.

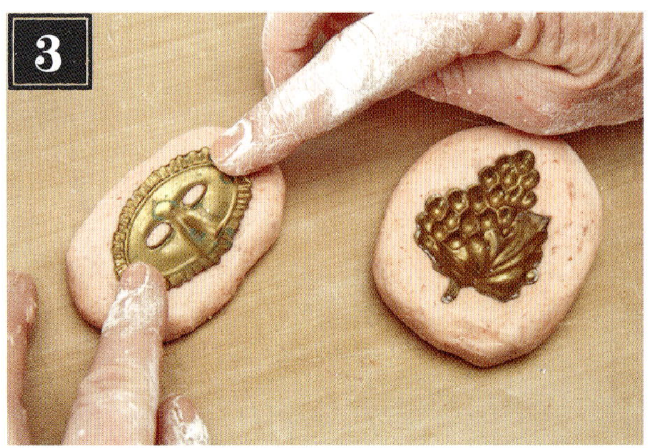

Nehmen Sie genug von der Knete ab, um einen kleinen Gegenstand abzuformen. Drücken Sie ihn in die Knete und lassen Sie beides etwa eine Viertelstunde lang stehen. Dann lösen Sie den Gegenstand heraus und fertigen mit einer Gießmasse Ihrer Wahl eine Kopie an.

FORMENBAU MIT HEISSKLEBER

Ihnen ist die Silikonknete ausgegangen und Sie haben keine Zutaten für selbstgemachte Knete im Haus? Kein Problem! Holen Sie einfach Ihren Heißkleber und kleine, glatte Gegenstände aus Metall, Glas oder Keramik. Legen Sie Ihr Abformstück mit der gemusterten Seite nach unten in einen Tropfen Heißkleber auf einer Silikonmatte oder festen Plastikfolie. Ist der Kleber abgekühlt, lösen Sie ihn erst am Rand, dann ziehen Sie kräftig daran. Falls die Gussform ein Loch hat (zu wenig Kleber), flicken Sie es vorsichtig mit etwas Heißkleber.

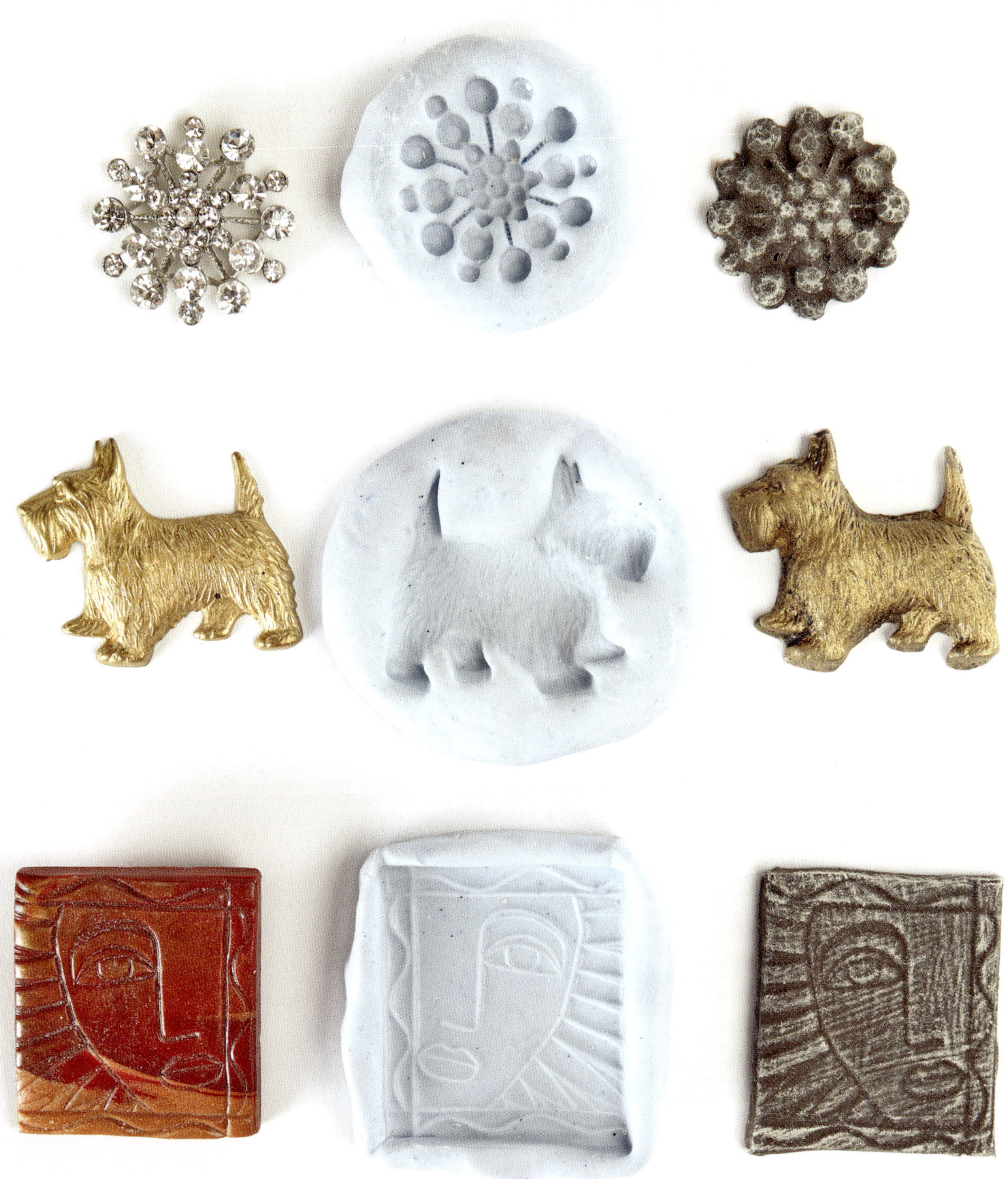

Hier sehen Sie einige Fundstücke und Negativformen aus selbstgemachter Silikonknete: Eine Brosche mit Strasssteinen, einen Messinganhänger in Form eines Hundes und eine Holzbrosche mit Gravur. Sie sind alle recht flach (2,5 cm oder weniger) und eignen sich besonders zum Abformen mit Silikonknete. Als Gießmasse haben wir Amazing Cast Resin verwendet und nach dem Aushärten bemalt. Sie können aber auch Zwei-Komponenten-Modelliermasse, Papiermaschee, Gips, Creative Paperclay oder ClayShay benutzen. Bauen Sie diese Gussstücke in eine Collage ein oder machen Sie Schmuck daraus.

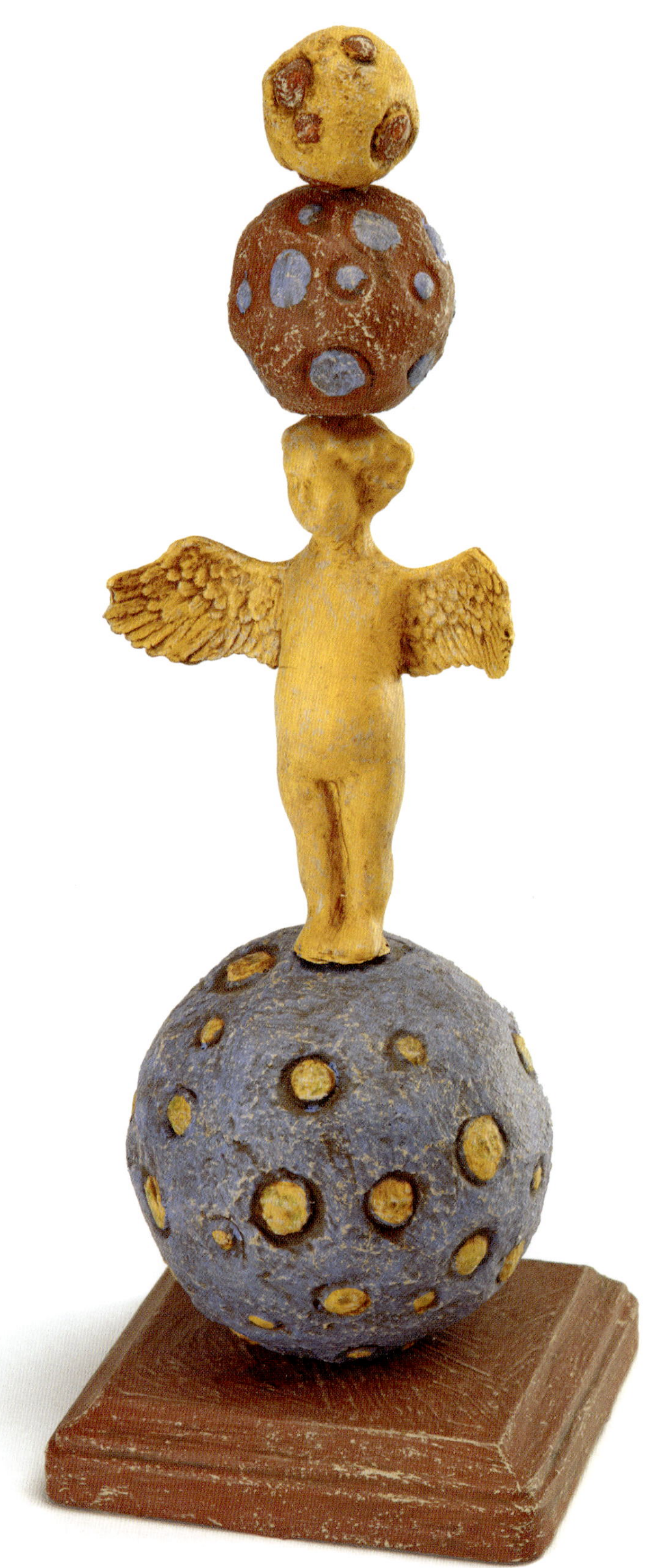

BALANCING ACT (Balanceakt) ▪ PATRICIA CHAPMAN
Elemente aus Gießharz, mit Papiermaschee überzogen, bestempelte und bemalte Styroporkugeln, Holzsockel.

DREIDIMENSIONALE GUSSFORMEN

Diese einfache Gusstechnik ermöglicht es Ihnen, eine einteilige Gussform herzustellen. Mit RTV (=Raum-Temperatur-Vulkanisation) Silikon schaffen Sie flexible dreidimensionale Formen mit großer Detailgenauigkeit, die immer wieder verwendet werden können. Als Gießmaterial eignen sich Gießharz, Gips oder ClayShay der Fa. Aves, eine Mischung aus Ton und Papiermaschee. Wir arbeiten gern mit Gießharz, weil er besonders stabil ist, doch auch die anderen Materialien machen Spaß und bringen schöne Ergebnisse. Zum Abformen brauchen Sie einen Gegenstand mit flachem Boden, den Sie auf der Bodenplatte Ihres Befüllschachtes kleben können. Der Befüllschacht muss außerdem groß genug sein, um das Abformmaterial einfüllen zu können.

MATERIALLISTE:

Abformobjekt

Abklebeband

Alumilite High Strength 3 (Silikonkautschuk)

Amazing Goop oder einen anderen E6000 Kleber

ClayShay, Gießharz (wir verwenden Amazing Casting Resin) oder Gips

Epoxidharzkleber

Plakatkarton

Plastikbecher zum Mischen

Skalpell

EINE GUSSFORM HERSTELLEN

Wenn Sie eine Kopie von einem dreidimensionalen Gegenstand anfertigen wollen, empfiehlt sich eine einfache Gießform aus flüssigem Silikon. Das Original bleibt Ihnen dabei erhalten. Die Gießform wird nach dem Aushärten seitlich eingeschnitten und Sie können sie immer wieder verwenden, um kleine Figuren oder Puppenköpfe für Ihre Collagen zu gießen.

Als Urform sollten Sie einen Gegenstand mit einer Standfläche nehmen, der keine Unterschneidungen aufweist. Lassen Sie die Form über Nacht aushärten. Danach können Sie schnell härtendes Harz, Gips oder ein dünnflüssiges Gemisch aus ClayShay und Wasser als Gießmasse verwenden. Bemalen, lasieren oder bearbeiten Sie das Gießstück, wie es Ihnen am besten gefällt.

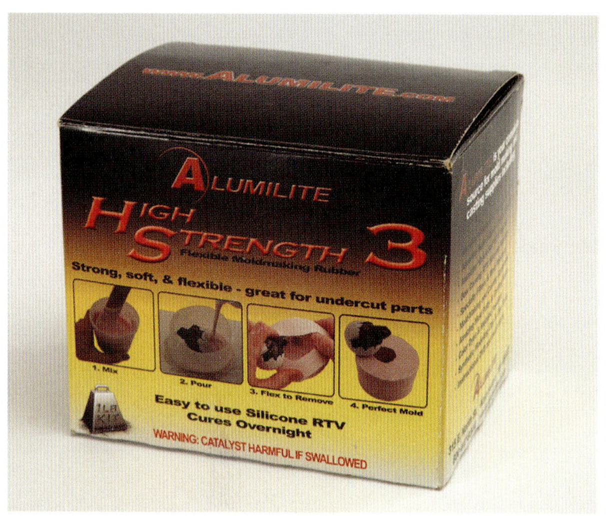

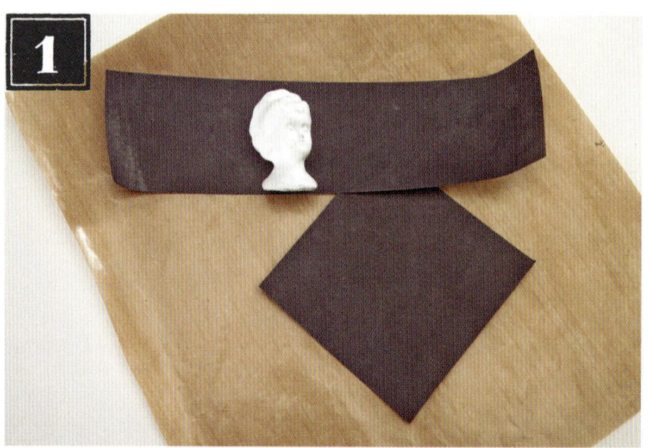

Schneiden Sie einen Streifen Plakatkarton zu, der 13 mm höher ist als der Gegenstand, den Sie abformen wollen. Er muss so lang sein, dass die Enden etwa 7 cm überlappen und zwischen Karton und Urmodell ringsum ein Abstand von 13 mm bleibt. Schneiden Sie aus Karton einen Boden für den Gießrahmen aus. Wenn Sie den Zylinder darauf befestigen, sollte ringsum ein 3 cm breiter Rand bleiben.

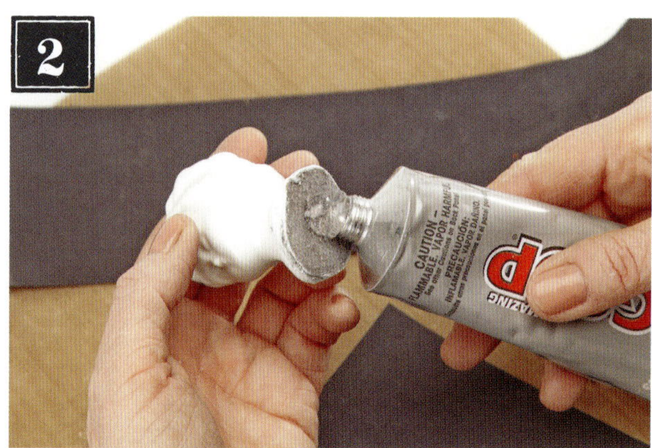

Kleben Sie Ihre Urform mit Goop oder einem anderen Kraftkleber auf den Boden.

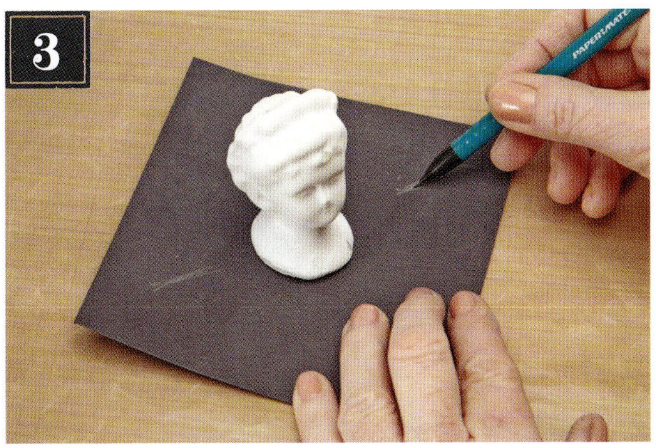

Markieren Sie die Seiten der Urform auf dem Boden. Dort wird die Gussform eingeschnitten. Die Ansatzlinie der beiden Formteile sollte so unauffällig wie möglich sein.

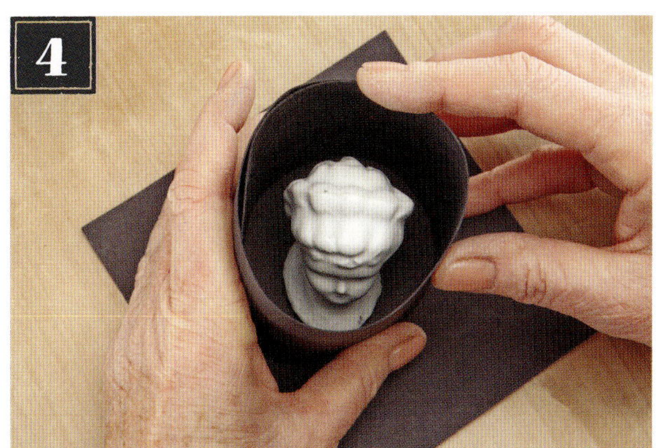

Formen Sie einen Zylinder aus dem Kartonstreifen. Dabei sollte zwischen Zylinderwand und Urform ringsum ein Abstand von 13 mm bleiben.

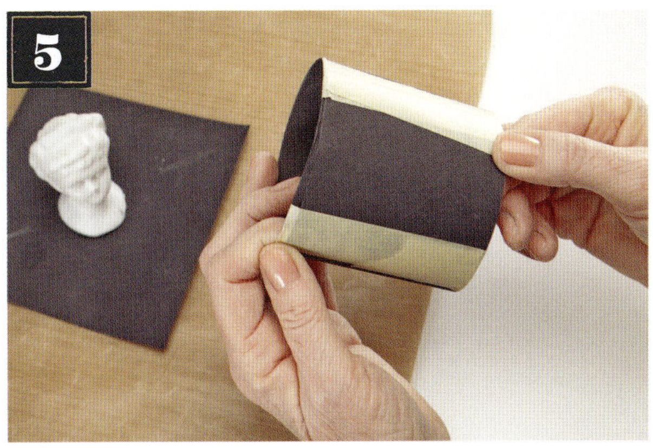

Die überlappenden Enden des Zylinderstreifens müssen von innen und außen mit Klebeband gesichert werden.

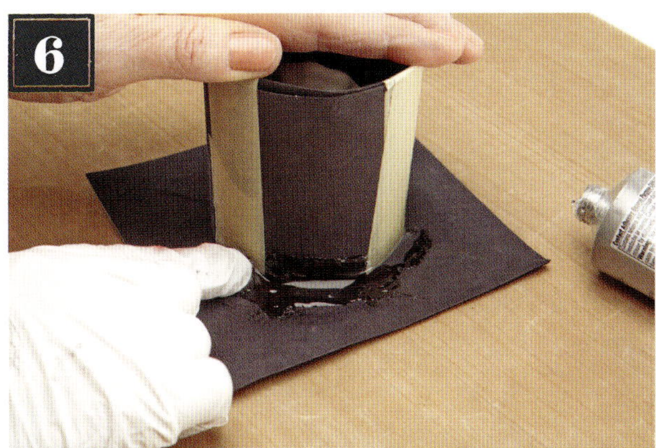

Kleben Sie den Zylinder mit reichlich Goop oder einem anderen Kraftkleber auf den Boden. Lassen Sie den Kleber mindestens eine Stunde lang trocknen.

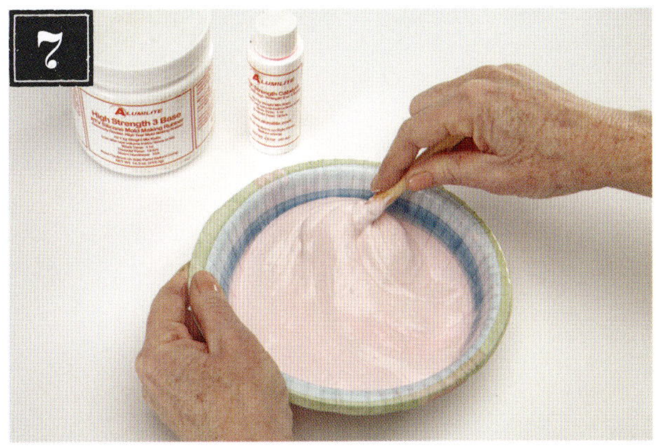

Wenn der Kleber fest ist, mischen Sie den Silikonkautschuk im Verhältnis 10 Teile Kautschuk: 1 Teil Vernetzer, bis die Mischung eine einheitliche Farbe hat.

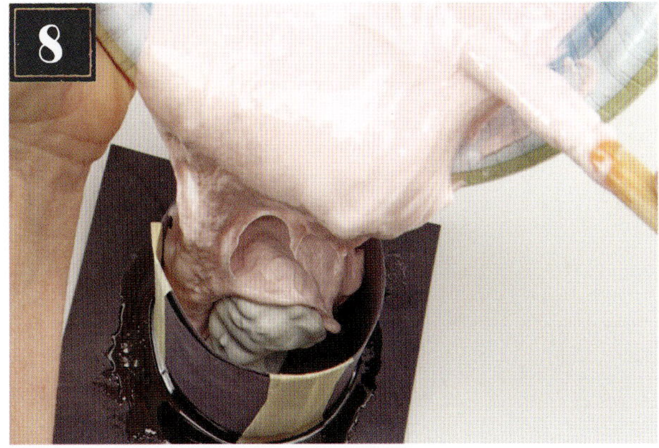

Gießen Sie die Mischung in den Gießrahmen, bis er voll ist. Lassen Sie ihr 24 Stunden Zeit, abzubinden.

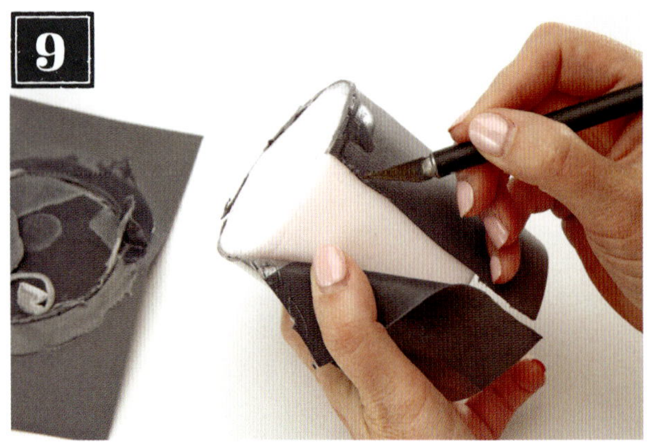

Markieren Sie auf dem Zylinder aus Silikonkautschuk die Trennlinien, an der Sie ihn einschneiden. Dabei orientieren Sie sich an den Markierungen auf dem Pappboden, die die Seiten der Urform anzeigen. Entfernen Sie den Plakatkarton und das Klebeband mit Hilfe eines Skalpells.

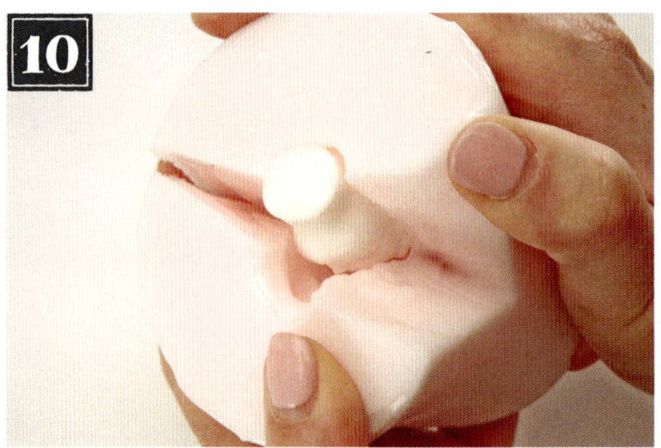

Machen Sie an den Markierungen etwa 13 mm lange Schnitte in den Silikonzylinder. Führen Sie die Schnitte bis zum eingegossenen Gegenstand. Spreizen Sie die Gussform vorsichtig und entfernen Sie die Urform.
Wenn Sie die Gussform wieder verwenden wollen, fügen Sie die Einschnitte zusammen und halten Sie sie mit Klebeband fest. Füllen Sie die Form mit dem Gussmaterial Ihrer Wahl. Lassen Sie die Masse abbinden, dann ziehen Sie das Klebeband ab und holen das Gussstück heraus.

FÜR & WIDER: UNTERSCHIEDLICHE GIESSMASSEN

Wir finden Gießharz am besten, aber Sie können auch Gips oder ClayShay (Ton plus Papiermaschee) verwenden. Allerdings neigen beide Materialien zu Blasenbildung, auch wenn Sie mit der Gussform auf den Tisch klopfen, um eingeschlossene Luft freizusetzen.

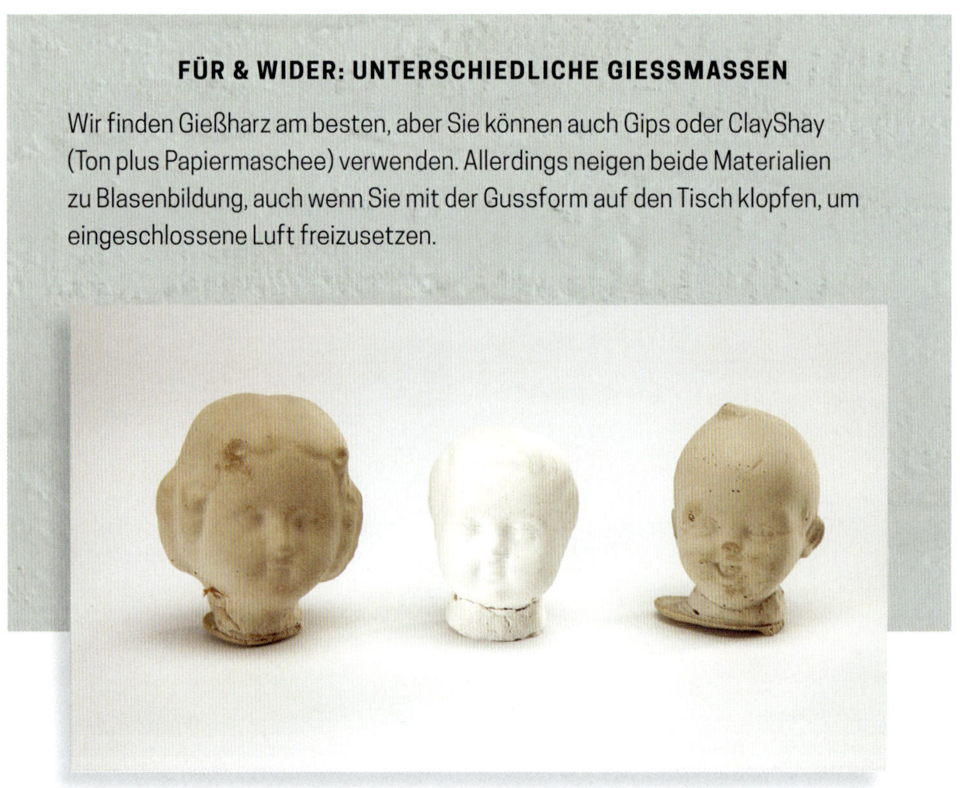

Von links nach rechts: Gussstücke aus ClayShay, Gips und ClayShay.

DREIDIMENSIONALE GUSSSTÜCKE ZUSAMMENFÜGEN

Wenn Sie mehrere dreidimensional gegossene Einzelteile zusammenfügen, können Sie wunderbare Fabelwesen schaffen. Dieses geflügelte Geschöpf besteht aus Gussstücken aus Harz. Kleben Sie die Teile mit Epoxidharzkleber aneinander und glätten Sie die Fugen mit Zwei-Komponenten-Modelliermasse. Und wenn Sie einen Plastikvogel mit ausgestreckten Flügeln finden, schneiden Sie die Flügel ab (tut mir leid!) und benutzen sie als Urform für eine Gussform, sodass Sie endlos viele Flügel gießen können.

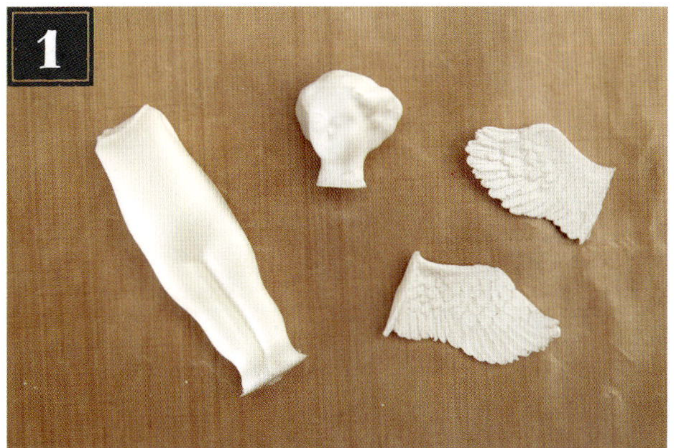

Gießen Sie die Einzelteile.

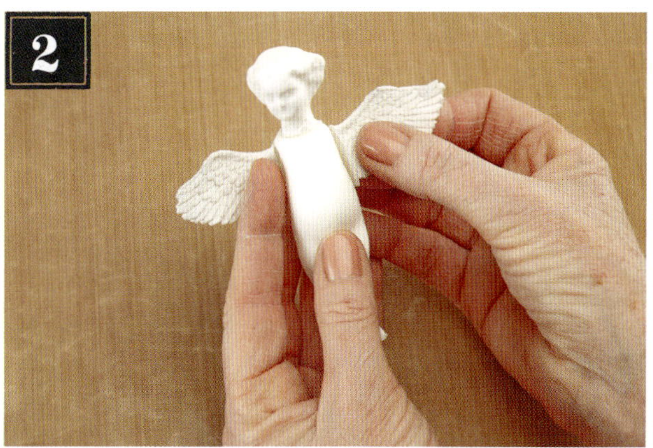

Kleben Sie sie mit Epoxidharzkleber zusammen.

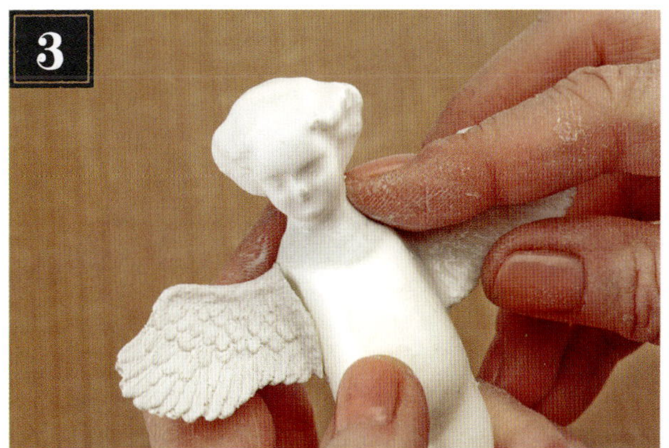

Glätten Sie die Ansatzstellen mit Zwei-Komponenten-Modelliermasse.

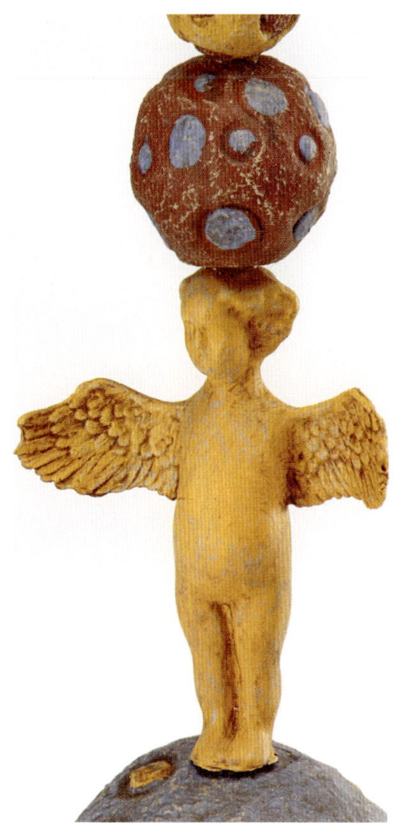

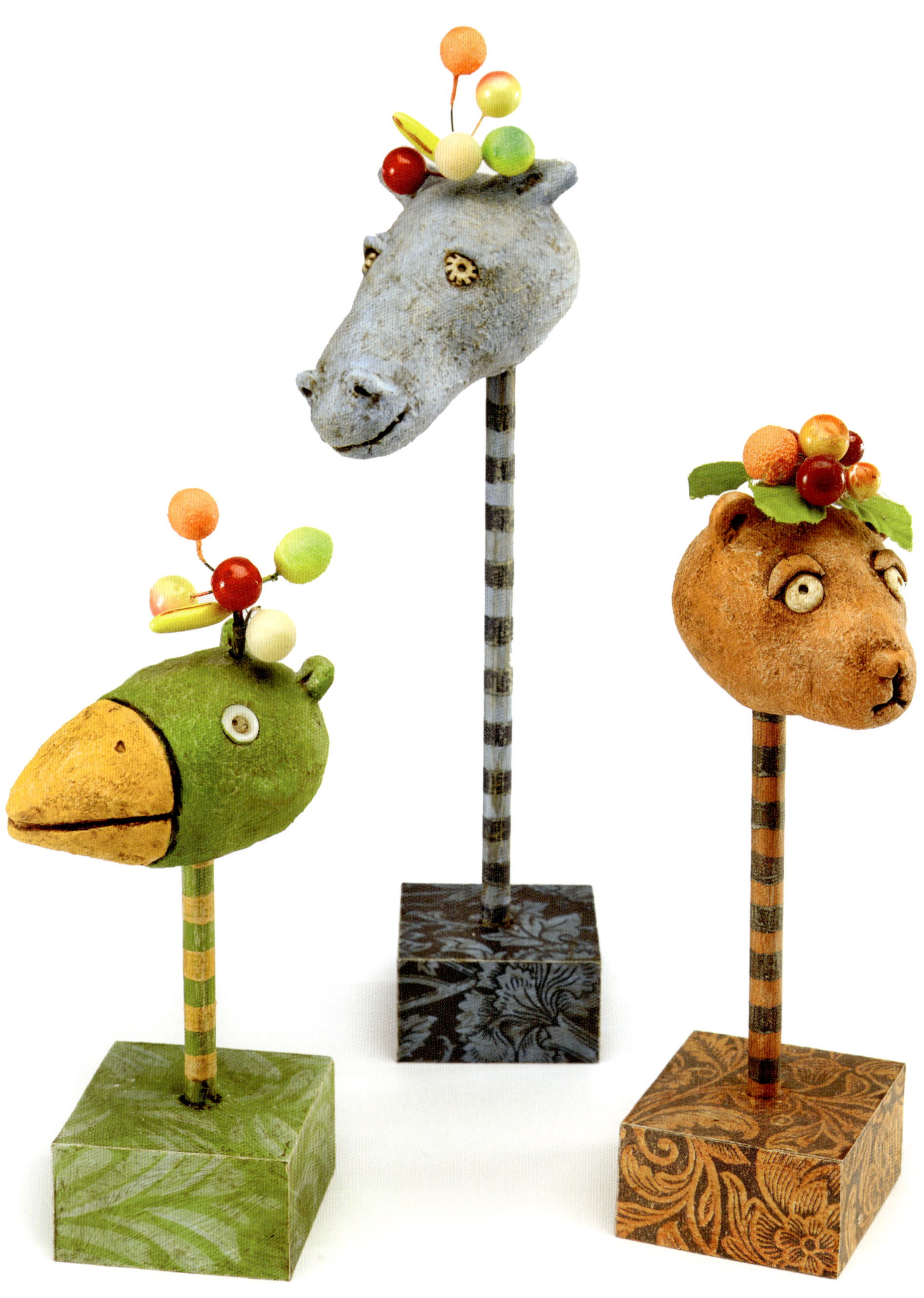

FRUIT HEADS (Köpfe mit Obst) ▪ PATRICIA CHAPMAN
Papiermaschee auf geschnitzen Styproporformen, Farbe, Rundholzstab, Verzierungen, Holzsockel, mit Papier beklebt.

STYROPOR 5

Möglicherweise ist Styropor für Sie nichts weiter als ein leichtes und wenig beständiges Material. Das ist es tatsächlich, doch darüber hinaus ist es preiswert und lässt sich problemlos bearbeiten. Ein Überzug aus Papiermaschee, einer Mischung aus Tonmehl und Papiermaschee (ClayShay), Gips oder einer Zwei-Komponenten-Modelliermasse kann aus einer Styroporform ein solides, haltbares Kunstobjekt machen. Das gute alte Styropor gibt es in unterschiedlichen Abmessungen, in Platten oder Blöcken und bietet den besten Untergrund für Modelliermassen. Wenn Sie große Skulpturen mit einer Stützkonstruktion aus Styropor bauen wollen, können Sie entweder einzelne Bestandtteile mit Styroporkleber oder mit Weißleim zusammenkleben und die gewünschte Form herausarbeiten.

MATERIALLISTE:

Bastelleim

Bohrer

Farben und Pinsel

Fotos, Buchstabenplättchen, Münzen, Drähte

gezahntes Messer

Heizkleber oder E6000 Kleber

Holz für den Sockel

Papier, Bleistift, Schere

Papiermaschee, ClayShay, lufttrocknende Modelliermasse wie Creative Paperclay, Zwei-Komponenten-Modelliermasse

Raspelfeile

Rundholzstab

Stempel

Styropor, weiß

Verzierungen nach Wunsch

EINE STYROPOR-FORM ÜBERZIEHEN

Der Kopf der Figur besteht weitgehend aus Styropor, sodass Sie nur wenig Modelliermasse brauchen, um Ihr Werk zu vollenden. Sie haben die Wahl zwischen zahlreichen unterschiedlichen Massen.

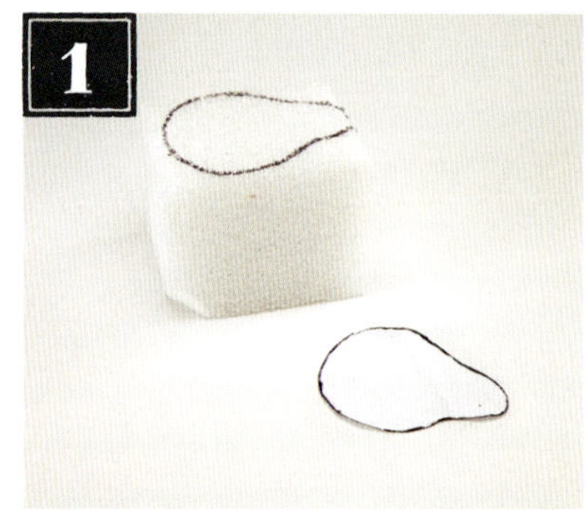

Schneiden Sie den Umriss eines Tierkopfes aus Papier aus und zeichnen Sie ihn auf einem etwa 5 cm breiten Styproporklotz nach.

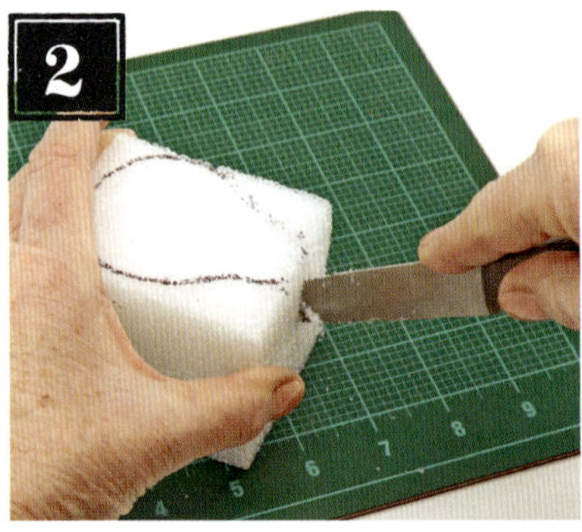

Schneiden Sie die grobe Form mit einem gezahnten Messer aus.

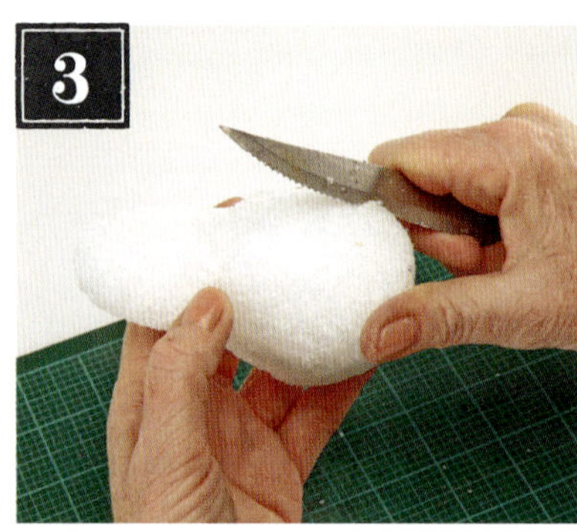

Feinarbeiten machen Sie mit dem Messer oder einer Raspelfeile.

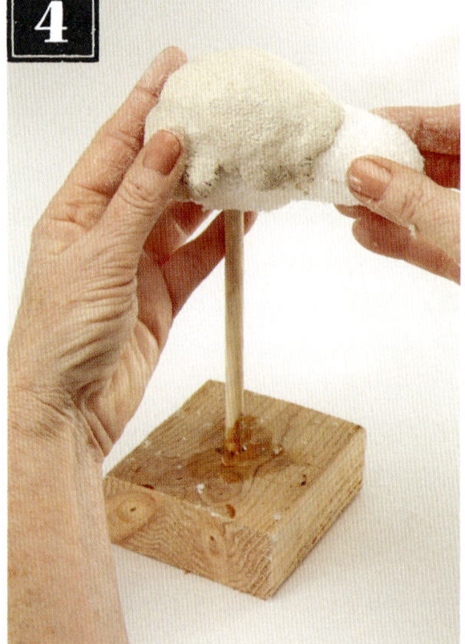

Bohren Sie ein Loch in die Mitte eines Holzklotzes (Sockel) und stecken Sie ein Rundholz hinein. Dann stecken Sie den Kopf auf das andere Ende. Überziehen Sie den Kopf mit einer Schicht Papiermaschee, fügen Sie Augen, Ohren, Nase, Maul und andere Details hinzu.

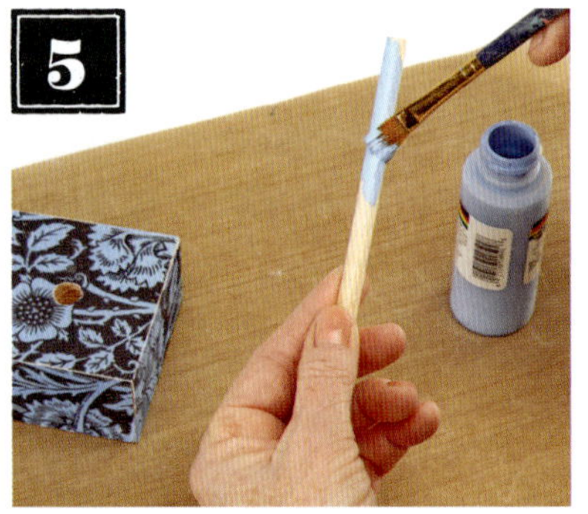

Bemalen oder bekleben Sie den Sockel mit gemustertem Papier und bemalen Sie das Rundholz.

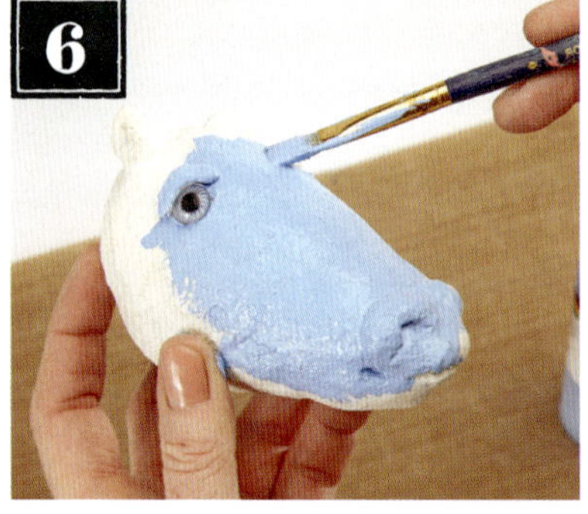

Wenn das Papiermaschee durchgetrocknet ist, bemalen Sie den Kopf und verzieren ihn nach Wunsch.

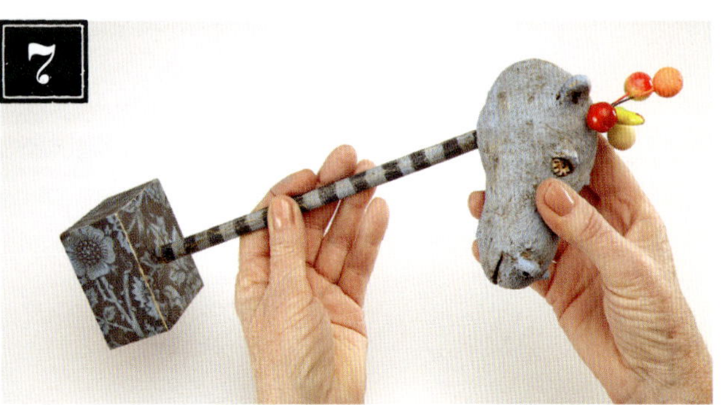

Wenn alle Einzelteile fertig und trocken sind, füllen Sie Kleber in das Loch im Sockel und im Tierkopf und schieben das Rundholz hinein.

WEITERE MÖGLICHKEITEN MIT STYROPOR

Wenn Sie eine etwas solidere Figur bauen wollen, spart Styropor eine Menge teurer Modelliermasse.

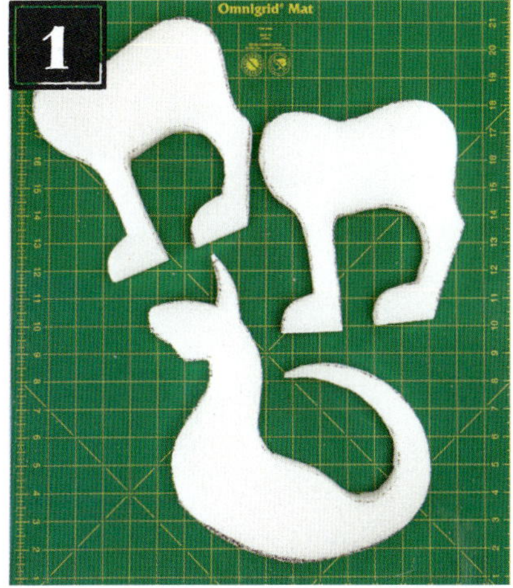

Zeichnen Sie die Umrisse der Einzelteile auf das Styropor und schneiden Sie sie aus.

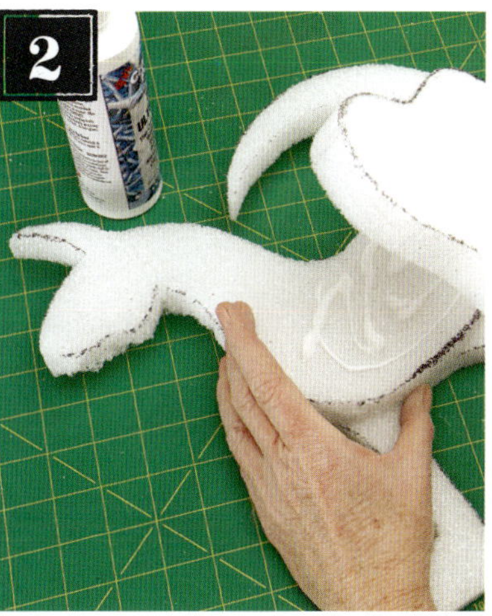

Kleben Sie sie mit Bastelleim zusammen. Lassen Sie den Leim trocknen.

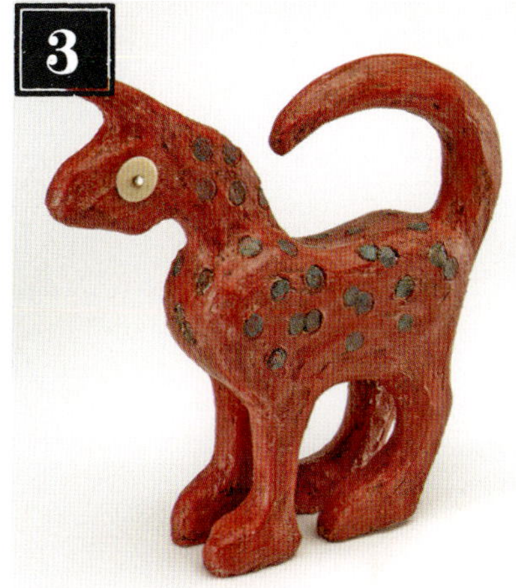

Dieses Tier hat einen Überzug aus gestempeltem und bemaltem ClayShay. Die Augen wurden zum Schluss eingesetzt.

CREATIVE PAPERCLAY AUF STYROPOR

Hier haben wir die Styroporform mit Creative Paperclay überzogen. Die Modelliermasse lässt sich einfach texturieren und bestempeln. Zusätzlich können Sie die Form mit Drähten, Spießen oder anderen spitzen Sachen verzieren.

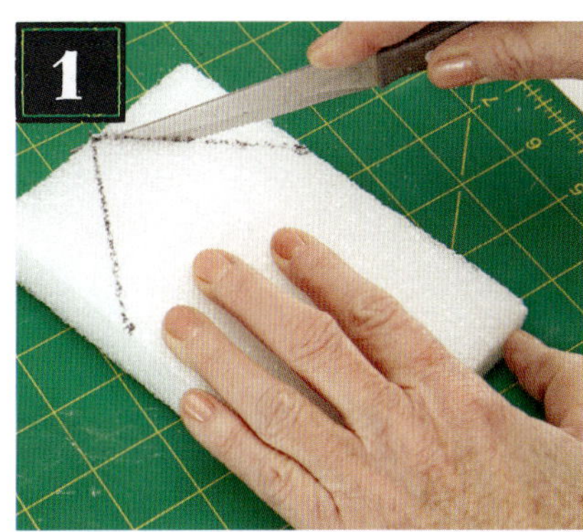

Zeichen Sie die Form auf dem Styropor vor und schneiden Sie sie aus.

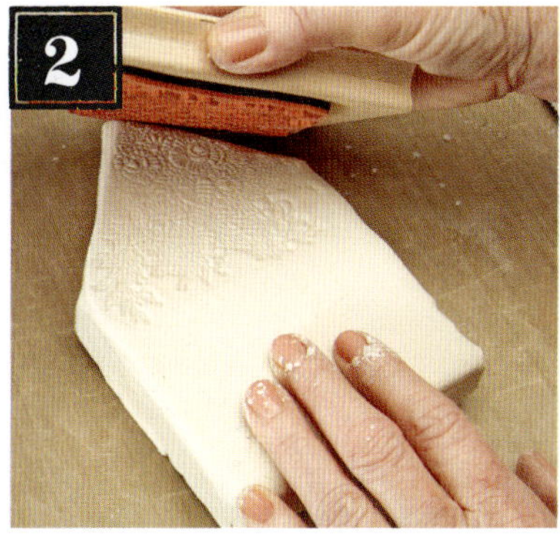

Bestreichen Sie die Form vorne und an den Seiten mit Creative Paperclay, bestempeln Sie die Schicht und lassen Sie sie trocknen. Wiederholen Sie diesen Schritt auf der anderen Seite.

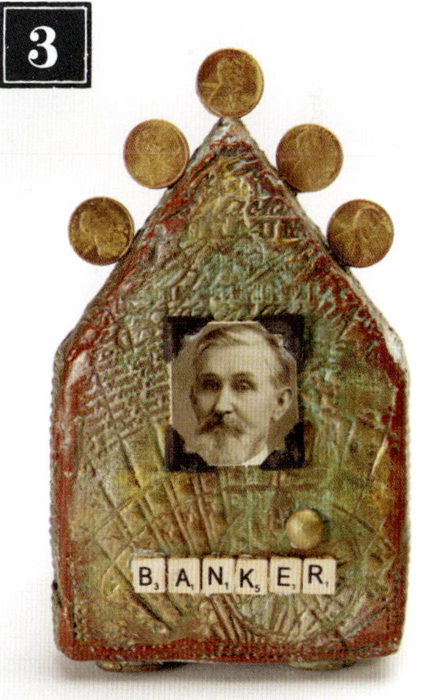

Farbe, Glasur und Dekorpaste heben die Textur hervor. Fügen Sie das Bild und die Buchstaben hinzu und kleben Sie Münzen mit Zwei-Komponenten-Modelliermasse an Drähten fest, die Sie in die Form stecken. Stabilisieren Sie sie mit etwas Heißkleber oder Kraftkleber.

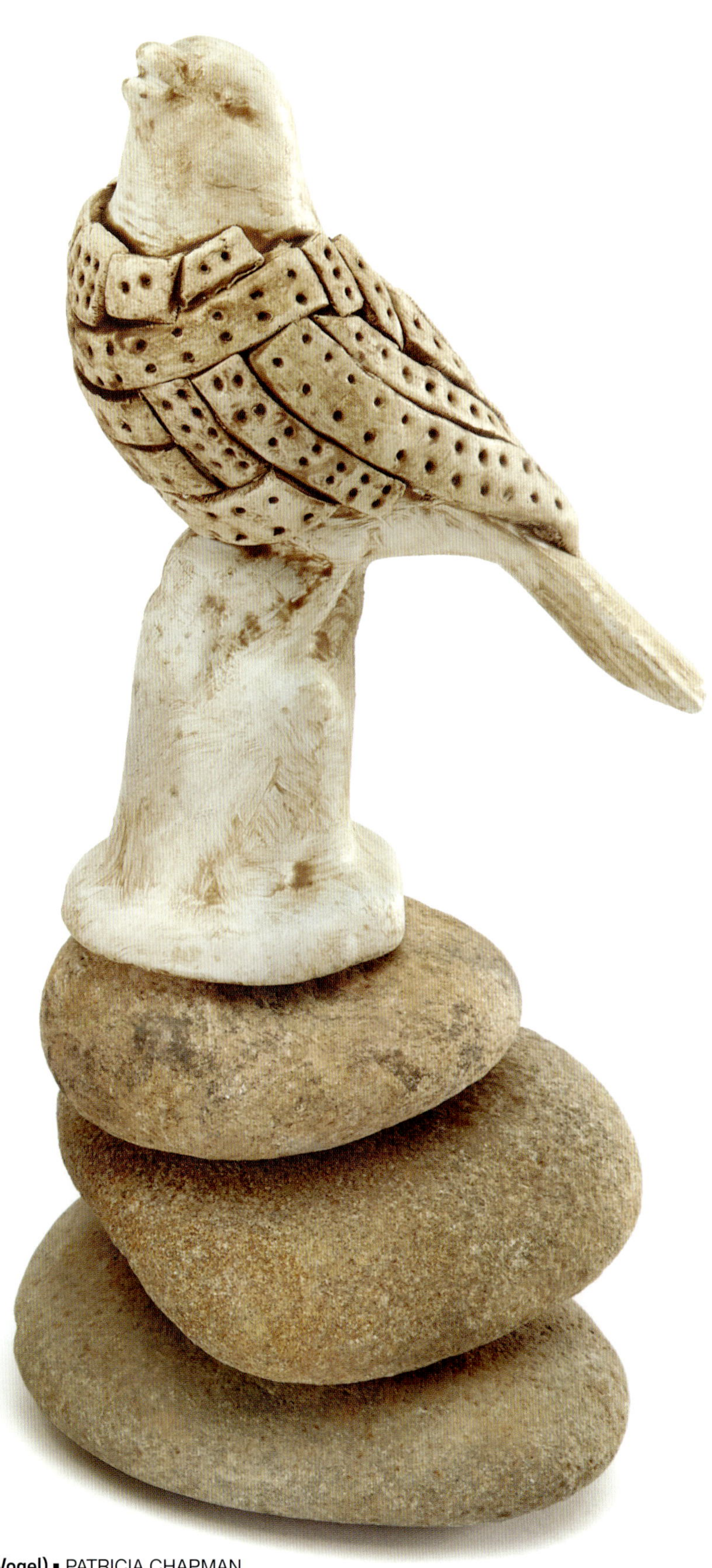

ARMORED BIRD (Gepanzerter Vogel) ▪ PATRICIA CHAPMAN
Steine, mit Zwei-Komponenten-Modelliermasse aufeinander befestigt. Vogelfigur mit „Panzer“ ebenfalls aus Zwei-Komponenten-Modelliermasse. Dunkle Acrylglasur.

STEINE 6

Sehen Sie sich in Ihrem Garten oder bei Spaziergängen in Feld, Wald und Wiesen nach Steinen um, aus denen Sie wunderbare Steinkunst herstellen können. Bauen Sie sie an einem Wanderweg auf, als Überraschung für andere Naturliebhaber, verschenken Sie sie oder suchen Sie Ihren Steinskulpturen einen schönen Platz im eigenen Garten. Sie sind für drinnen und draußen geeignet und erfordern nur wenig Material.

MATERIALLISTE:

Acrylfarbe, stark verdünnt

Einweghandschuhe

Papierhandtücher

Pinsel

Steine

Stempel

Zwei-Komponenten-Modelliermasse (wir verwenden Apoxie Sculpt)

STEINE PLUS MODELLIERMASSE

Mit Zwei-Komponenten-Modelliermasse lässt sich aus einem schönen glatten Stein ganz einfach ein Stein mit einer „Botschaft“ machen. Oder Sie stellen mit der Modelliermasse einen Abdruck eines Gesichts her, nehmen die Masse noch vor dem Abbinden aus der Gussform, drücken den Abdruck vorsichtig auf den Stein und glätten die Ansatzkanten.

Wir haben hier Apoxie Sculpt als Zwei-Komponenten-Modelliermasse verwendet. Die beiden Komponenten werden im Verhältnis 1:1 miteinander vermischt. Da die Masse wetterfest ist, können Sie den Stein ohne Bedenken nach draußen legen.

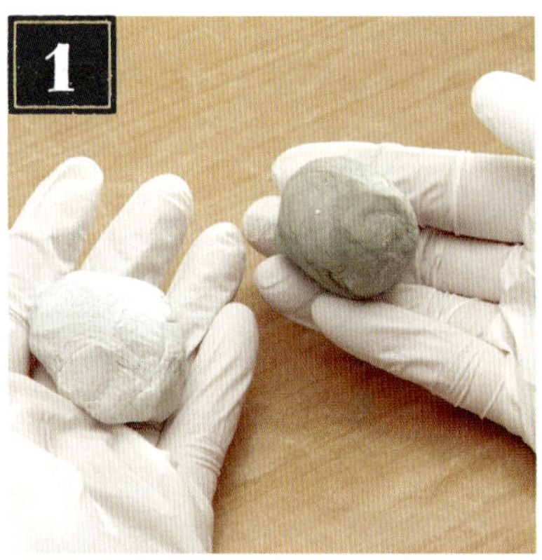

Mischen Sie die Komponenten nach Herstellerangaben.

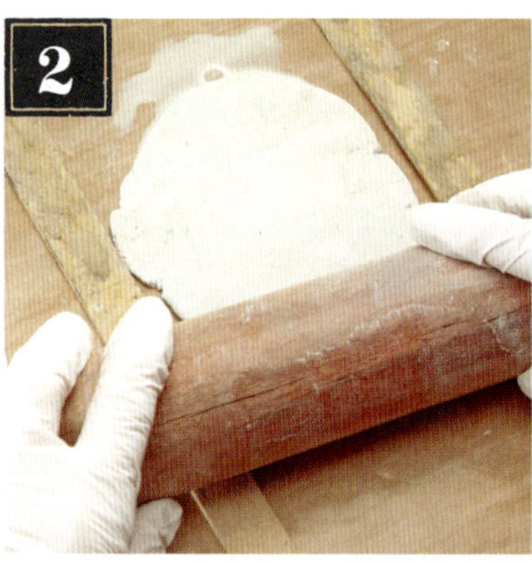

Walzen Sie eine etwa 3 mm dicke Platte aus.

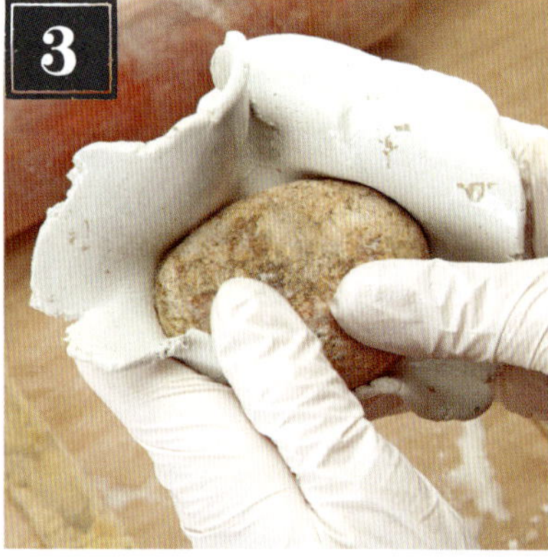

Bedecken Sie den Stein mit der Platte.

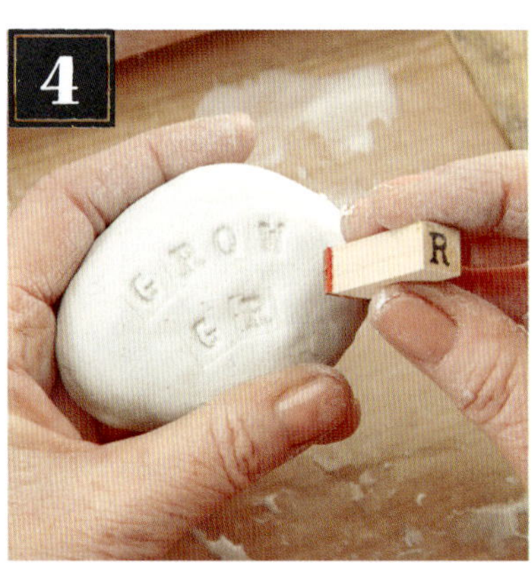

Stempeln Sie Wörter in die Masse und lassen Sie sie durchtrocknen.

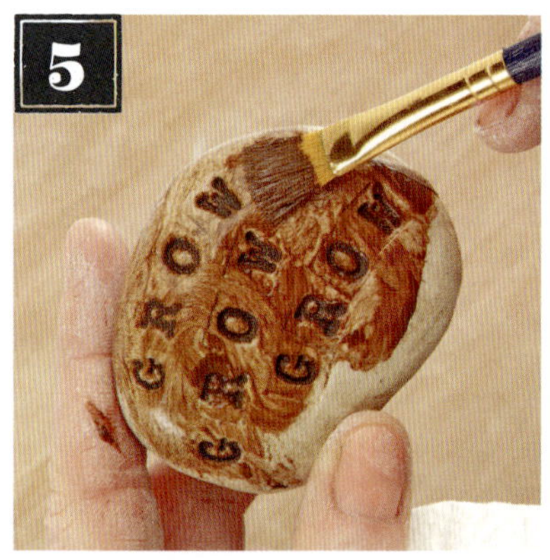

Nach dem Trocknen bestreichen Sie die Masse mit stark verdünnter Acrylfarbe.

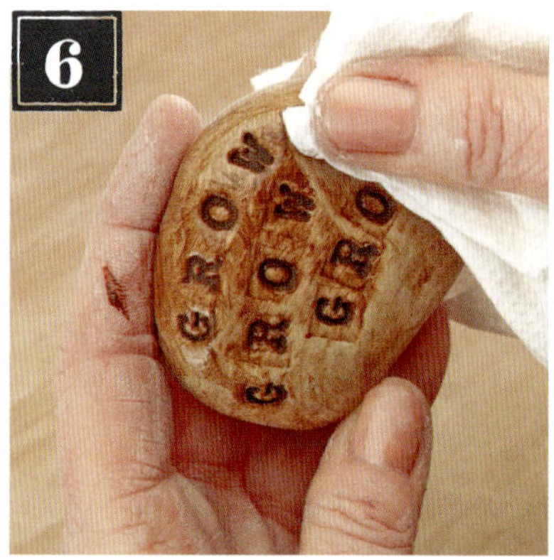

Wischen Sie überschüssige Farbe mit einem Tuch ab.

ZWEI-KOMPONENTEN-MODELLIER-MASSE ALS KLEBSTOFF

Die Zwei-Komponenten-Modelliermasse eignet sich auch als Klebstoff, wie Sie hier an den aufeinander gestapelten Steinen sehen können. Und auf dem obersten Stein ist Platz für alles Mögliche.

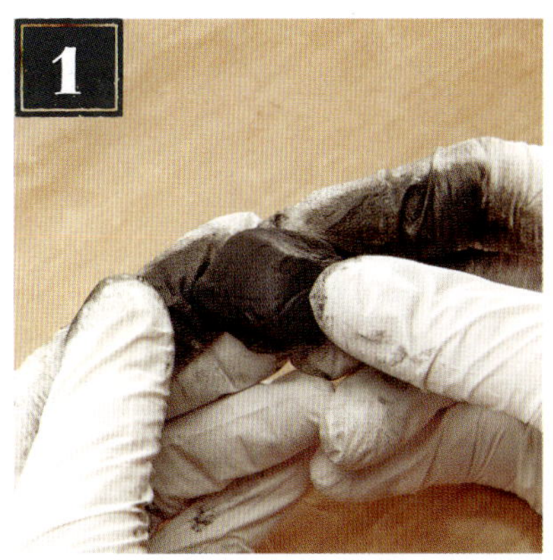

Mischen Sie die Zwei-Komponenten-Modelliermasse. Bei Apoxie Sculpt beträgt das Verhältnis der Komponenten 1:1. Die Masse ist für drinnen und draußen geeignet.

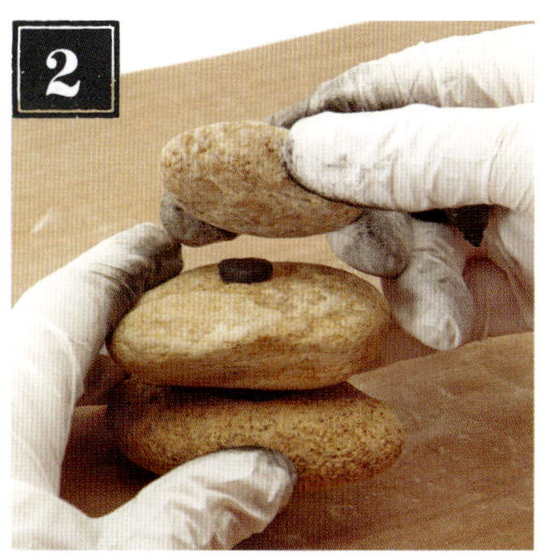

Befestigen Sie die Steine jeweils mit einer kleinen Menge Zwei-Komponenten-Modelliermasse aufeinander. Der größte Stein kommt nach unten, der kleinste nach oben.

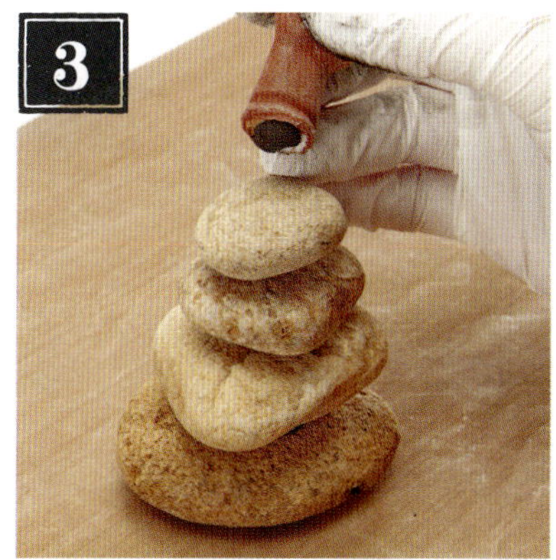

Bemalen oder färben Sie die Steine nach Wunsch. Wenn Sie mögen, befestigen Sie auf dem obersten Stein eine Figur oder etwas anderes.

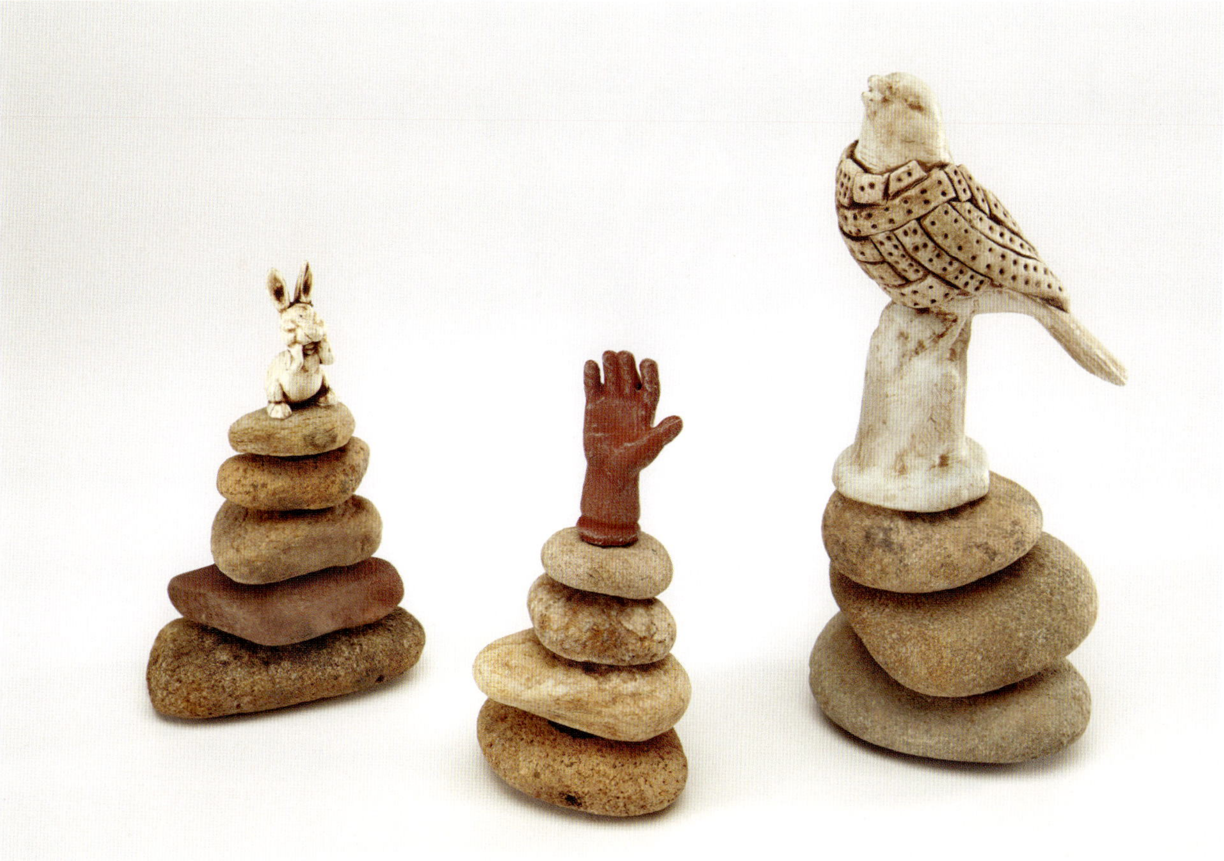

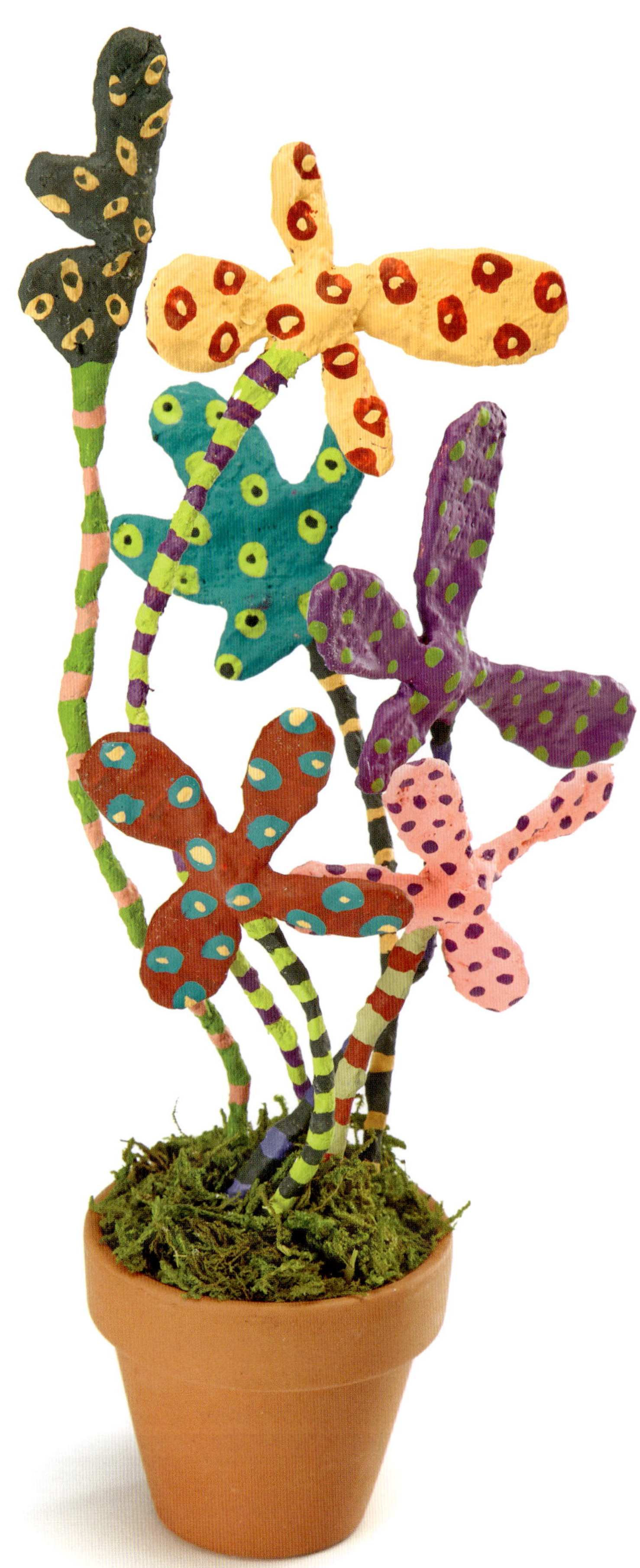

BODACIOUS BLOOMS (Riesenblüten) ▪ PATRICIA CHAPMAN
Verzwirbelte Drähte mit Gipsbinde, bemalt, im Blumentopf festgeklebt. Mit Moos aufgefüllt.

DRAHT UND DRAHTGEWEBE 7

Hegen wir insgeheim nicht alle den Wunsch, gleichzeitig stark und biegsam zu sein? Eine Armatur aus Draht kann jede beliebige Form annehmen, auf einem Sockel befestigt werden und dann mit unterschiedlichen Modelliermassen aufgefüllt und ummantelt werden. Und aus Drahtgewebe und Ton lassen sich alle möglichen abstrakten und realistischen Formen herausbilden.

MATERIALLISTE:

Acrylfarbe und Pinsel

Apoxie Sculpt

Augen (Puppenaugen, Fachgeschäft für Tierpräparatoren)

Bastelleim

Bettfeder

Blumensteckschaum

Dermoplastik (Modell, über das der Tierpräparator die gegerbte Haut des Tieres zieht)

Drahtgeflecht

dunkler weichgeglühter Draht

gezahntes Messer

Gips

Gipsbinde

Häkeldeckchen

Heißkleber

kleinen Blumentopf

Metallfeile oder Sandpapier

Moos (optional)

Plakatkarton

Puppe

Schere

Verzierungen für die Puppe

DRAHTFORMEN „EINKLEIDEN“

Dunkler weichgeglühter Draht ist preiswert und fast überall zu haben. Er lässt sich leicht zu Formen verbiegen, wickeln oder zu Spiralen drehen, bleibt dabei aber stabil genug, um als Unterbau zu dienen. Hier bekommen die Drahtgebilde einen Überzug aus Gipsbinde, die nach dem Trocknen bemalt wird. Sie können jedoch auch eine andere Modelliermasse verwenden.

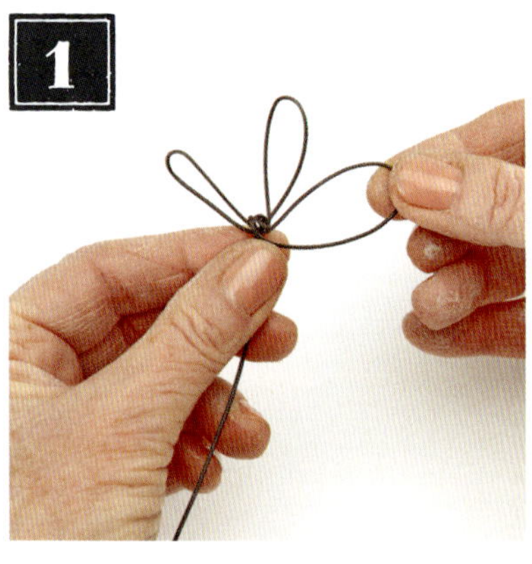

Biegen Sie den Draht zur gewünschten Form (hier sind es Blütenblätter).

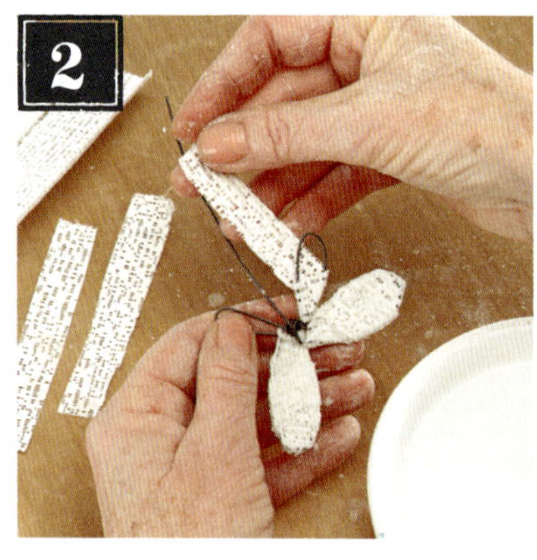

Umwickeln Sie den Draht mit kleinen Streifen Gipsbinde.

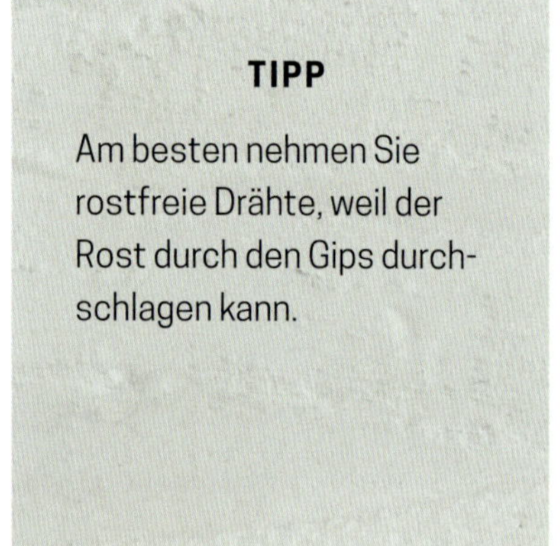

TIPP

Am besten nehmen Sie rostfreie Drähte, weil der Rost durch den Gips durchschlagen kann.

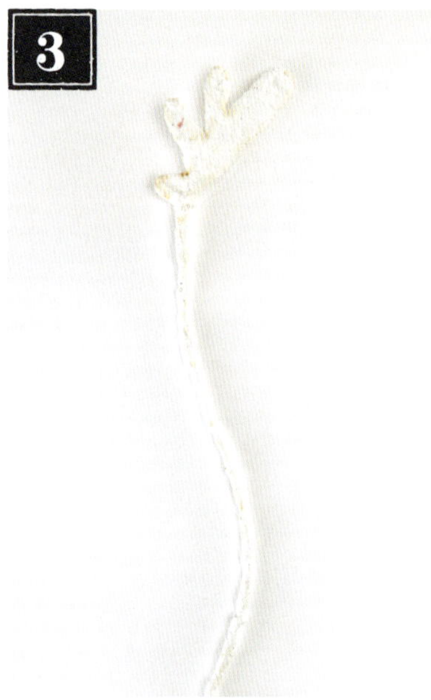

Lassen Sie die mit Gipsbinde umwickelten Formen (Blütenblätter und Stengel) trocknen.

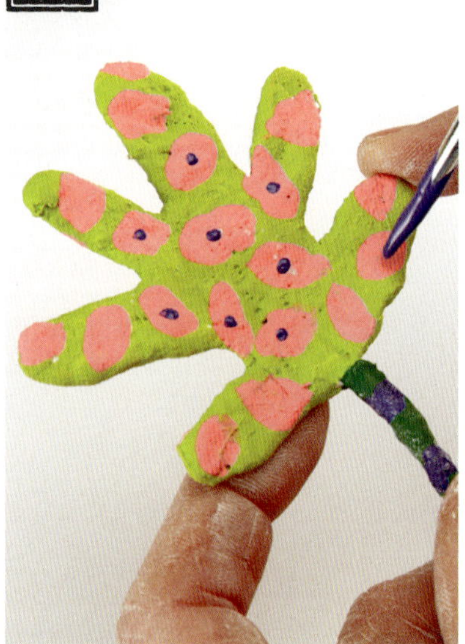

Bemalen Sie die Blume mit Acrylfarbe.

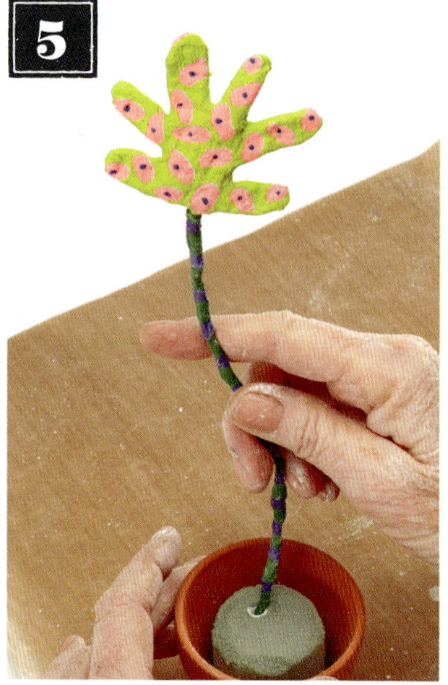

Schneiden Sie Blumensteckschaum mit einem gezahnten Messer so zu, dass er in einen kleinen Blumentopf passt, und kleben Sie ihn mit Bastelleim fest. Mache Sie mit den Drahtblumen Löcher in den Schaum. Bestreichen Sie die Enden mit Bastelleim. Stecken Sie sie wieder in den Schaum. Kleben Sie nach Bedarf Moos über den Schaum.

DRAHTIGE FUNDSTÜCKE

Aus Draht können Sie nicht nur Armaturen aufbauen, Sie können aber auch Fundstücke aus Draht zu Armaturen umfunktionieren.

Sehen Sie sich nach Drahtkörben, Gittern, Lampenschirmen oder Bettfedern um. Sie lassen sich hervorragend mit Gipsbinde, Critter Clay, Papiermaschee oder Zwei-Komponenten-Modelliermasse ummanteln.

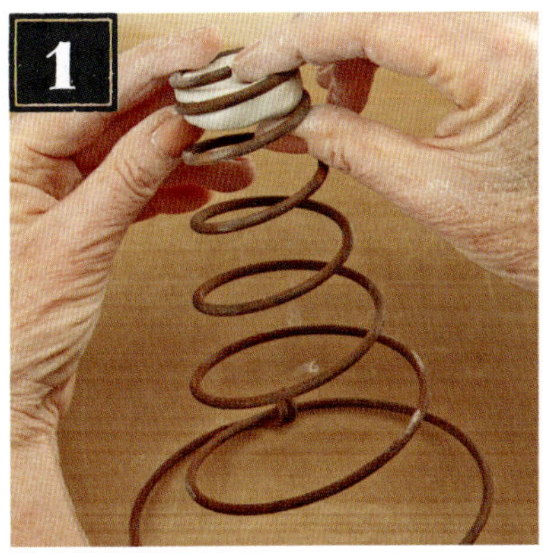

Bauen Sie eine kleine Plattform aus Apoxie Sculpt in die obersten Windungen einer alten Sprungfeder.

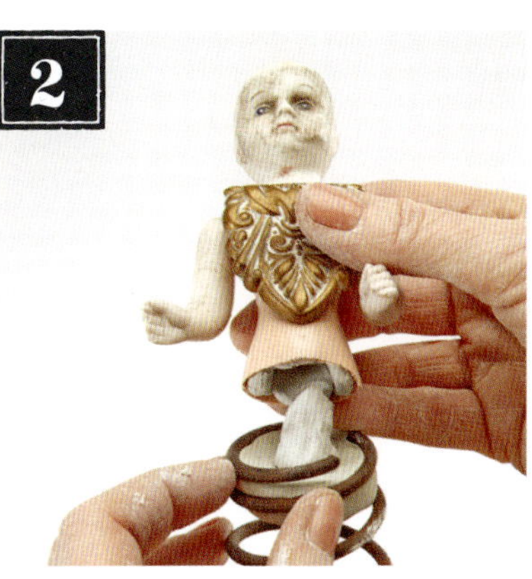

Befestigen Sie einen Puppentorso mit Apoxie Sculpt auf der Plattform.

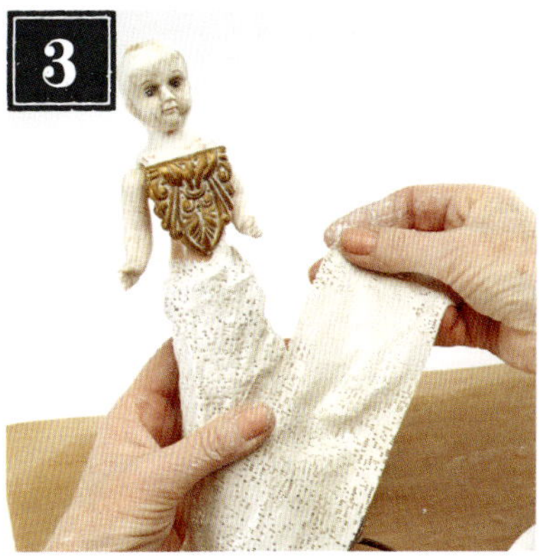

Umwickeln Sie die Sprungfeder mit Gipsbinde als Rock. Lassen Sie sie trocknen.

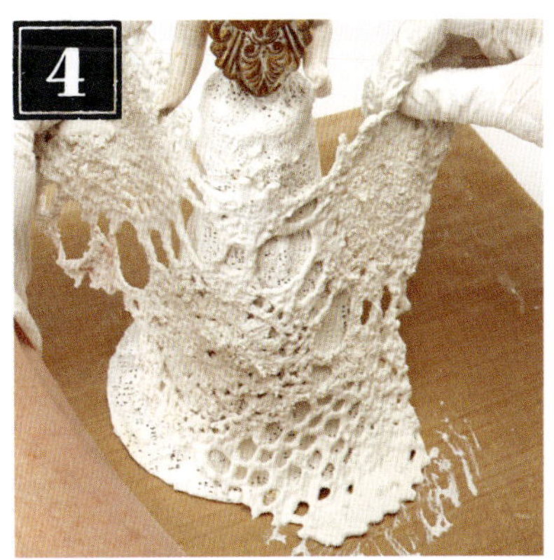

Tauchen Sie ein Deckchen in Gips und drapieren Sie es um den Rock.

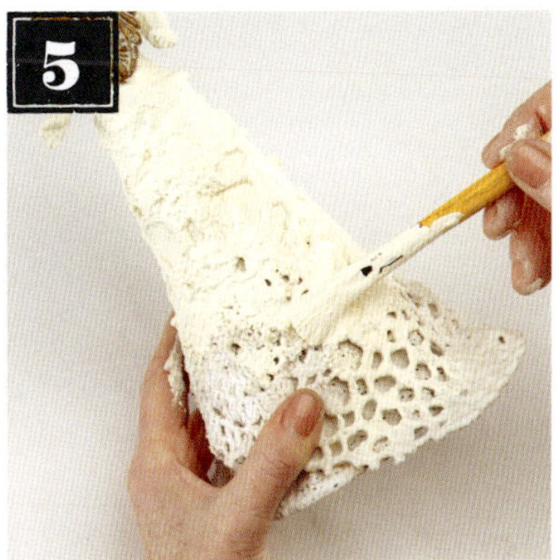

Bemalen und verzieren Sie den Rock nach Bedarf.

KLEBETIPP

Wenn die Figur sehr glatte Kanten hat, rauen Sie sie auf. Die Modelliermasse hält dann besser. Ich habe die Ansatzstellen der Puppe mit dem Dremel bearbeitet. Eine Metallfeile oder Sandpapier tun's auch.

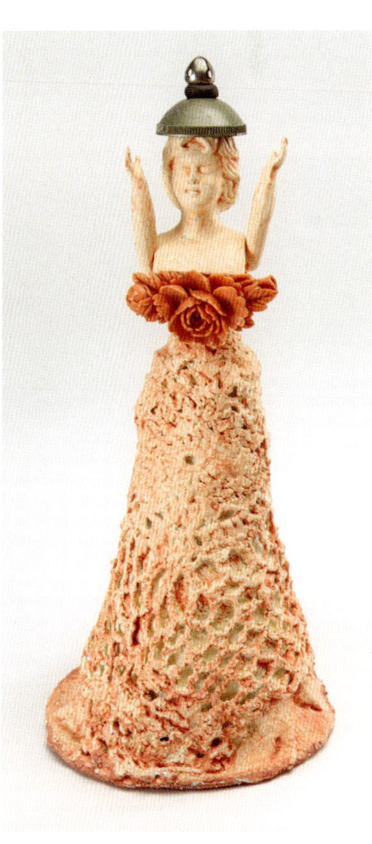

DRAHTGEFLECHT ALS UNTERBAU

Drahtgeflecht eignet sich hervorragend als Armatur, man kann damit aber auch modellieren. Es ist so biegsam, dass es jede beliebige Form annimmt. Gleichzeitig ist es stabil genug, um als Unterbau für Gips und andere Modelliermassen zu dienen. Nehmen Sie eine fertige Grundform oder bauen Sie selbst eine auf, um die Sie das Drahtgeflecht fälteln, drehen, drücken, dehnen oder raffen. Feineres Drahtgeflecht ist ideal für die Herausbildung von Details, während gröbere Varianten als Stütze für Modelliermassen dienen können.

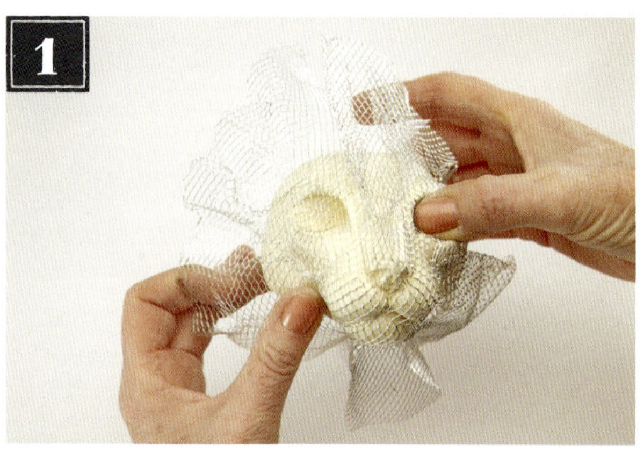

Umwickeln Sie eine Dermoplastik mit Drahtgeflecht.

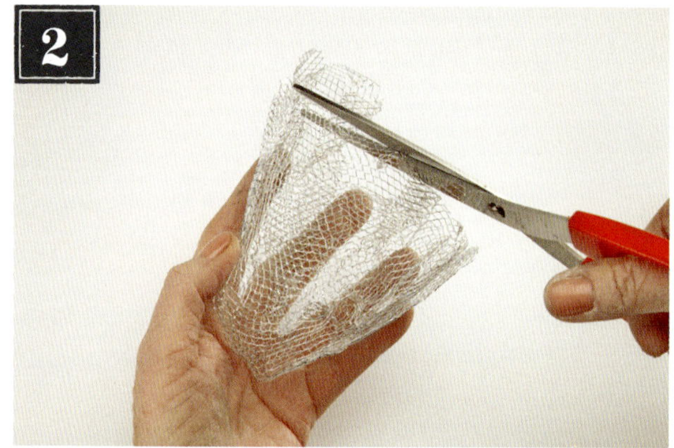

Nehmen Sie das Drahtgeflecht ab und schneiden Sie die Ränder bei.

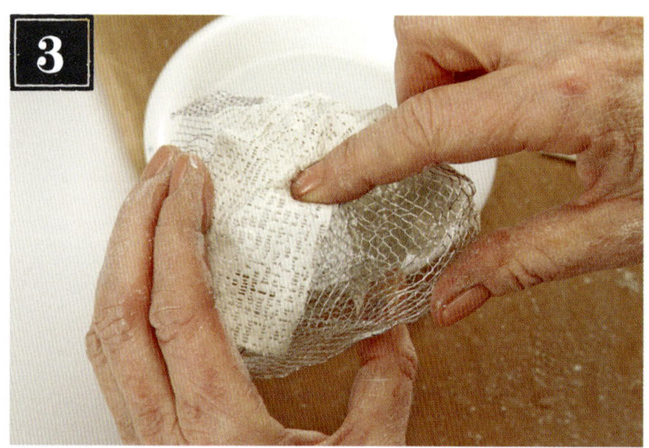

Umwickeln Sie die Form mit Gipsbinde. Formen Sie auf der Rückseite (also am Hinterkopf) eine glatte Fläche. Lassen Sie den Gips trocknen.

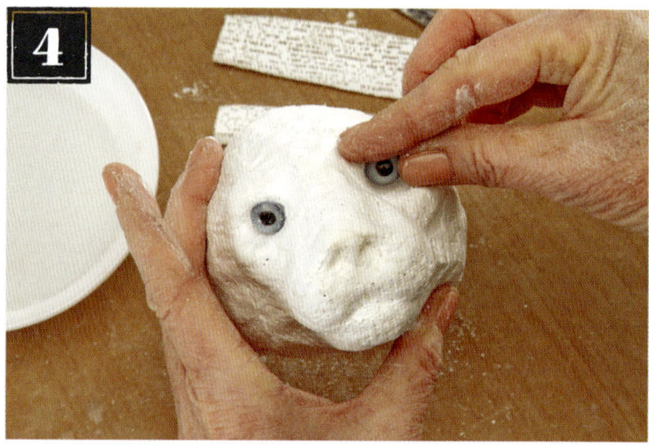

Befestigen Sie Puppenaugen oder Nachahmungen von Tieraugen.

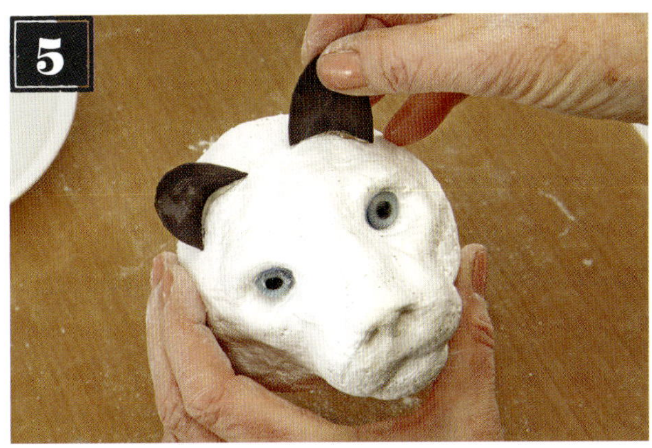

Schneiden Sie Ohren aus Plakatkarton aus und befestigen Sie sie mit Heißkleber an der Form.

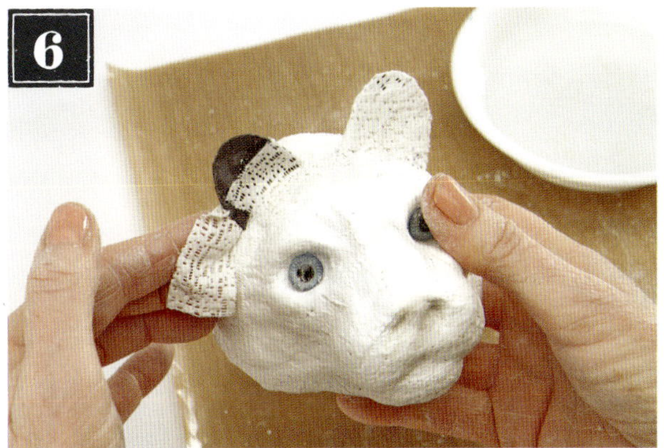

Ummanteln Sie die Ohren mit Gipsbinde.

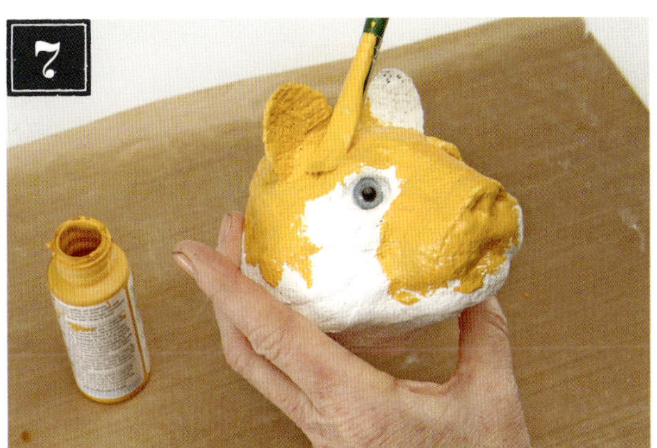

Bemalen Sie den Kopf nach dem Trocknen und fügen Sie ihn mit dem passenden Kleber in Ihre Collage ein.

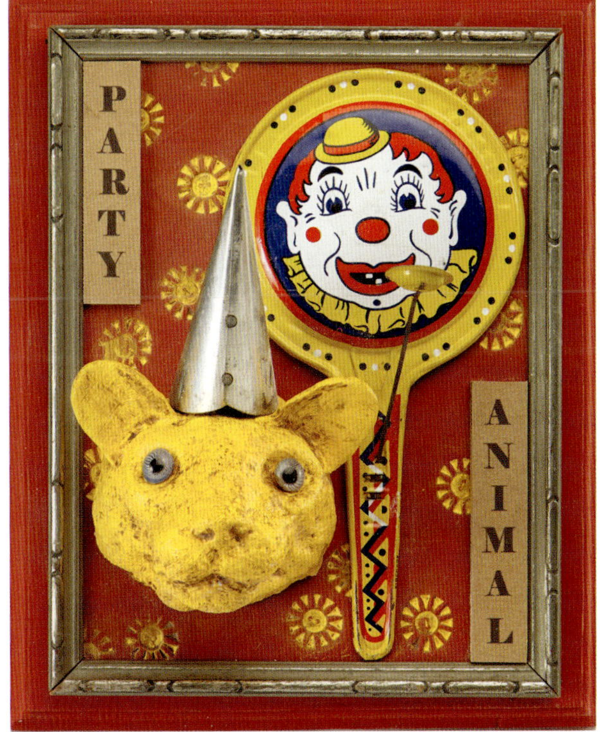

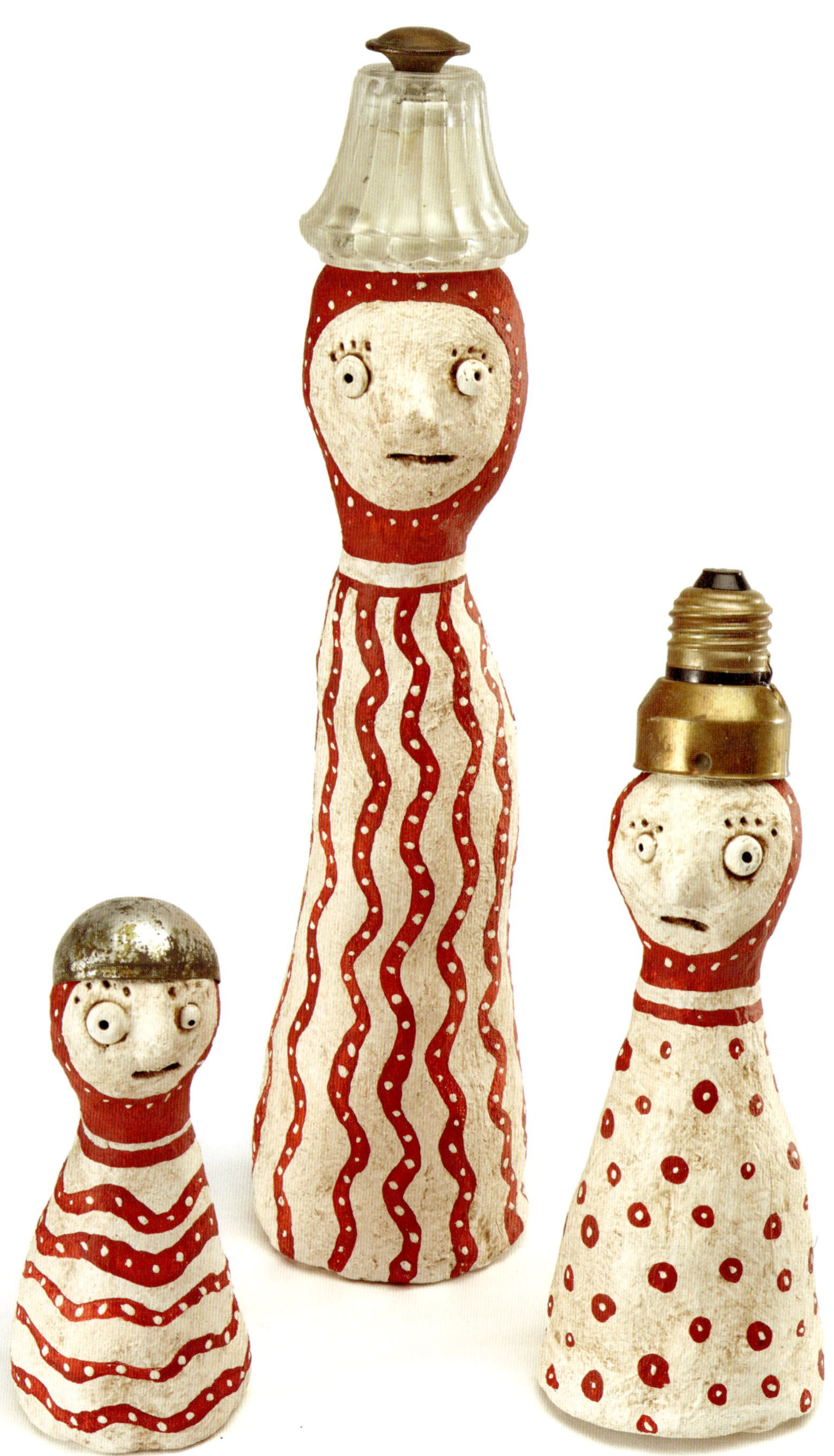

GONZO GUYS (Gonzos) ▪ PATRICIA CHAPMAN
Papiermaschee auf Alufolie, bemalt, mit Fundstücken ergänzt.

ALUMINIUMFOLIE 8

Wir lieben es, die Küche nach Bastelmaterialien zu durchstöbern (und wieder zu verschwinden, bevor jemand auf den Gedanken kommt, wir würden etwas kochen). Die gute alte Alufolie erweist sich als hervorragendes Armaturenmaterial. Nehmen Sie sich also eine Rolle und fangen Sie an, Kugeln oder andere Formen daraus zu machen und sie mit der lufttrocknenden Modelliermasse zu überziehen, mit der Sie am liebsten arbeiten. Papiermaschee, ClayShay, Critter Clay, Creative Paperclay und Zwei-Komponenten-Modelliermassen wie Apoxie Sculpt lassen sich problemlos auf Alufolie verteilen. Die Folie hat den Vorteil, dass sie preiswert, jederzeit zu beschaffen, leicht und formbar ist. Ihrer Fantasie sind also keine Grenzen gesetzt.

MATERIALLISTE:

Acrylfarbe

Alufolie

Epoxidharzkleber (optional)

Papiermaschee, Critter Clay oder Creative Paperclay

Perlen und/oder Fundstücke

Pinsel

starker Kleber

Zwei-Komponenten-Modelliermasse

AUF ALUFOLIE MODELLIEREN

Die skurrile Familie auf Seite 48 zeigt, welche großartigen Möglichkeiten Alufolie als Armatur bietet. Sie können die Grundform immer wieder mit mehr Folie erweitern. Wenn sie nicht hält, befestigen Sie sie mit etwas Heißkleber.

TIPP

ClayShay oder Papiermaschee auf Alufolie sollten eine sehr dicke, tonähnliche Konsistenz haben.

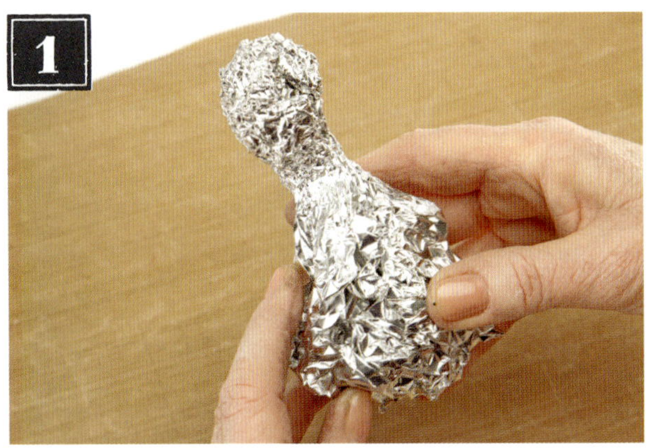

Messen Sie ein etwa 20 cm langes Stück Folie ab und drücken Sie es grob zu der gewünschten Form zusammen. Drücken Sie die Oberfläche möglichst glatt, ohne große Vorsprünge oder Dellen.

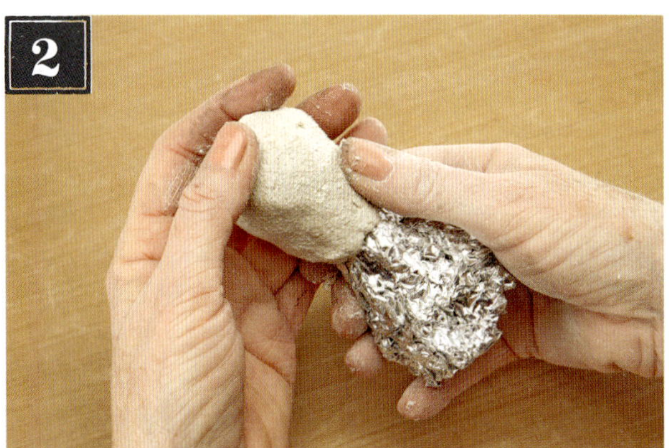

Streichen Sie nach und nach einzelne Kleckse Modelliermasse (hier ist es Papiermaschee) auf die Folie und bearbeiten Sie dabei die Form. Verstreichen Sie die Ansatzkanten mit feuchten Fingern.

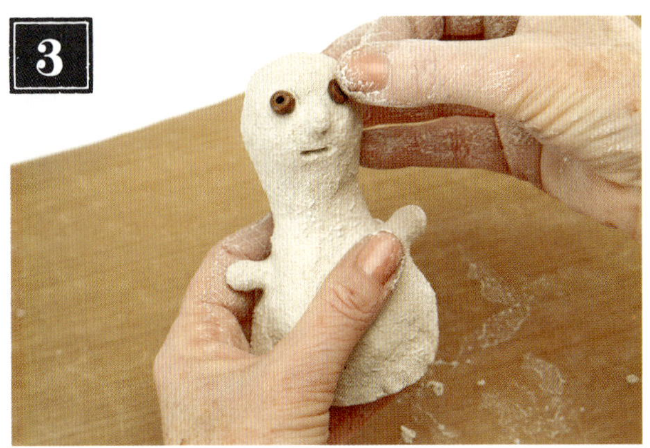

Wenn das Papiermaschee trocken ist, fügen Sie Augen hinzu und gestalten Sie das Gesicht nach Wunsch. Schwerere Verzierungen sollten Sie mit Zwei-Komponenten-Modelliermasse oder Epoxidharzkleber befestigen.

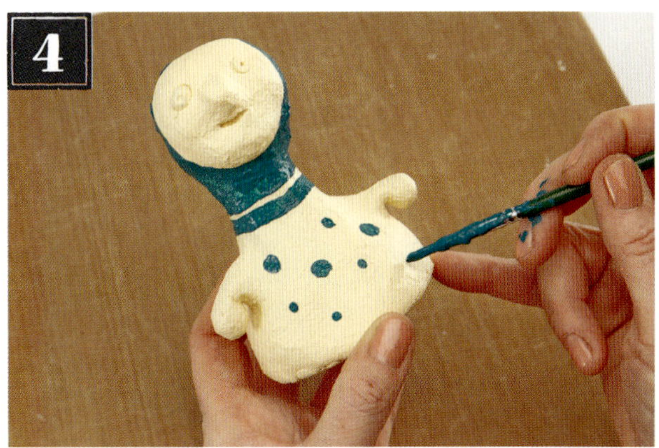

Lassen Sie Ihr Kunststück durchtrocknen, bevor Sie es bemalen. Tragen Sie zunächst eine Grundierung aus Acrylfarbe auf und lassen Sie sie trocknen. Fügen Sie dann Details hinzu und schließen Sie vielleicht mit einer stark verdünnten Farbschicht ab.

DETAILS ANSETZEN

Wenn Sie z.B. einen Flügel an eine Figur ansetzen wollen, machen Sie ihn am besten selbst. Formen Sie den Unterbau aus Folie, überziehen Sie ihn vollständig mit Zwei-Komponenten-Modelliermasse, bemalen Sie ihn und setzen Sie ihn an.

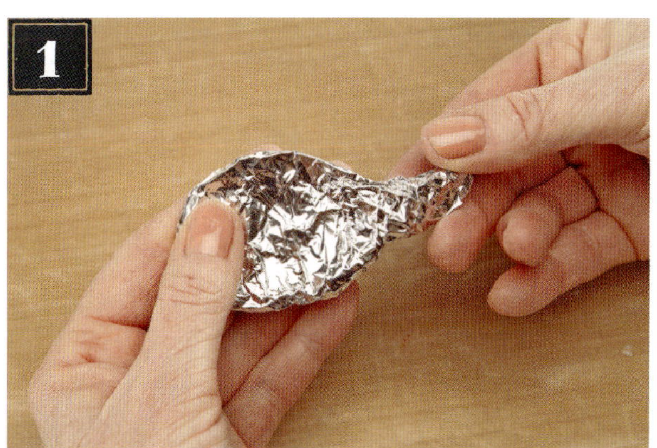

Falten und pressen Sie Alufolie zu einer Flügelform.

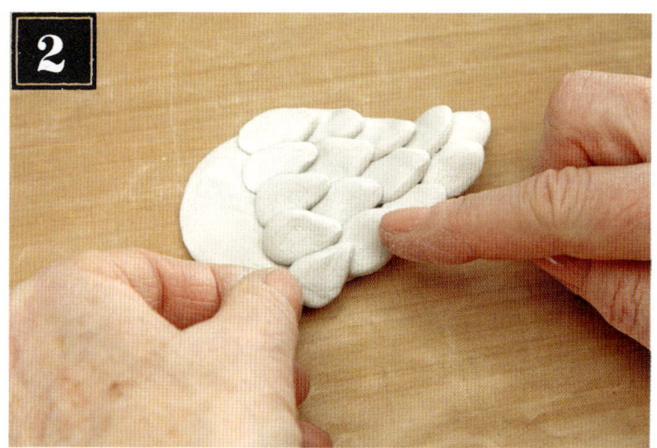

Bedecken Sie die Flügelform mit Zwei-Komponenten-Modelliermasse (hier: Apoxie Sculpt). Setzen Sie Blütenblätter an, um den Eindruck von Gefieder zu erwecken.

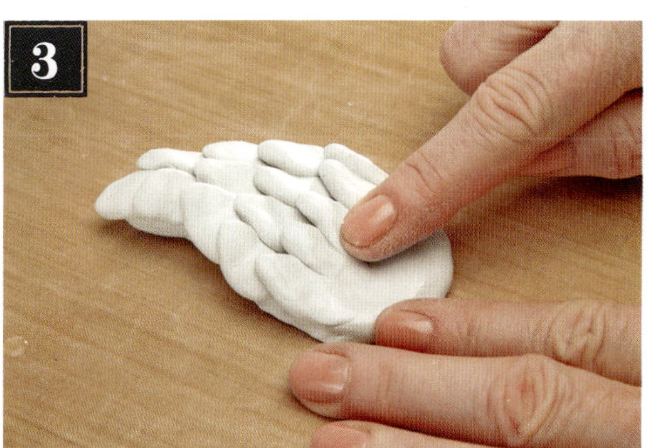

Streichen Sie die Ansatzkanten glatt. Dann lassen Sie den Flügel trocknen.

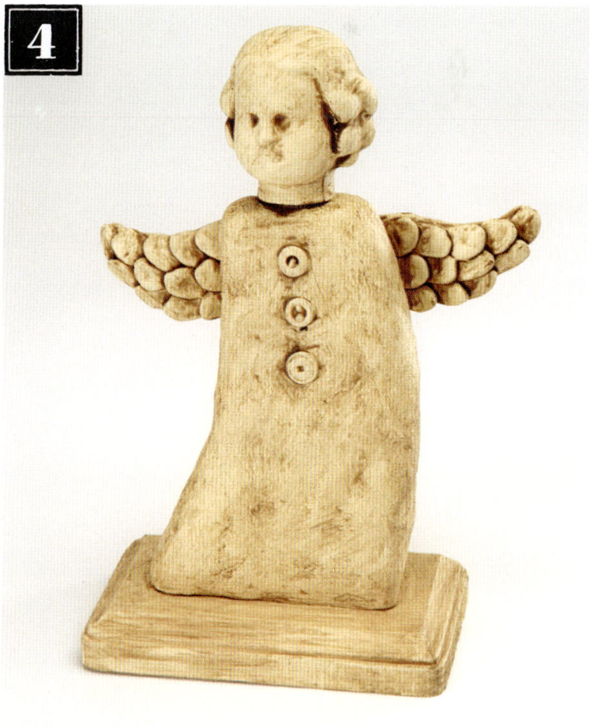

Wenn die Modelliermasse trocken ist, bemalen und glasieren Sie sie. Dann befestigen Sie die Flügel mit Kraftkleber.

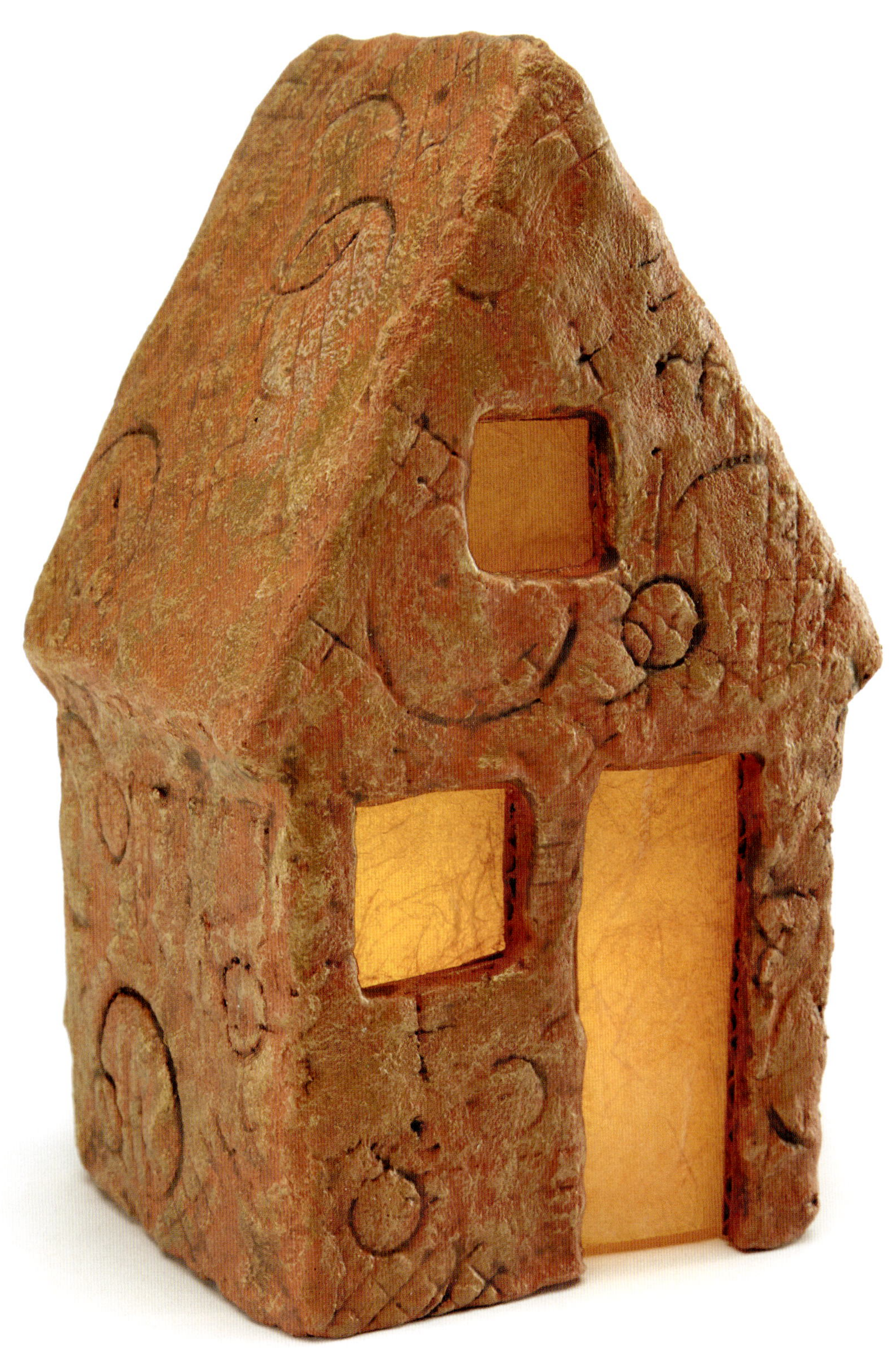

LIGHT HOUSE (Leuchtturm/leichtes Haus/Lichthaus) ▪ PATRICIA CHAPMAN
ClayShay auf Pappe, texturiert, bemalt, mit farbigem Reispapier hinterklebt.

PAPPE 9

Wenn Sie viel über den Versandhandel beziehen, haben Sie wahrscheinlich jede Menge Pappkartons zu Hause, die Sie schon längst zum Papiercontainer bringen wollten. Ein andere Möglichkeit des Recycling möchten wir Ihnen hier vorstellen. Pappe eignet sich sehr gut als Unterbau für Modelliermassen aller Art. Mit einem Skalpell lässt es sich leicht schneiden und mit Heißkleber schnell zusammenkleben. Dann müssen Sie nur noch die Modelliermasse Ihrer Wahl hinzufügen.

MATERIALLISTE:

Acrylfarbe, u.a. Gold metallic

Acrylglasur

Bastelleim

batteriebetriebenes Teelicht

durchscheinendes Reispapier

Glasur oder Beize (optional)

Heißluftpistole

Papier

Papierhandtücher oder Lappen

Papiermaschee

Pappe

Perlen u.a. Verzierungen

Pinsel

Plakatkarton

Skalpell oder Teppichmesser

Stempel (optional)

HAUSBAU

Hier sehen Sie die einzelnen Bauteile für das Papphaus, das mit Papiermaschee überzogen wird. Wie Ihr Haus aussehen soll, entscheiden Sie: Soll es größer oder kleiner sein? Brauchen Sie mehr Fenster? Oder vielleicht einen Schornstein?

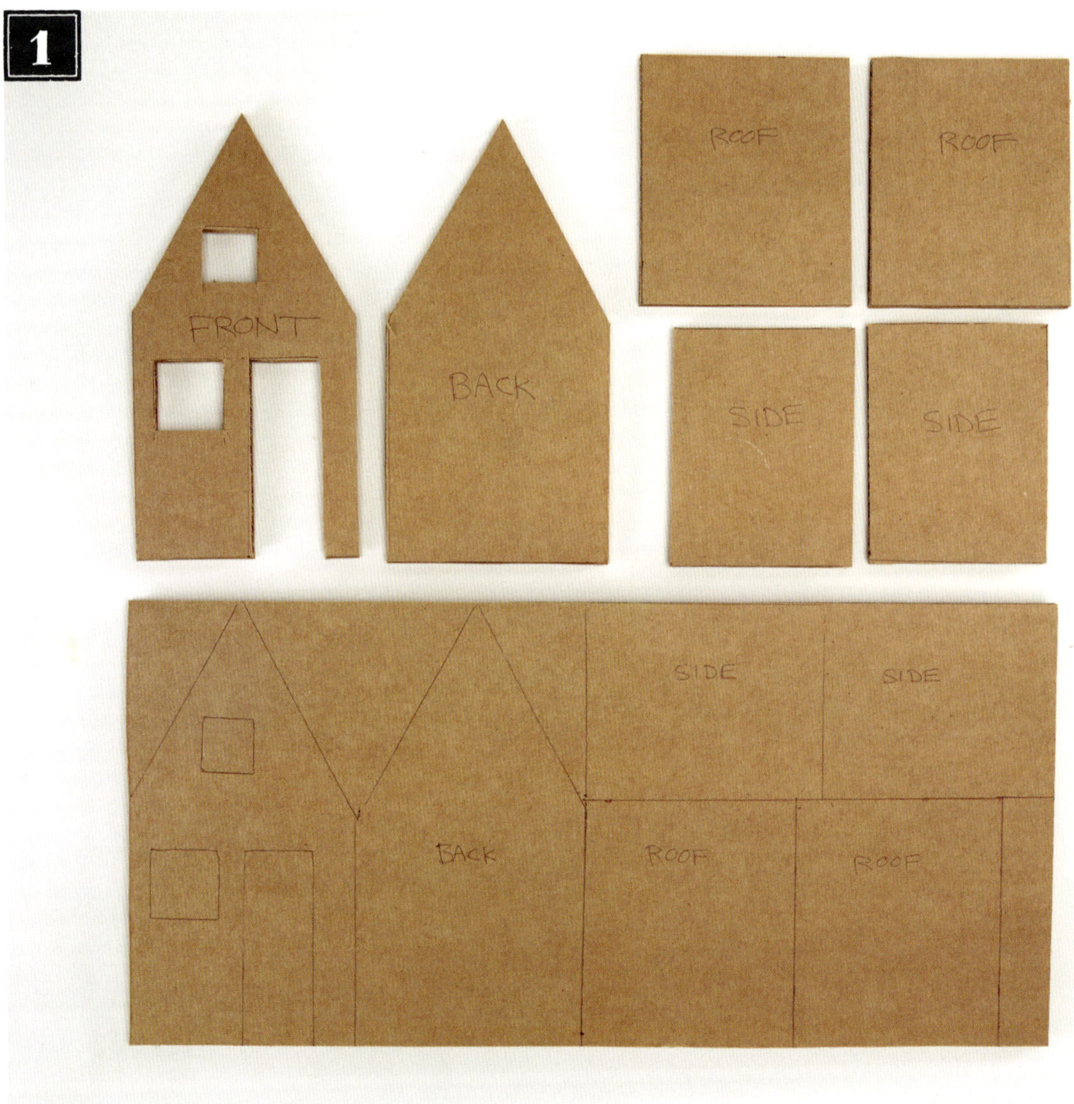

Zeichnen Sie die Umrisse der Hausteile auf Pappe auf und schneiden Sie die Einzelteile aus.

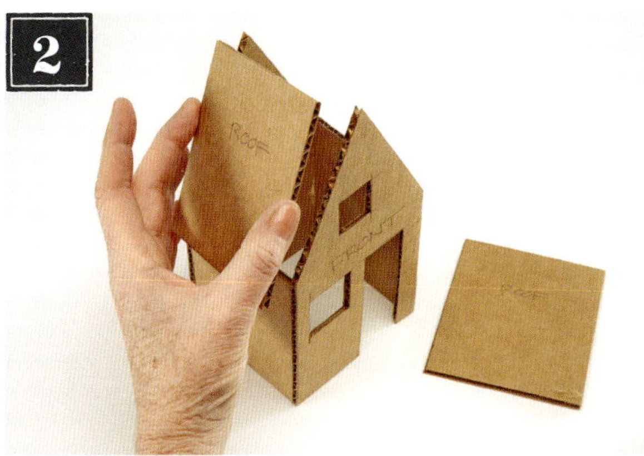

Kleben Sie die Einzelteile mit Heißkleber zusammen.

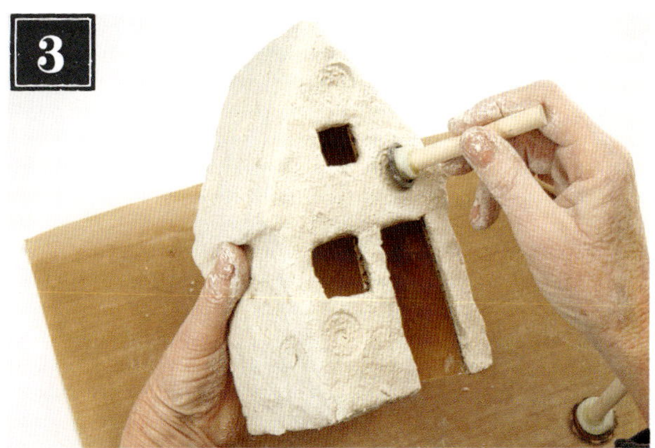

Bedecken Sie das Haus mit Papiermaschee und texturieren Sie es nach Wunsch. Lassen Sie es trocknen.

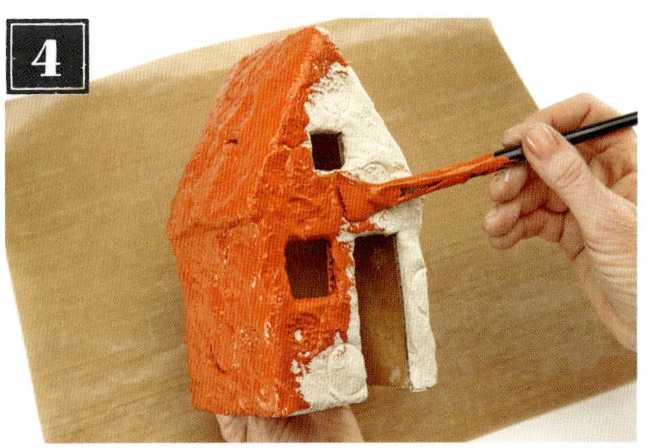

Bemalen Sie es und lassen Sie die Farbe trocknen.

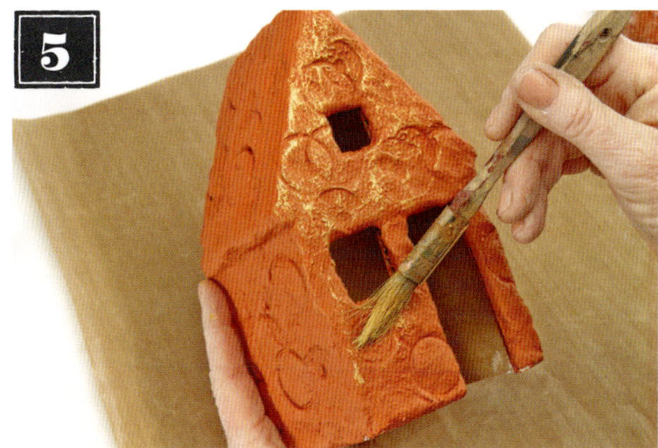

Tragen Sie mit trockenem Pinsel Goldfarbe auf die Grundfarbe auf.

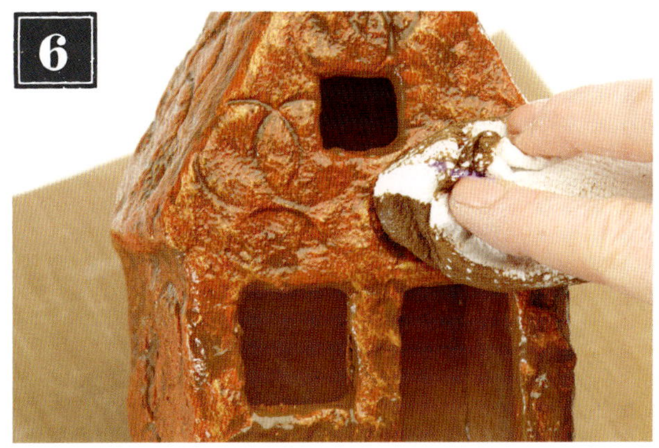

Streichen Sie die Oberfläche mit dunkler Acrylglasur ein. Wischen Sie sie ab, bevor sie trocknet, um die Vertiefungen zu betonen.

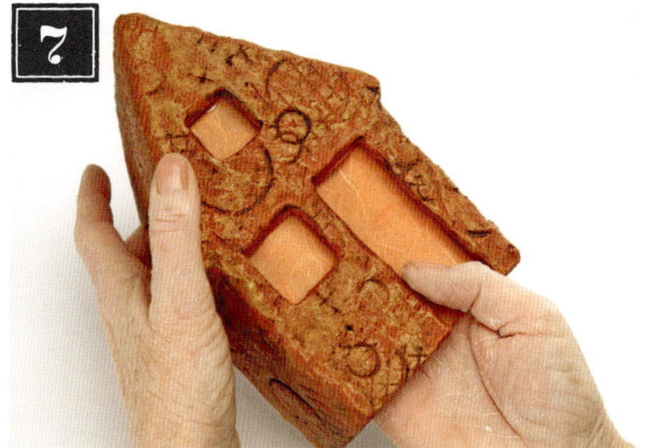

Kleben Sie durchscheinendes Reispapier (nach Wunsch eingefärbt) mit Bastelleim von innen hinter die Tür- und Fensteröffnungen. Stellen Sie ein batteriebetriebenes Teelicht in das Haus, sodass ein einladender Lichtschein nach außen dringt.

DREIDIMENSIONALE FORM AUS SCHICHTEN

Aus mehreren Pappschichten lassen sich auch Armaturen für größere Figuren zusammensetzen. Bedecken Sie sie mit Apoxie Sculpt, ClayShay, Creative Paperclay oder Papiermaschee und fügen Sie nach Belieben Verzierungen und/oder Farbe hinzu.

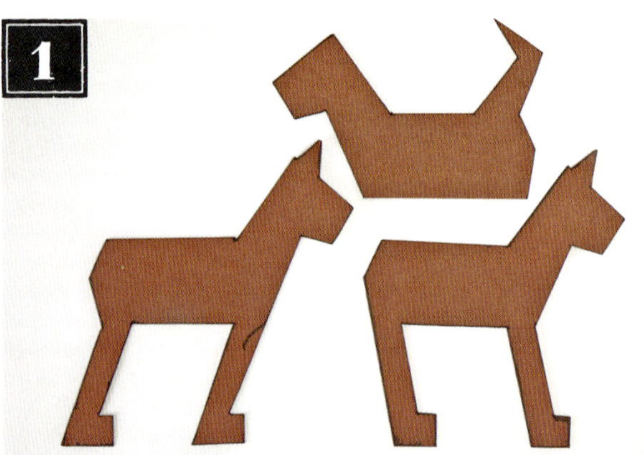

Zeichnen Sie die Figur, die Sie sich vorstellen, in Umrissen auf (hier: eine kubistische Katze). Schneiden Sie jedes Teil dreimal aus Pappe aus.

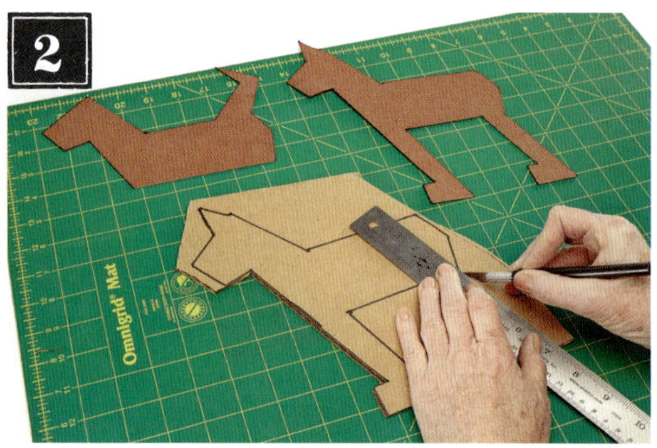

Übertragen Sie die Umrisse auf Pappe und schneiden Sie die Einzelteile aus.

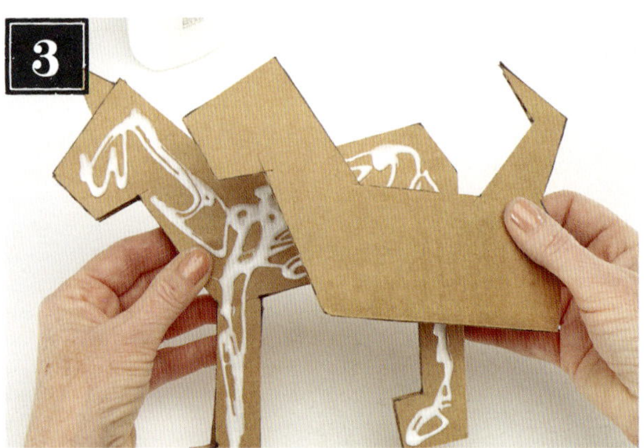

Kleben Sie die Einzelteile mit Bastelleim, Heißkleber oder elastischem Montagekleber aufeinander.

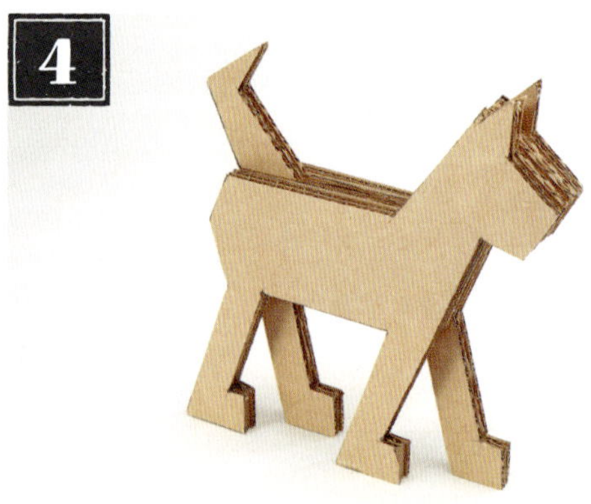

Stellen Sie die Katze auf die Füße und lassen Sie sie trocknen.

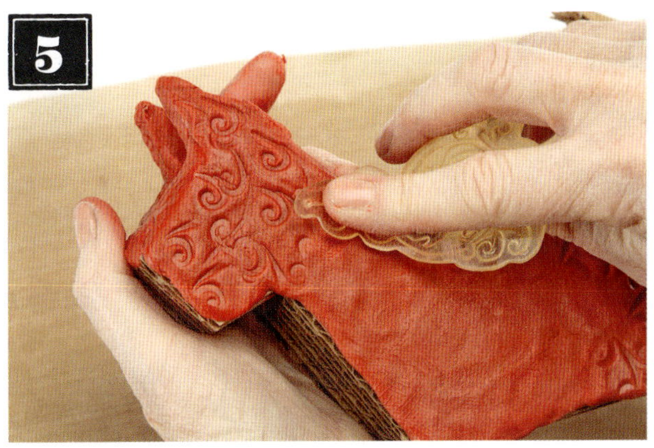

Überziehen Sie die Pappform mit einer Modelliermasse Ihrer Wahl (hier: rote Zwei-Komponenten-Modelliermasse) und texturieren Sie die Oberfläche, bevor sie trocknet.

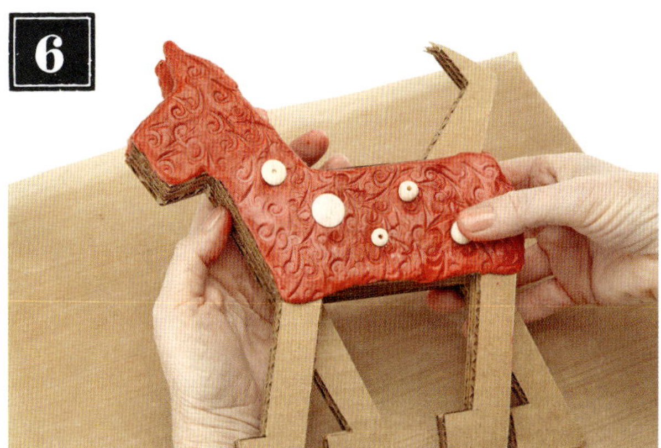

Fügen Sie Verzierungen hinzu, bevor die Modelliermasse trocken ist.

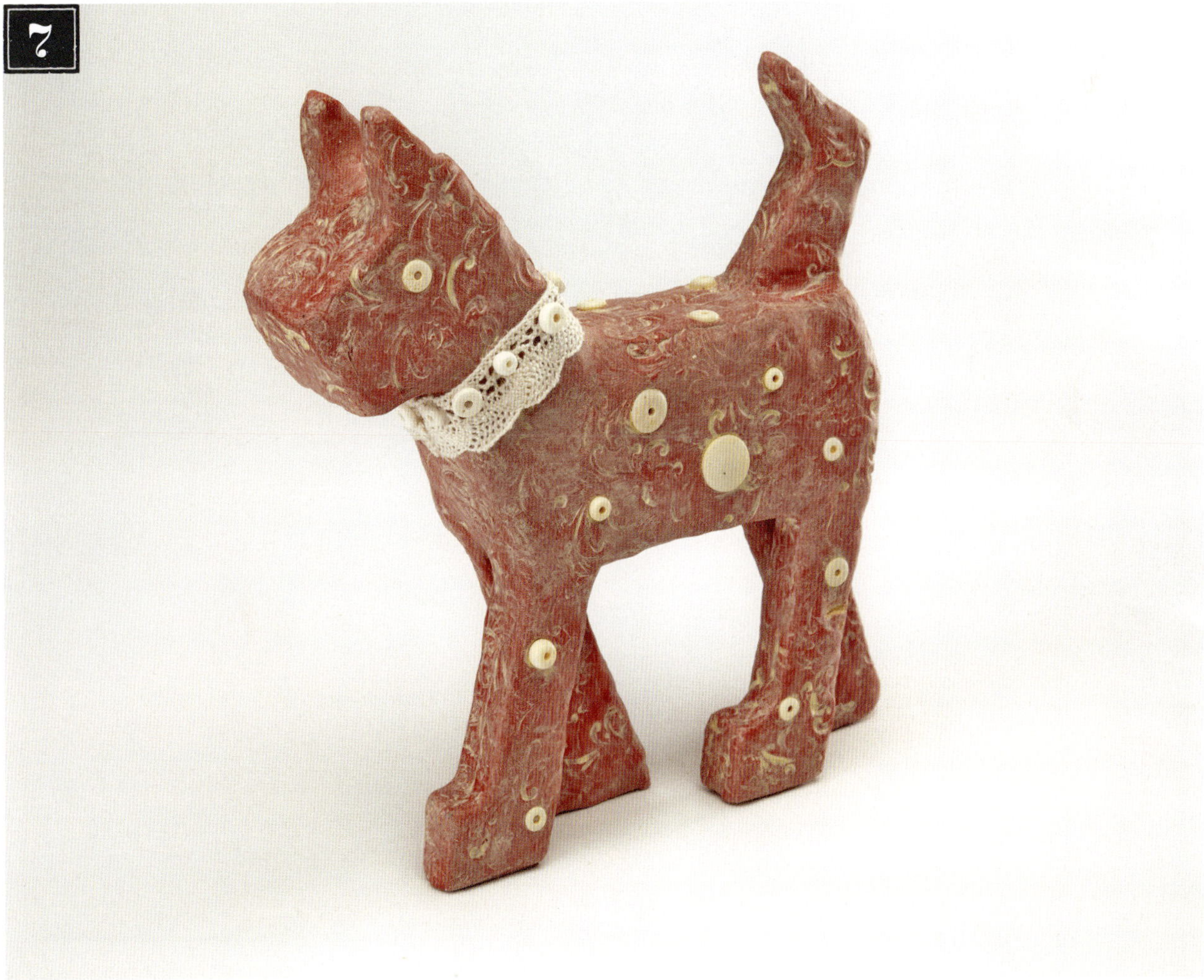

Überziehen Sie die Figur mit Glasur oder Beize und fügen Sie weitere Verzierungen (wie den gehäkelten Kragen) nach Wunsch hinzu.

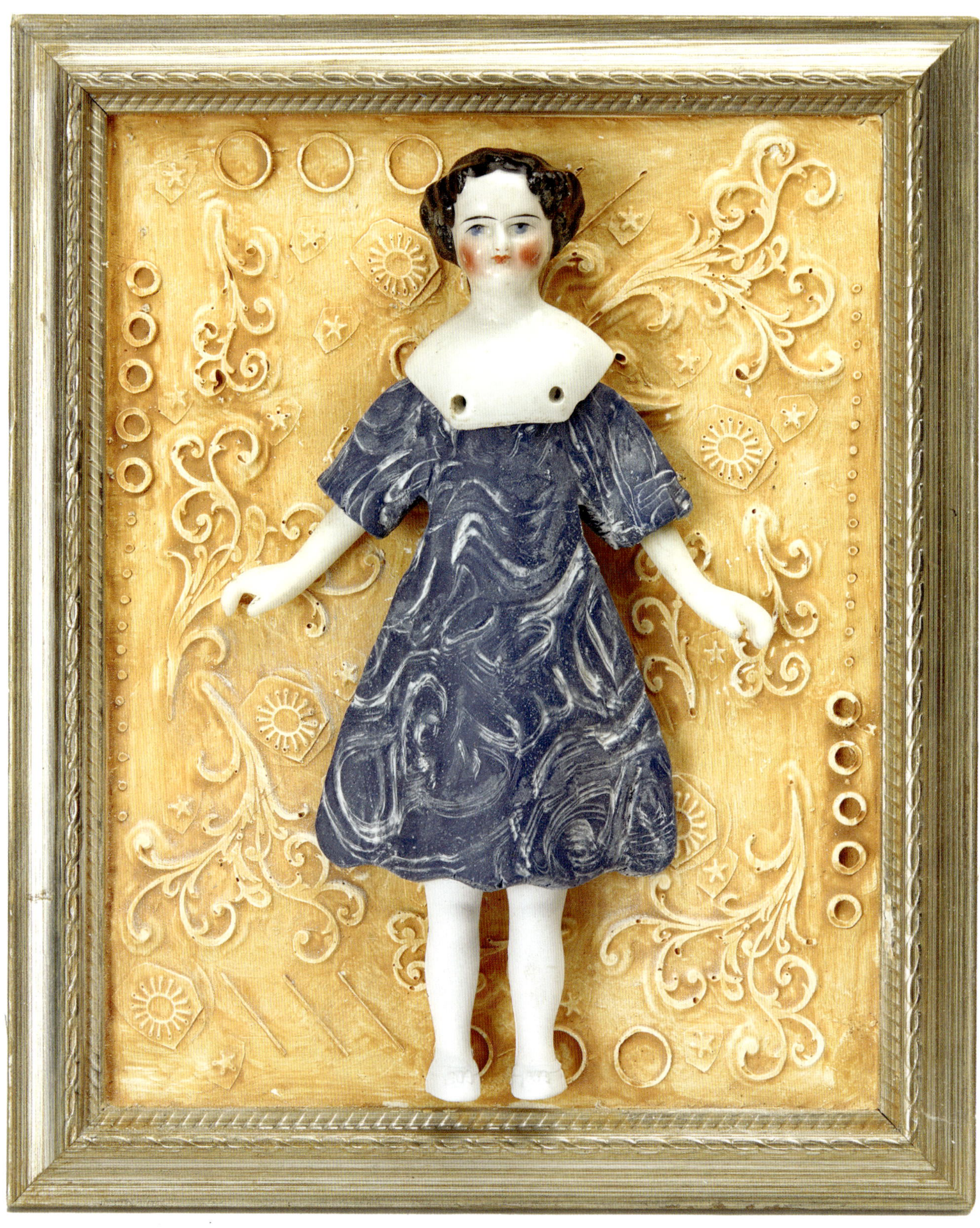

BEST DRESSED (Sonntagskleid) ▪ PATRICIA CHAPMAN
Gipsabformung im Rahmen (siehe S. 101: Rahmen gießen), Acrylglasur auf Gips aufgetragen und abgewischt, Zwei-Komponenten-Modelliermasse mit Prägemustern, leichte Acrylglasur auf Harzkleid, Puppenteile, Rundholz und Kraftkleber.

STRUKTURPASTEN UND -GELE

Strukturpasten und -gele sind so vielseitig: Sie können damit Farben verlängern, sie als Klebemittel benutzen, eine Oberfläche strukturieren. Doch wer hätte gedacht, dass man daraus auch Gussformen herstellen kann? Diese Formen können Sie mit Gips, Zwei-Komponenten-Modelliermasse oder sogar mit einer Mischung aus Ton und Papiermaschee ausgießen. Bevor Sie zum Gießen übergehen, sollten Sie sich die Informationen zu Eigenheiten und Einsatzmöglichkeiten dieser Massen noch einmal durchlesen. Wenn Sie mit den Materialien und der Technik vertraut sind, experimentieren Sie vielleicht mit anderen Modellierpasten wie Crackle Paste von Golden, die beim Trocknen Risse in der Oberfläche bildet. Auch gröbere Modellierpasten bringen interessante Ergebnisse.

MATERIALLISTE:

Acrylfarbe und Pinsel

Alufolie

Aquarellpapier (640g/m²)

GAC 800 (Versiegelung)

Gel oder Modellierpaste (z.B. Extra Heavy Gel der Fa. Golden)

Gips

Handdruckwalze

optional: Rundholzstab oder Nudelholz

Palettenmesser oder Spachtel

Skalpell oder Teppichmesser

Texturplatte

Werkzeuge zum Prägen, Ritzen, Stempeln usw.

Zwei-Komponenten-Modelliermasse (wir verwenden Apoxie Sculpt)

Findige Kunsthandwerker rühren sich ihre Strukturpaste selbst an. Rezepte gibt es im Internet: Stichwort Strukturpaste selbst herstellen.

STRUKTURPASTEN UND -GELE UND GIPS

Die Gussform kann aus Strukturpaste oder -gel bestehen. Sie brauchen eine solide, aber biegsame Fläche als Basis für Ihre Gussform. Wir haben uns für schweres Aquarellpapier entschieden (640g/m^2), eine leichtere Qualität würde sich verziehen. Bei dieser Technik gilt: Je schwerer die Paste oder das Gel ist, desto besser lässt sie sich texturieren. Schichten Sie erhabene Gel- oder Pasteschablonen auf eine trockene Textur oder schaben Sie Gel oder Paste ab, während sie noch feucht ist, um hinzuzufügen oder wegzunehmen. Die Technik erlaubt unendliche Variationen.

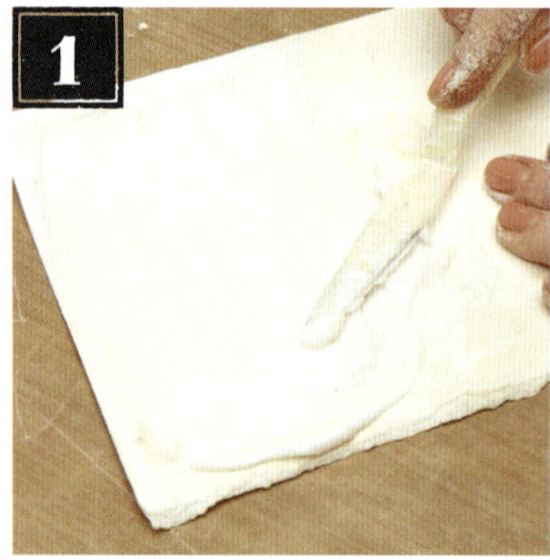

Streichen Sie das Aquarellpapier mit Extra Heavy Gel ein.

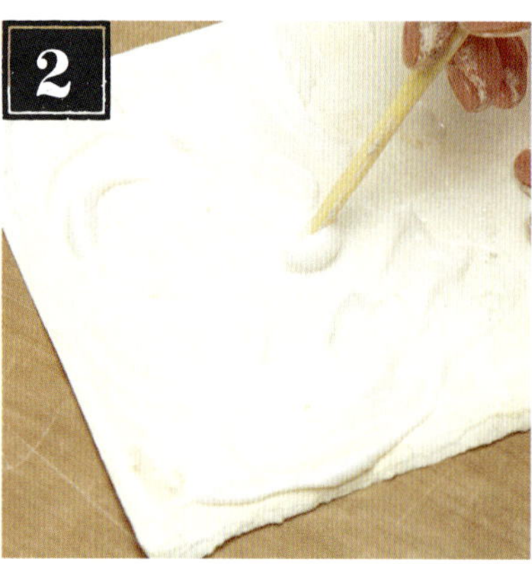

Zeichnen Sie Linien, Umrisse oder Muster in die Gelschicht und lassen Sie sie trocknen.

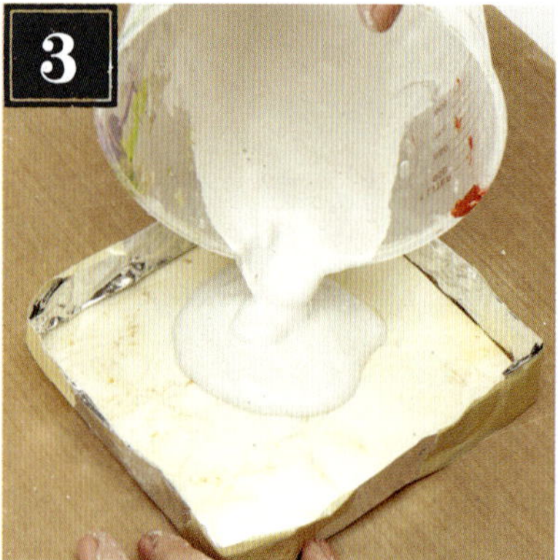

Bauen Sie einen Rand aus Alufolie um das mit Gel texturierte Papier, dann füllen Sie den Gips ein.

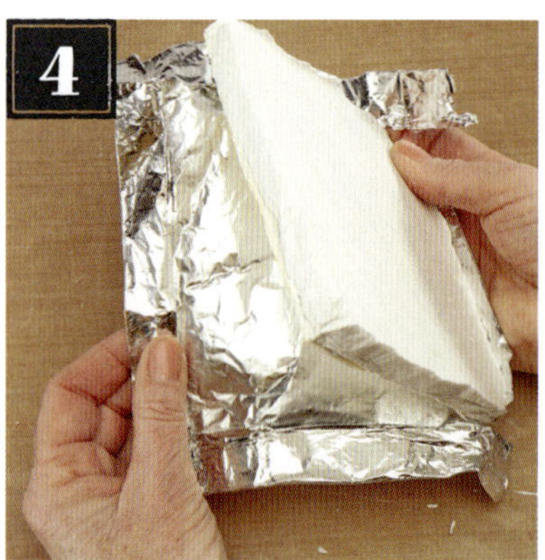

Lassen Sie den Gips etwa eine halbe Stunde lang aushärten, bevor Sie die Gussform abnehmen.

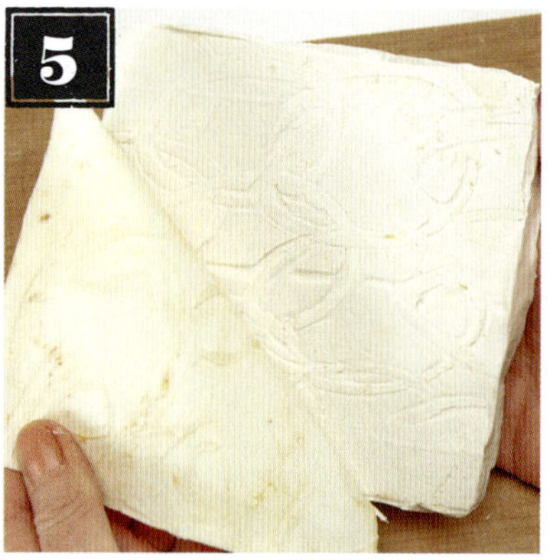

Ziehen Sie das Papier mit der Geltextur vorsichtig vom getrockneten Gips ab.

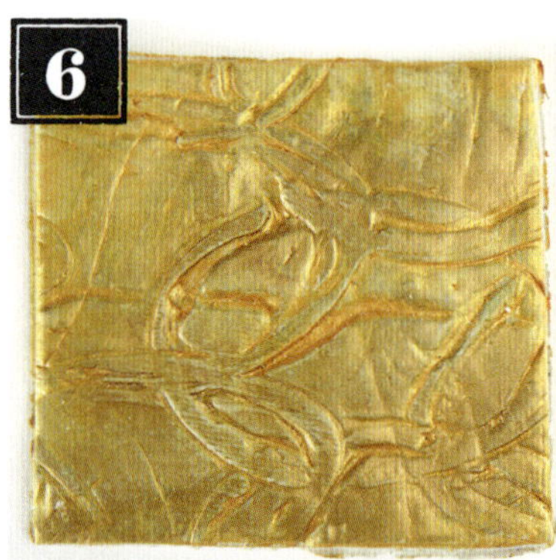

Warten Sie, bis der Gips nach einigen Tagen ganz durchgetrocknet ist, bevor Sie ihn mit Acrylfarbe bemalen. Versiegeln Sie ihn mit GAC 800.

STRUKTURPASTEN UND -GELE UND ZWEI-KOMPONENTEN-MODELLIERMASSE

Sprühen Sie Ihre Platte aus Strukturpaste oder -gel mit Backtrennmittel ein, wenn Sie Abdrücke mit Zwei-Komponenten-Modelliermasse machen wollen. Lassen Sie die Modelliermasse auf einer Plastikmatte aushärten. An allem anderen bleibt sie auf ewig kleben!

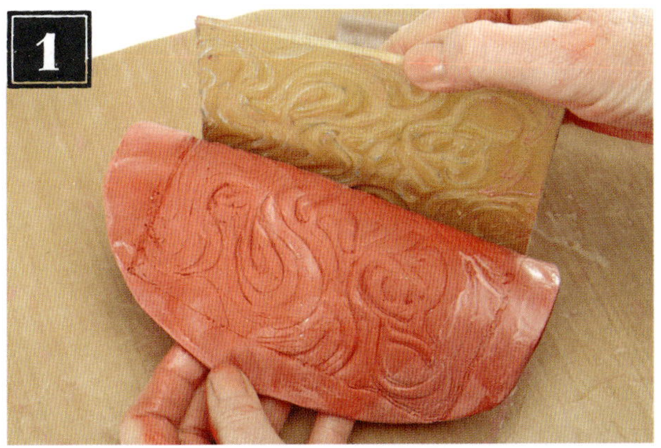

Walzen Sie eine 6 mm dicke Platte aus konditionierter Zwei-Komponenten-Modelliermasse (hier: Apoxie Sculpt in Rot) auf der gehärteten Texturplatte aus Strukturpaste oder -gel aus, um das Muster zu übertragen. Nehmen Sie die Modelliermasse ab.

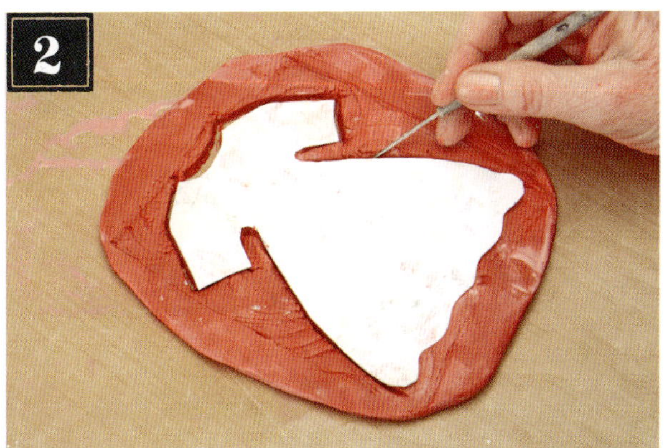

Begradigen Sie die Kanten oder schneiden Sie aus der texturierten Platte eine Form wie dieses Kleid aus. Lassen Sie die Modelliermasse etwa zwei Stunden lang härten, bis sie steifer wird, aber noch biegsam ist.

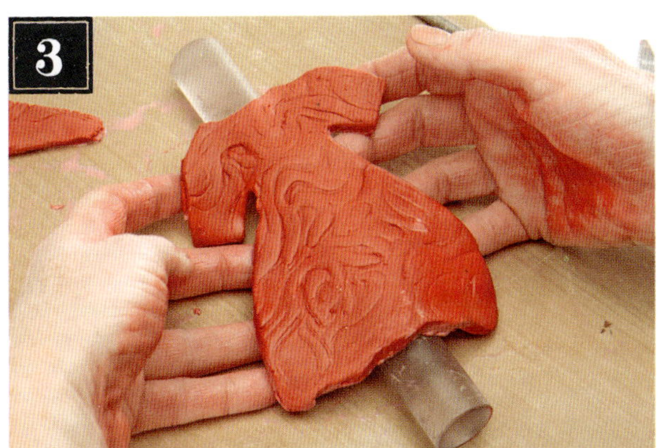

Biegen Sie die ausgeschnittene Form so zurecht, wie Sie sie brauchen. Dann lassen Sie sie vollständig aushärten und fügen sie in Ihr Kunstwerk ein. Sie können sie auch bemalen oder mit einer Glasur in einer Kontrastfarbe behandeln.

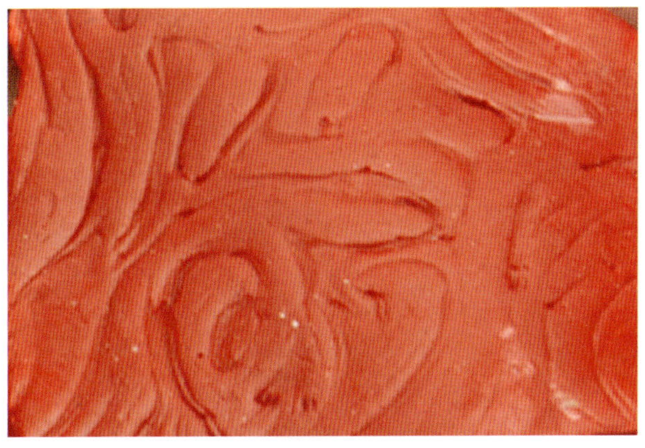

Ausschnitt aus der gemusterten Platte aus Zwei-Komponenten-Modelliermasse.

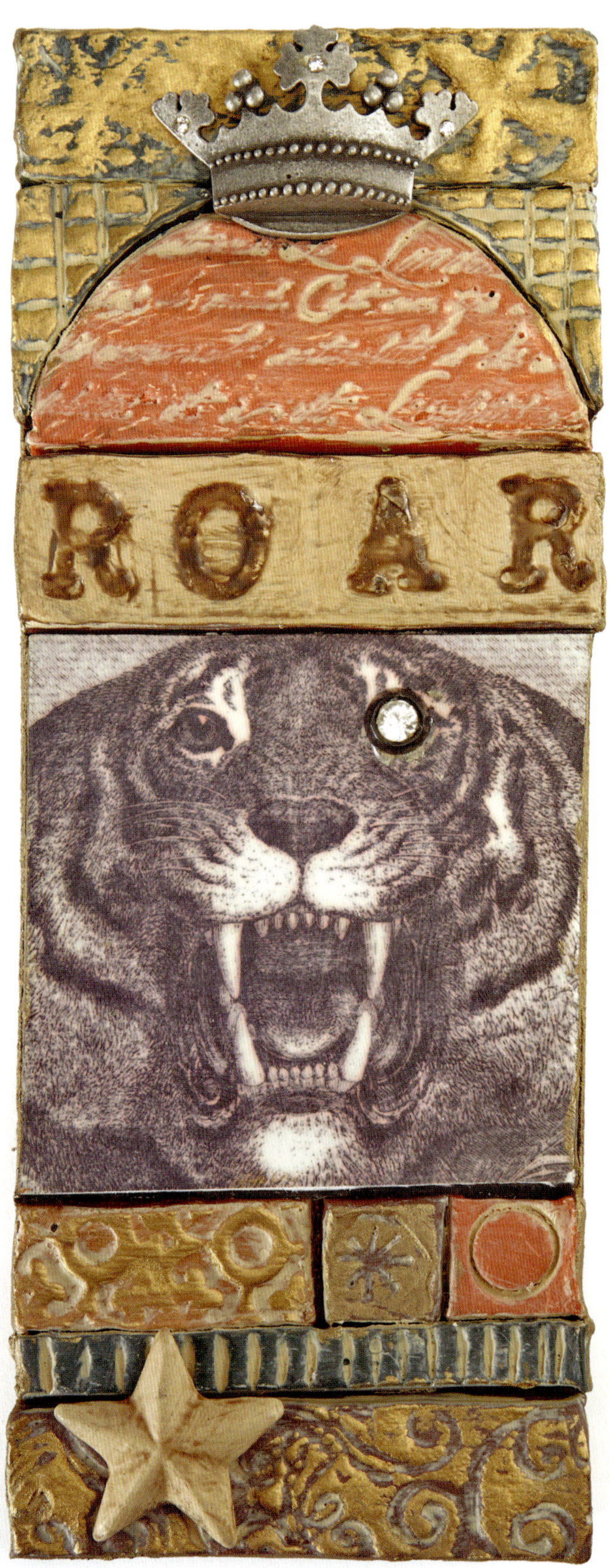

ROAR (Brüllen) ▪ PATRICIA CHAPMAN
Platten aus Critter Clay, texturiert und bemalt, gedrucktes Bild und Verzierungen.

CRITTER CLAY 11

Critter Clay ist die Modelliermasse, die dem Töpferton am ähnlichsten ist. Das Material lässt sich zu Platten auswalzen, man kann Abformungen damit machen und es zu Wülsten drehen. Selbst zum Drehen eignet es sich. Kleine und große Skulpturen, Gefäße, Kästchen oder Schalen – alles ist möglich. Der große Unterschied zu Ton ist natürlich, dass Critter Clay keinen Brennofen braucht, sondern an der Luft härtet und dabei kaum schrumpft. Die Masse ist besonders stabil, sofort verwendbar und nimmt alle Farben an. Werkzeuge lassen sich mit Wasser reinigen. Je nach der Dicke Ihrer Projekte kann die Trockenzeit zwischen einem und sechs Tagen dauern. Danach kann Critter Clay geschliffen, gebohrt oder geschnitzt werden. Das Material ist in grau und weiß erhältlich.

TIPPS ZU CRITTER CLAY

- Walzen Sie Critter Clay auf unbehandelter Leinwand aus, die Sie auf Ihrem Arbeitstisch ausbreiten.
- Legen Sie rechts und links gleich dicke Holzleisten, um sicherzugehen, dass Ihre ausgewalzte Platte überall gleich stark ist.
- Wenn Sie die Platte beim Auswalzen immer wieder umdrehen, trocknet sie, ohne sich zu verziehen.
- Wenn Sie Platten aneinanderfügen, schraffieren Sie die Ansatzkanten mit der Töpfernadel und befeuchten sie.
- Dünnwandige Gebilde können sehr zerbrechlich sein. Die Stabilität wächst mit der Wandstärke.

MATERIALLISTE:

Acrylfarbe
Critter Clay
Foamboard
Holzstücke (zum gleichmäßigen Ausrollen)
Klebstoff
Leinwand (optional)
Muster für Mosaik
Nudelholz
Papierhandtücher oder Lappen
Papierschablonen von Vögeln
Pinsel
Plakatkarton oder dünne Pappe
Seiten aus alten Büchern
Skalpell
Soft Gel Medium, Fa. Golden
Stempel
Tasse mit Wasser
Töpfernadel oder Metallspieß
Verzierungen (z.B. rostige Nägel)
Werkzeuge zum Prägen, Ritzen, Stempeln usw.

CRITTER CLAY IN PLATTEN

Walzen Sie Critter Clay zu einer Platte aus und lassen Sie Ihrer Fantasie freien Lauf: Sie können sie prägen, gravieren, texturieren, ritzen, bestempeln, zerschneiden, neu zusammensetzen, Mosaiksteine, Collage-Elemente, große und kleine Skulpturen oder Gefäße daraus machen.

1

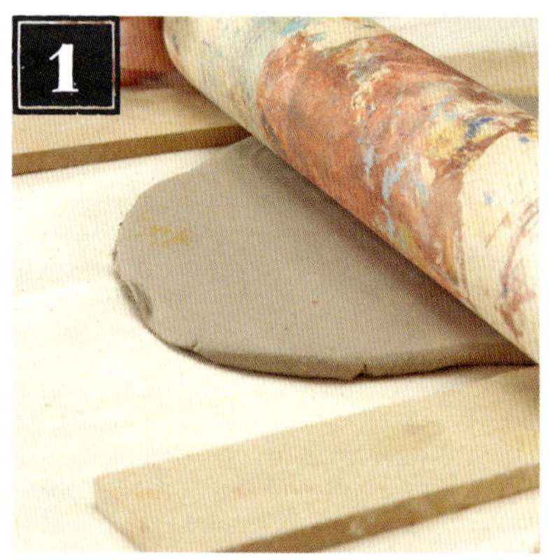

Walzen Sie mit Hilfe der Kanthölzer eine gleichmäßig dicke Platte aus.

2

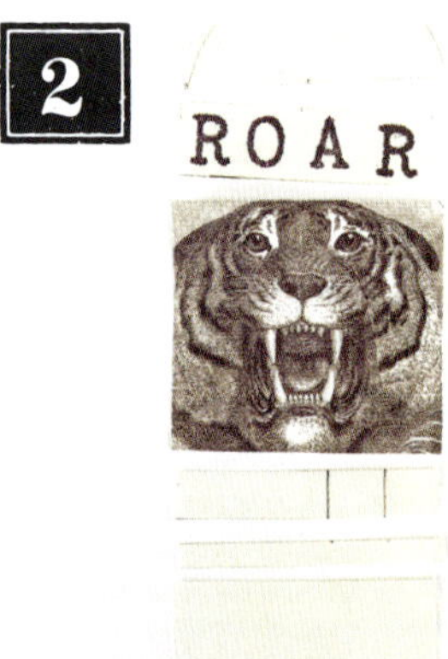

Schneiden Sie sich Vorlagen für Ihr Mosaik zurecht und arrangieren Sie sie nach Wunsch.

3

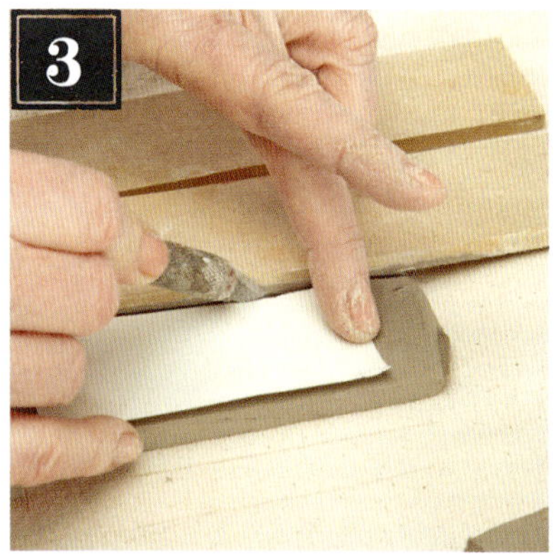

Schneiden Sie die Teile nach den Vorlagen aus der Critter-Clay-Platte aus.

4

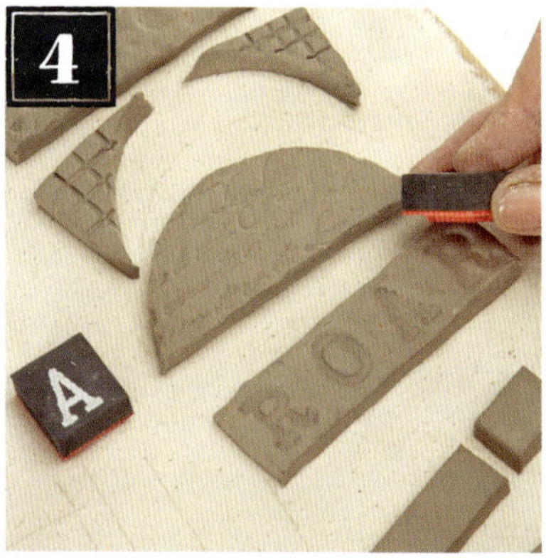

Stempeln Sie Muster und Buchstaben in den Critter Clay und lassen Sie alles trocknen.

5

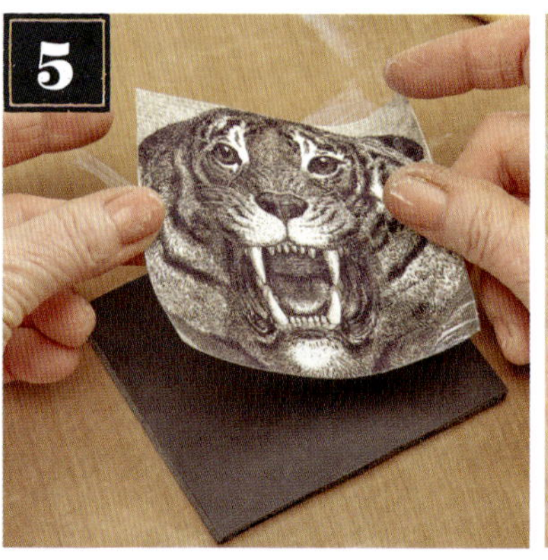

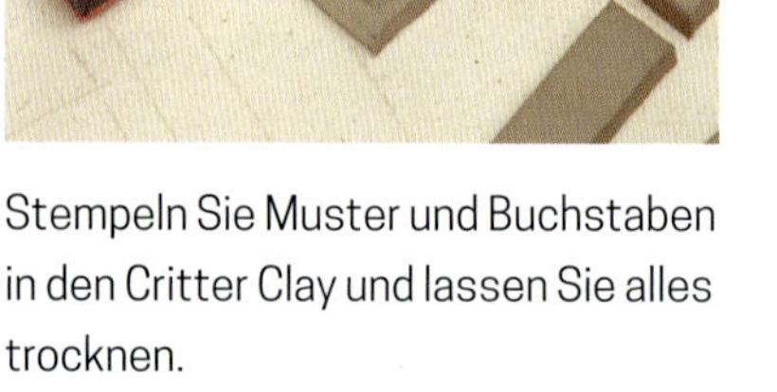

Schneiden Sie ein Stück Foamboard in der Größe des Bildes zu und befestigen Sie es mit Soft Gel darauf. Zum Schluss streichen Sie mit Soft Gel über das aufgeklebte Bild.

6

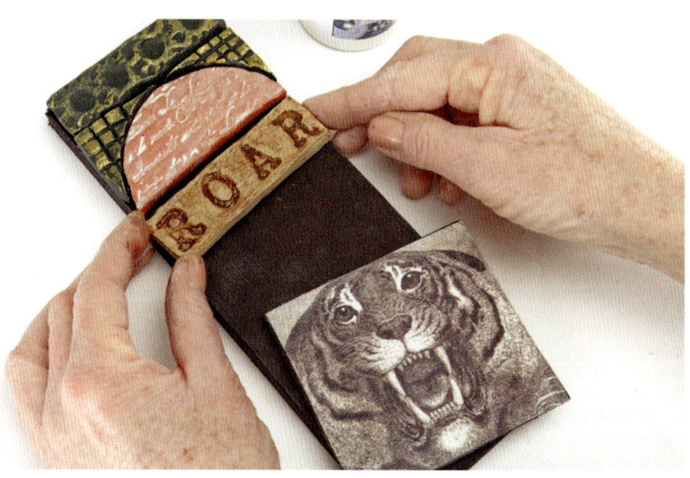

Wenn alle Einzelteile trocken sind, bemalen Sie sie und kleben sie mit E6000, Bastelleim oder Epoxidharzkleber auf ein Stück Foamboard, Sperrholz oder MDF-Platte.

STEMPEL HERSTELLEN

Texturstempel lassen sich aus einem Kegel aus Critter Clay herstellen. Formen Sie das untere Ende zu einer flachen Stempelplatte, drücken, schneiden oder ritzen Sie ein Muster hinein, lassen Sie den Kegel aushärten und schon haben Sie einen Stempel, mit dem Sie alle möglichen Modelliermassen texturieren können. Glätten und begradigen Sie den Rand der Stempelplatte eventuell mit Sandpapier.

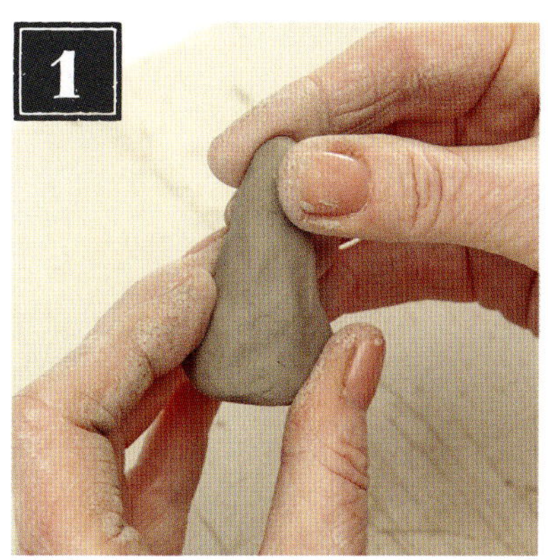

Formen Sie einen Kegel aus Critter Clay..

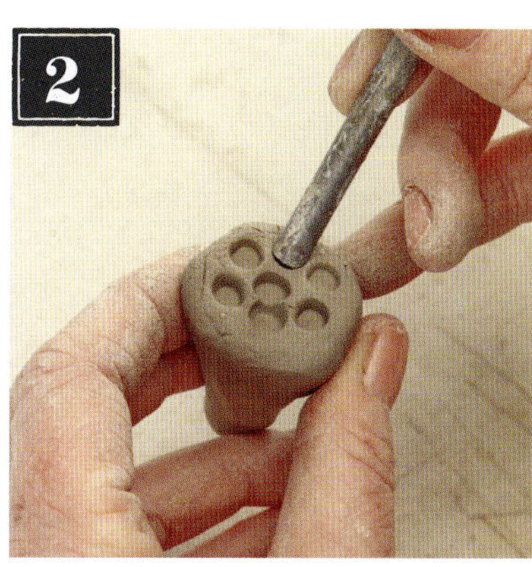

Machen Sie ein Muster in das flache Ende und lassen Sie den Kegel trocknen.

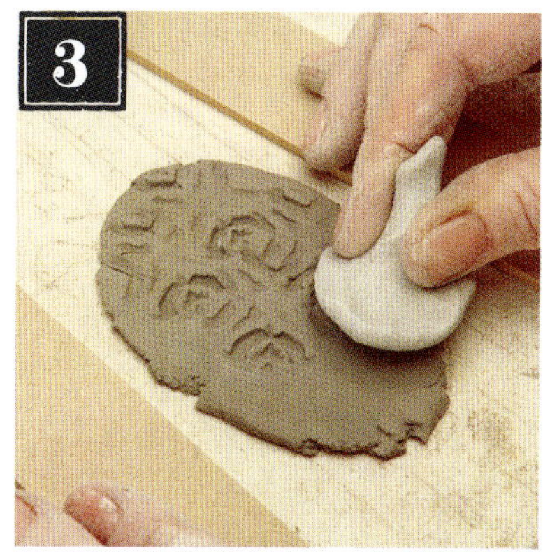

Mit diesen Stempeln können Sie Muster in fast alle Modelliermassen aus diesem Buch machen.

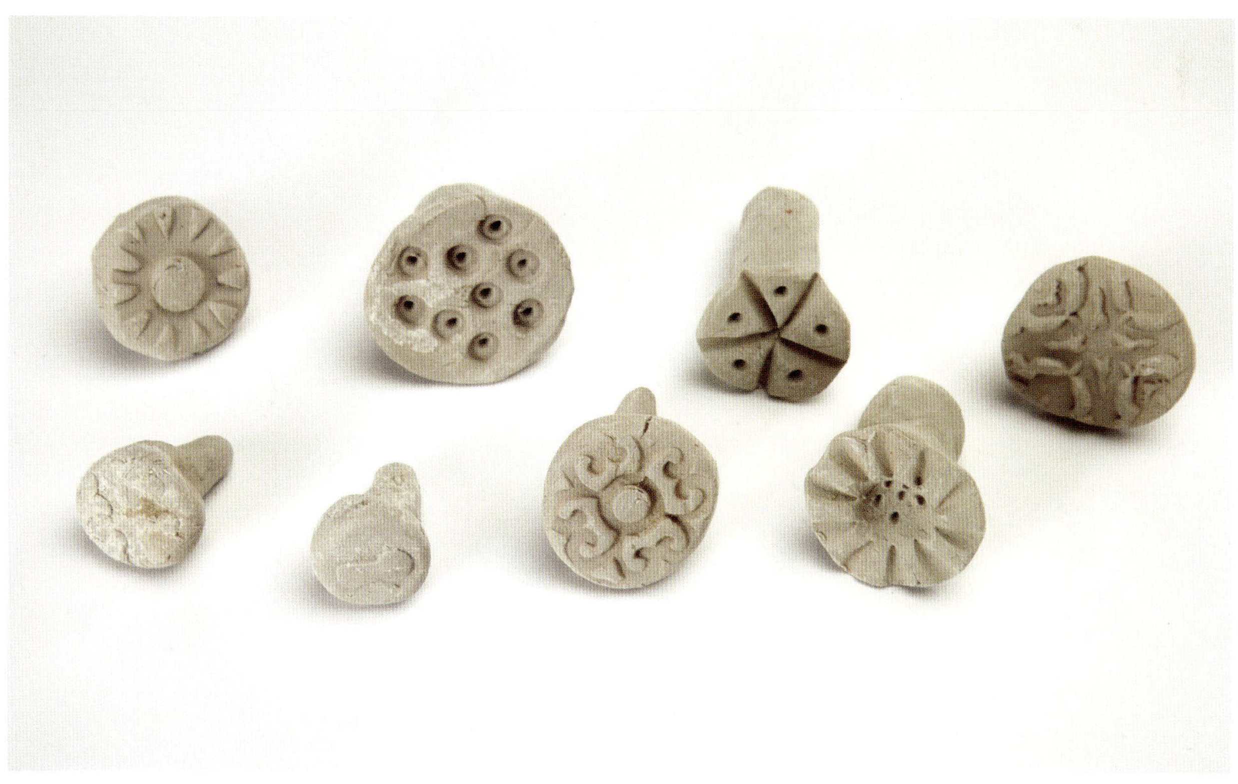

MODELLIERTE RAHMEN

Nicht nur das Bild, sondern auch der Rahmen kann aus Critter Clay modelliert, angesetzt und mit Textur versehen werden. Sobald Bild und Rahmen durchgetrocknet sind, können Sie beides mit jeder beliebigen Farbe bearbeiten. Wir zeigen Ihnen hier an einem Beispiel, wie Sie den Rahmen füllen können.

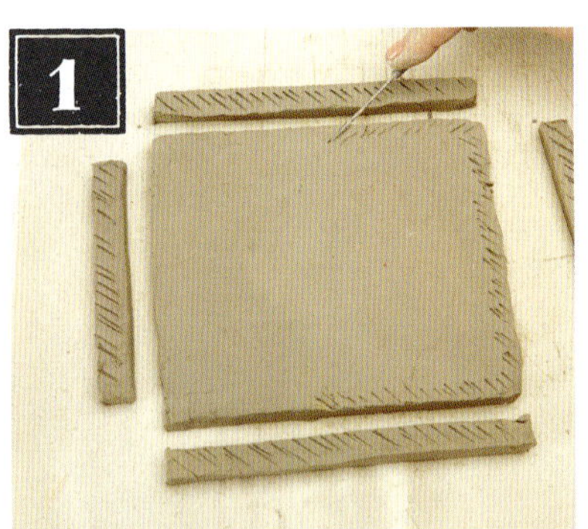

Schneiden Sie die Innenplatte und Rahmenstücke zu und ritzen Sie die Ansatzkanten mit einer Töpfernadel ein.

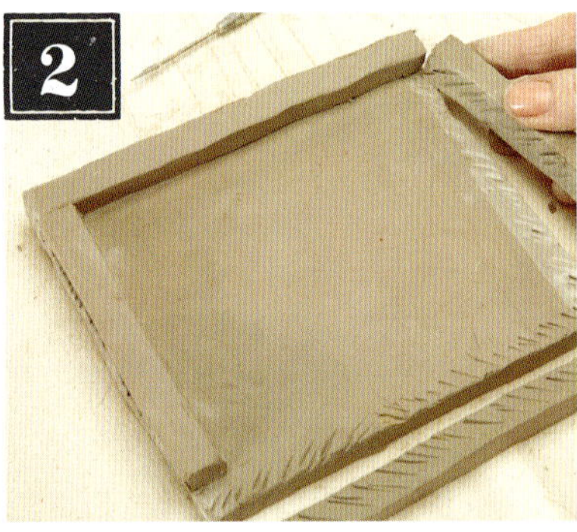

Befeuchten Sie die schraffierten Flächen und fügen Sie sie zusammen.

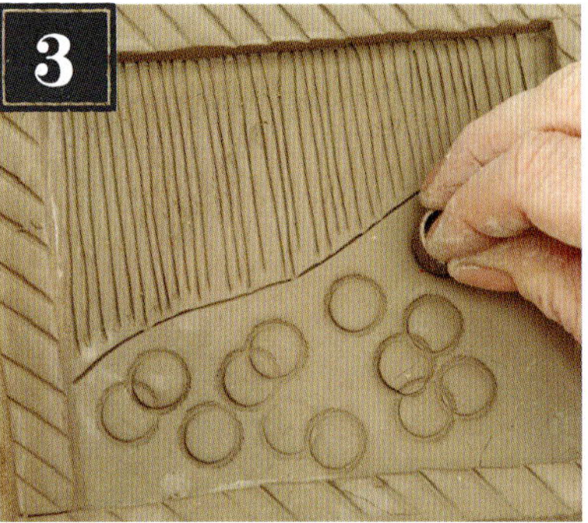

Verzieren Sie Innenplatte und Rahmen mit Stempel- und Ritzmustern. Lassen Sie das Stück trocknen.

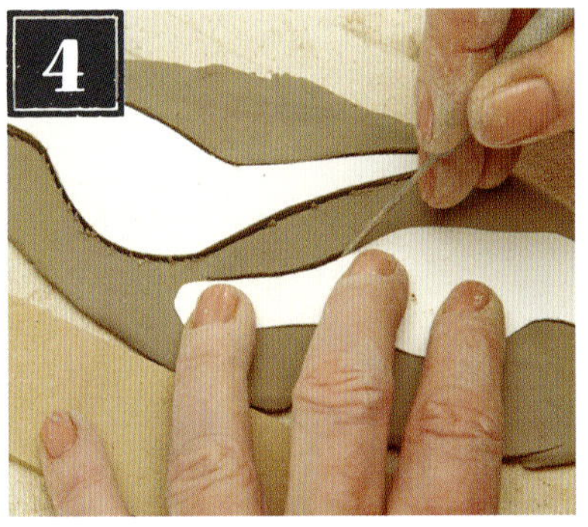

Zeichnen Sie auf einer weiteren Critter-Clay-Platte die Umrisse von Vögeln auf und schneiden Sie sie aus. Lassen Sie sie bis zu 6 Tage trocknen. Drehen Sie sie dabei immer wieder um, damit sie sich nicht verziehen.

Bemalen Sie den Rahmen, wenn er durchgetrocknet ist.

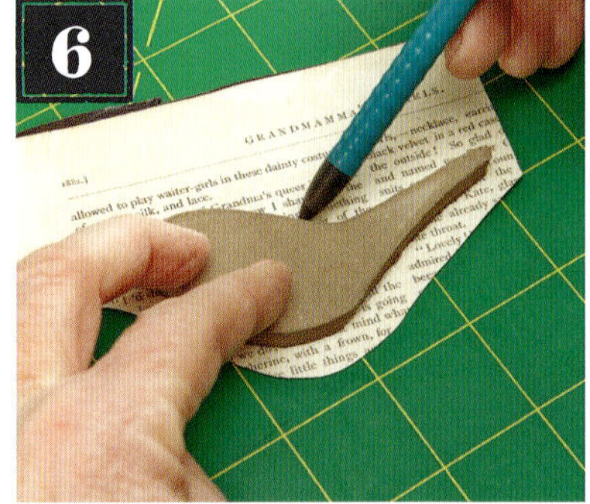

Zeichnen Sie auf alten Buchseiten die groben Umrisse der Vögel auf und kleben Sie sie auf leichte Pappe. Wenn Sie leichtes Papier direkt auf den Critter Clay legen, wird es wellig und faltig.

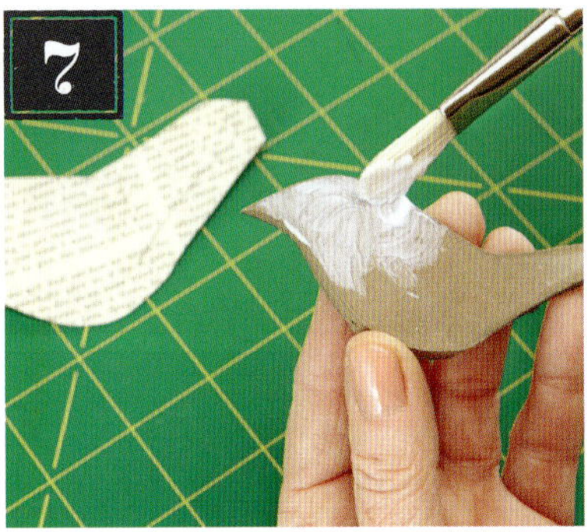

Kleben Sie die Papiervögel mit Soft Gel auf den Critter Clay.

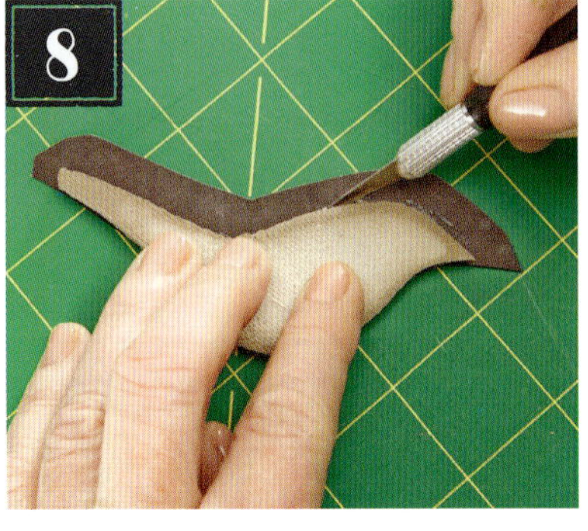

Schneiden Sie von der Rückseite das überstehende Papier ab.

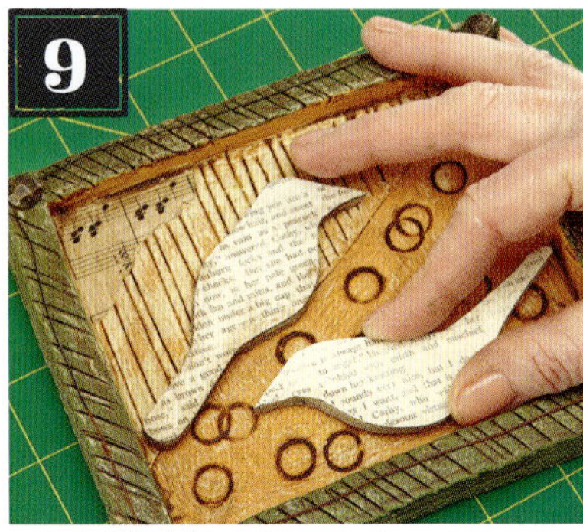

Kleben Sie die Vögel mit Epoxidharzkleber oder Bastelleim in den Rahmen.

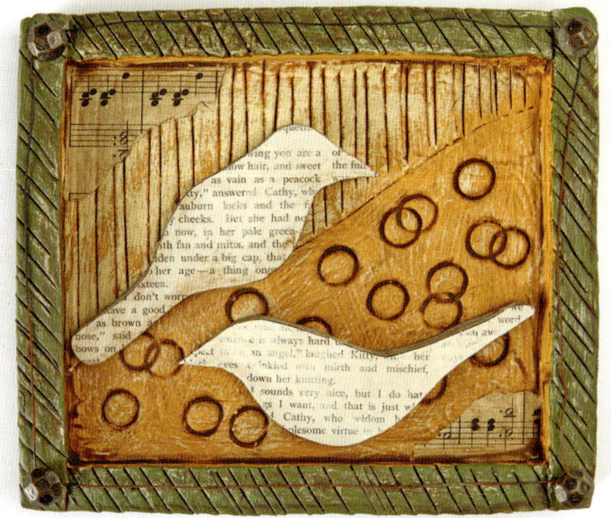

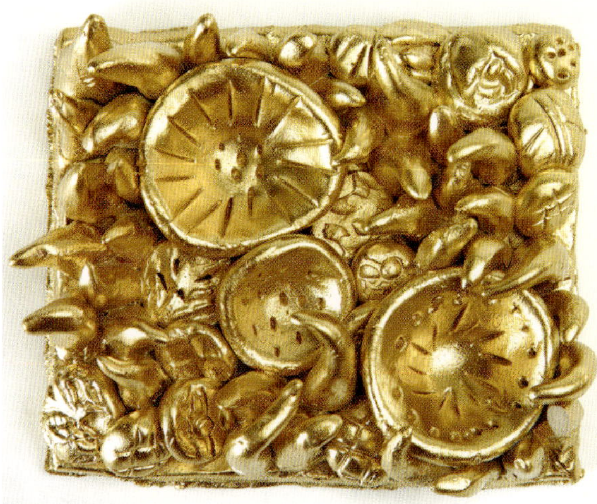

Soll Ihr Kunstwerk noch plastischer wirken? Dann probieren Sie es mit einem Hochrelief.

HOCHRELIEF AUS CRITTER CLAY

Da diese Modelliermasse selbsthaftend ist, können Sie beliebige Formen aus Critter Clay auf einem Hintergrund aus Critter Clay befestigen. Die Möglichkeiten, Ihrem Werk eine plastische Struktur zu geben, sind endlos! So lassen sich Kacheln mit dreidimensionaler Oberfläche gestalten oder ganze Platten mit einer Vielzahl an Elementen bestücken.

Bevor Sie modellierte Formen auf eine Platte aus Critter Clay setzen und so in die dritte Dimension vorstoßen, sollten Sie die Ansatzflächen mit einer Töpfernadel schraffieren und mit etwas Wasser befeuchten.

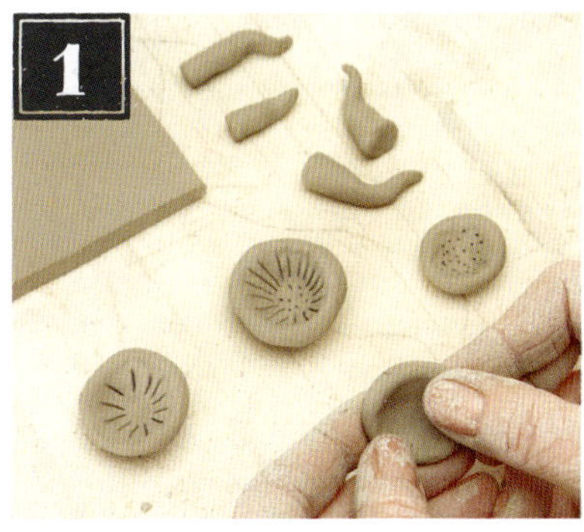

Walzen Sie Critter Clay zu einer Platte aus und schneiden Sie eine Grundplatte daraus zu. Mit der restlichen Modelliermasse formen Sie unterschiedliche dreidimensionale Elemente.

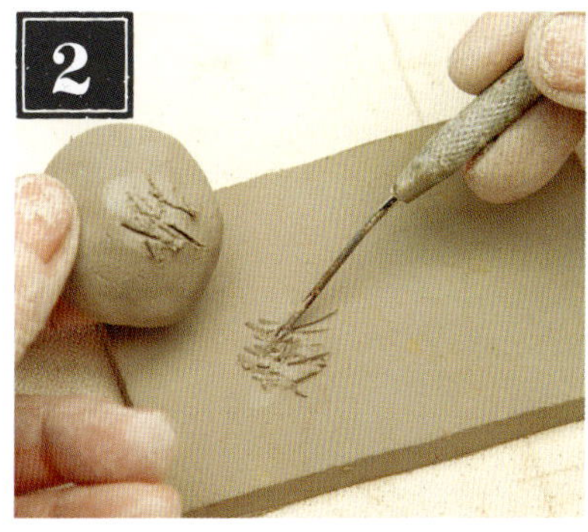

Schraffieren Sie die Unterseite der Formen, die Sie aufsetzen wollen, und die Stelle, an der Sie sie platzieren möchten.

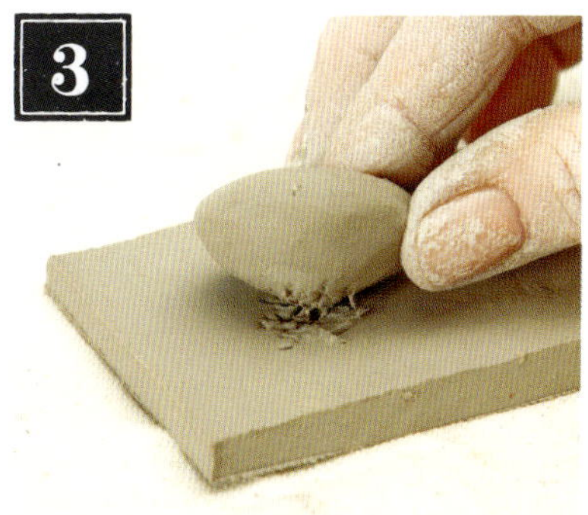

Pinseln Sie ein wenig Wasser auf die schraffierten Flächen. Drücken Sie dann die Formen auf den Untergrund. Lassen Sie Ihr Werkstück bis zu 6 Tage trocknen, bevor Sie es bemalen. Die Trockenzeit richtet sich nach der Dicke der Hintergrundplatte und der modellierten Elemente.

PERLEN FORMEN

Aus Critter Clay lassen sich Perlen in jeder Größe und Form modellieren. Mit Stempeln, spitzen Bleistiften oder anderen Werkzeugen können Sie Muster prägen, bohren oder ritzen. Für das Fädelloch schieben Sie einen Holzspieß oder eine dünne Stricknadel durch die Perle. Sobald die Perlen durchgetrocknet sind (das kann je nach Größe 1—2 Tage dauern), bemalen Sie sie mit einer Farbe Ihrer Wahl und pinseln zum Schluss noch Acryllack darauf, um sie haltbarer zu machen und ihnen einen besonderen Glanz zu verleihen.

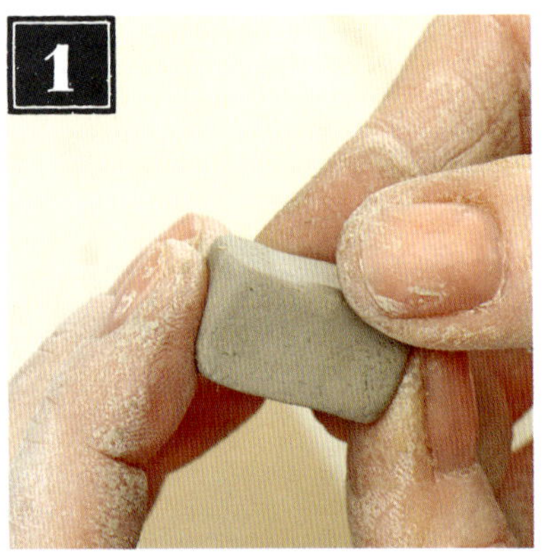

Modellieren Sie eine Perle in beliebiger Form und Größe.

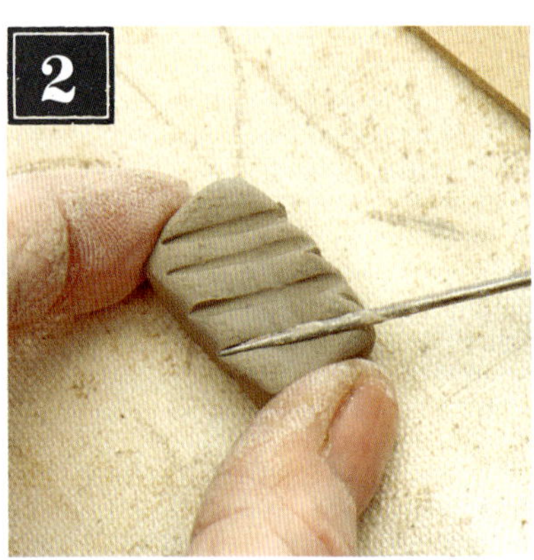

Prägen oder ritzen Sie Muster in die Perle.

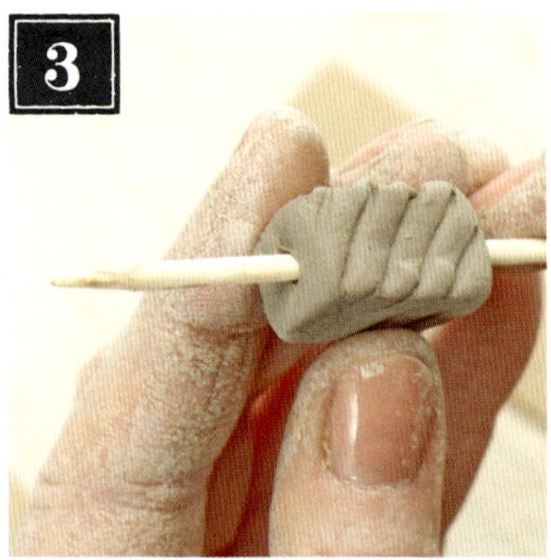

Durchbohren Sie die Perle mit einem Spieß oder einer Stricknadel, um ein sauberes Fädelloch zu bekommen.

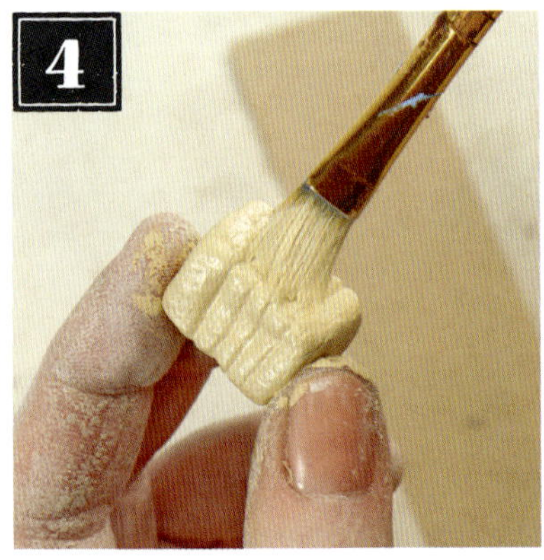

Bemalen Sie die getrocknete Perle. Ist die Farbe trocken, heben Sie mit einer dunkleren Acrylglasur die Vertiefungen des Musters hervor.

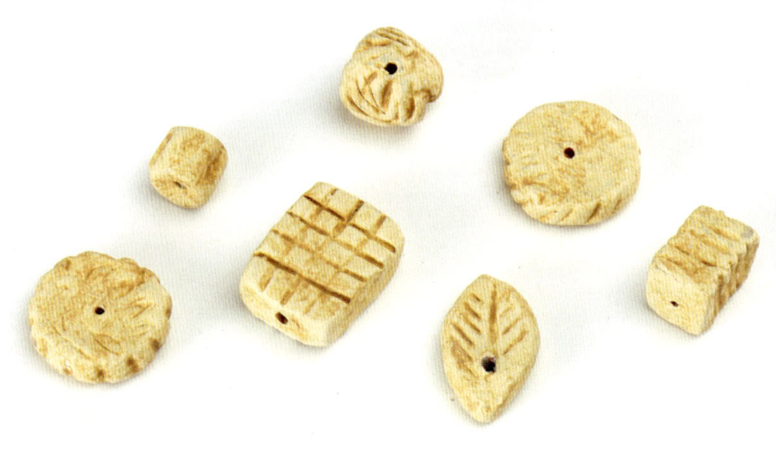

GEFÄSS AUS WÜLSTEN

Die Wulsttechnik, die wir aus der Keramik kennen, lässt sich problemlos auf Critter Clay übertragen. Rollen Sie einfach dicke oder dünne „Schlangen“ und machen Sie daraus eine Schale oder eine Figur. Sie können die Ansätze der Wülste verstreichen, wenn Sie eine glatte Oberfläche haben wollen, oder sie sichtbar lassen. Bei kleineren Werkstücken brauchen Sie keine Armatur, doch bei größeren Stücken empfehlen wir eine Stütze.

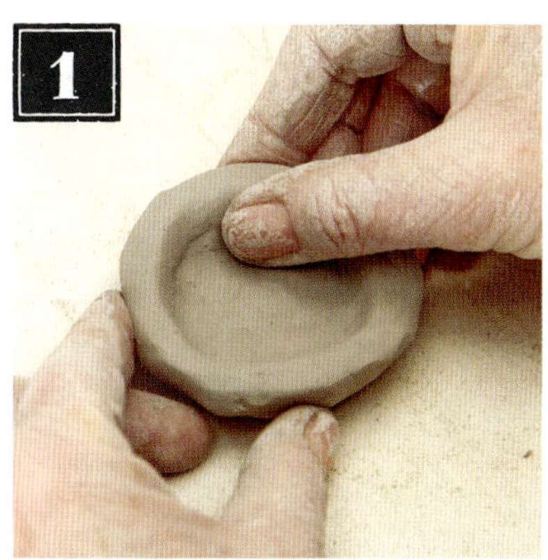

Formen Sie mit dem Daumen einen Boden für Ihr Gefäß.

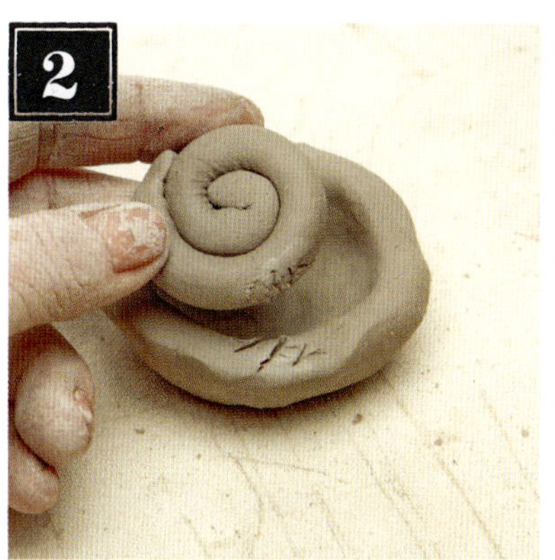

Rollen Sie eine „Schlange“. Schraffieren Sie die Unterseite und Ansatzstelle. Befeuchten Sie die schraffierten Stellen und drücken Sie den Wulst an.

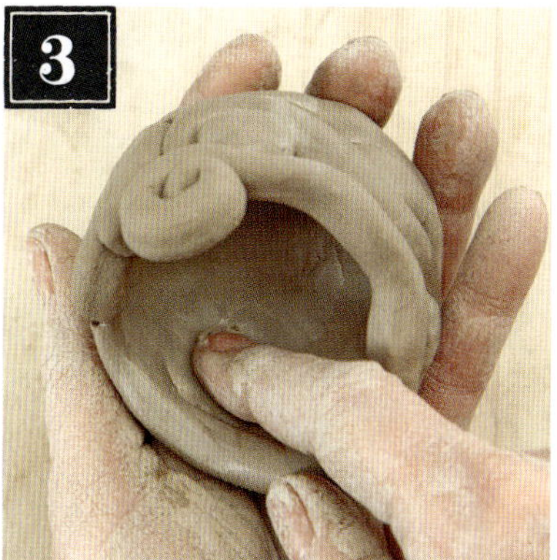

Bauen Sie weitere Wülste auf, bis eine kleine Schale entsteht. Streichen Sie die Innenseite glatt.

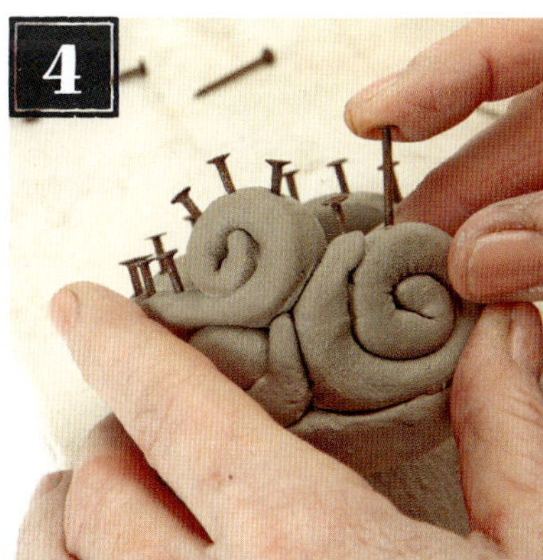

Drücken Sie rostige Nägel oder andere Verzierungen in den oberen Rand, solange die Masse noch feucht ist.

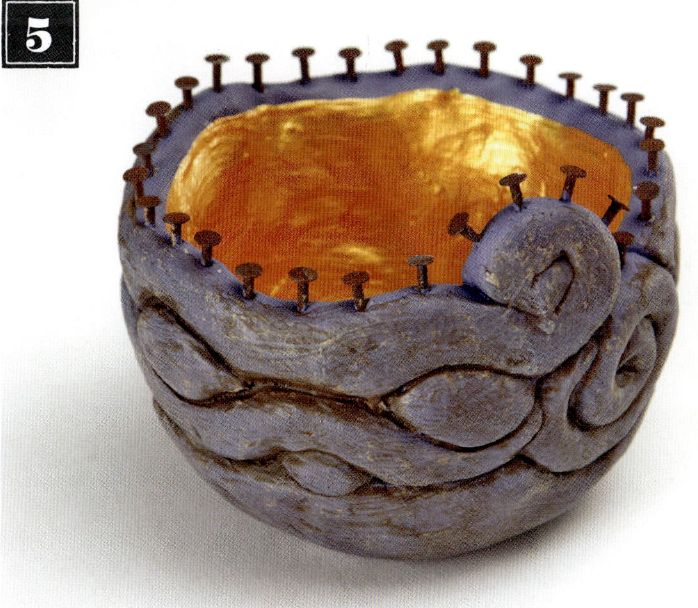

Wenn die Masse trocken ist, bemalen Sie Innen- und Außenwand der Schale nach Wunsch.

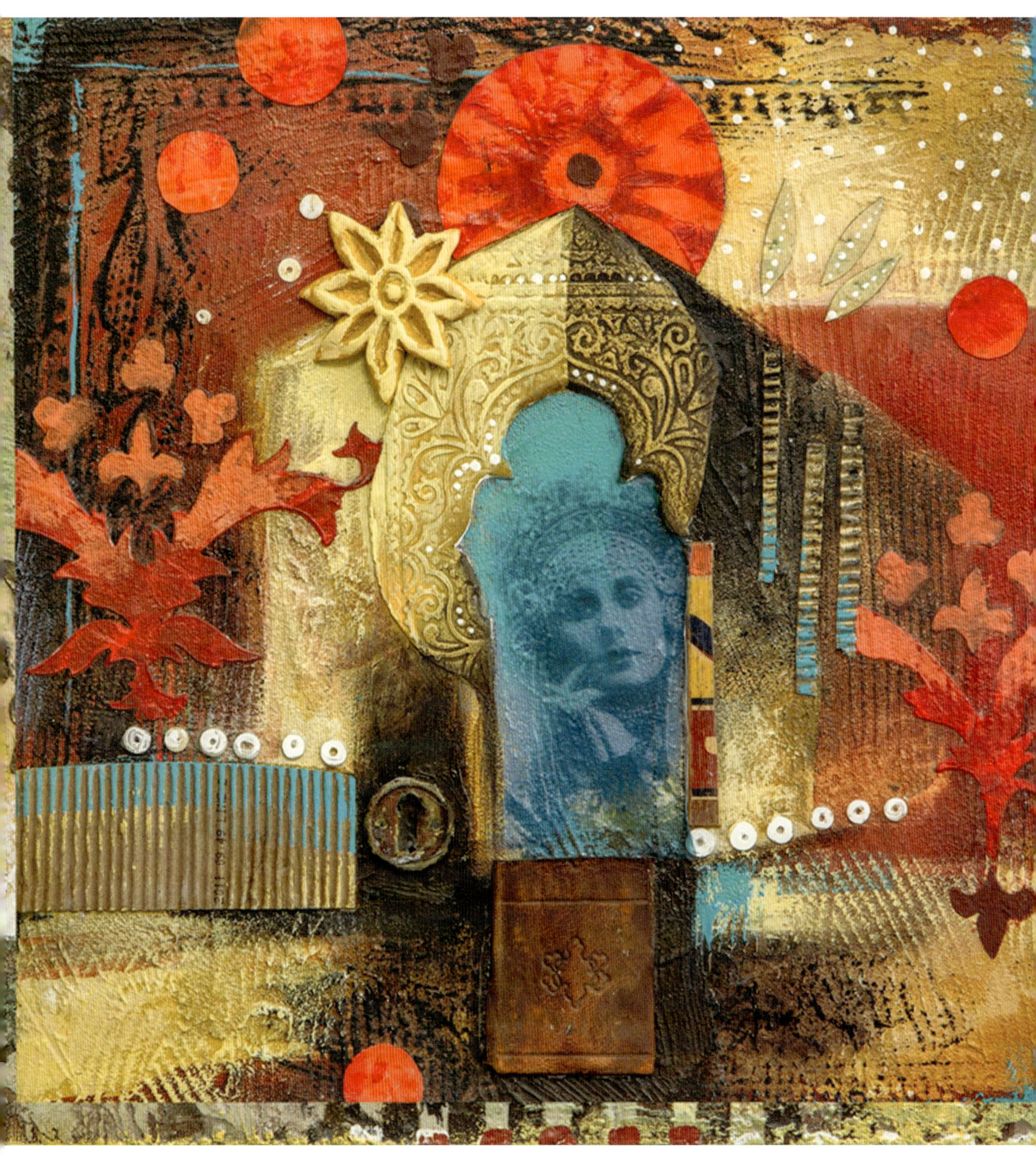

HOUSE OF THE RISING SUN (Haus der aufgehenden Sonne) ▪ DARLENE OLIVIA MCELROY
Creative Paperclay, gegossen und geprägt, zerschnittene Schablonen mit Faserpaste.

CREATIVE PAPERCLAY 12

Texturen mag wahrscheinlich jeder Künstler. Mit Creative Paperclay (nicht zu verwechseln mit Paperclay oder Papierton, der im Keramikofen gebrannt werden muss) kann man jeder Fläche eine weitere Dimension hinzufügen – und es macht einfach Spaß, damit zu spielen. Mit diesem lufttrocknenden Material kann man Abdrücke von Texturplatten, Stempeln und Tonwerkzeugen abnehmen. Im trockenen Zustand ist es hart, aber saugfähig, sodass man wunderbar darauf malen und unterschiedliche Maltechniken darauf ausprobieren kann. Ein weiterer Vorteil ist, dass Creative Paperclay auf fast allen Untergründen haftet, wenn Sie ihn direkt in Ihr Kunstwerk einfügen wollen. Falls Sie dreidimensionale Gusselemente für eine Collage brauchen, stellen Sie sie mithilfe einer 2-Komponenten-Silikonknete her. Für größere dreidimensionale Werke nehmen Sie am besten eine Armatur, die Sie mit Creative Paperclay umhüllen. Und natürlich können Sie auch kleine Dinge wie Schmuckstücke aus diesem unglaublich vielseitigen Material machen.

MATERIALLISTE:

Acrylfarbe
Acrylglasur
Anlegemilch
Apfelsine
Becher mit Wasser
Blattmetall
Creative Paperclay
Einweghandschuhe
Gesso
Handdruckwalze oder Nudelholz
Masonit oder Sperrholz
mehrere Pinsel
Papier
Pauspapier
Skalpell oder Teppichmesser
Stempel
Werkzeuge zum Prägen, Ritzen, Stempeln usw.
Wort- oder Buchstabenstempel

PLATTEN AUS CREATIVE PAPERCLAY

Walzen Sie Creative Paperclay zu einer Platte aus und bringen Sie mit Prägetapete, Stempeln oder anderen Werkzeugen ein Muster auf die Oberfläche. Zum schnelleren Durchtrocknen wenden Sie die Platte, wenn eine Seite trocken ist. Arbeiten Sie auf einem PP-Schneidebrett: Die ausgewalzte Platte verzieht sich nicht und lässt sich leichter lösen. Sie können die Modelliermasse im feuchten oder trockenen Zustand beischneiden. Wenn sie durchgetrocknet ist, kann die Oberfläche geschliffen, bemalt oder anderweitig bearbeitet werden.

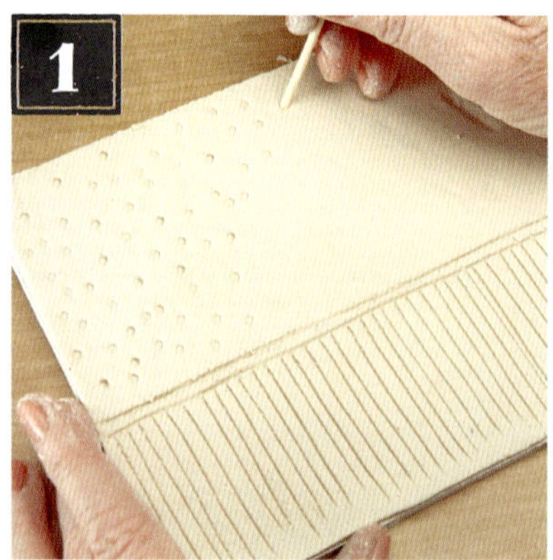

Streichen Sie ein rechteckiges Stück Sperrholz oder Masonit mit Wasser ein, drücken Sie eine ausgewalzte Platte aus Creative Paperclay darauf und schneiden Sie die Kanten bei. Ritzen oder prägen Sie Muster in die Modelliermasse.

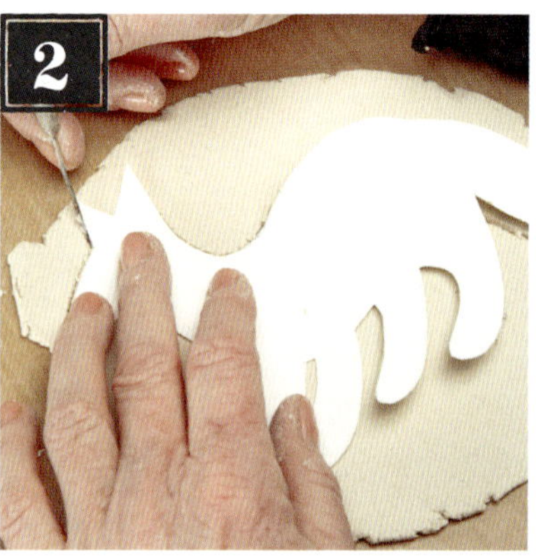

Zeichnen Sie den Umriss eines Tieres auf Papier und schneiden Sie ihn aus. Dann übertragen Sie die Form auf eine weitere Platte Creative Paperclay und schneiden sie ebenfalls aus.

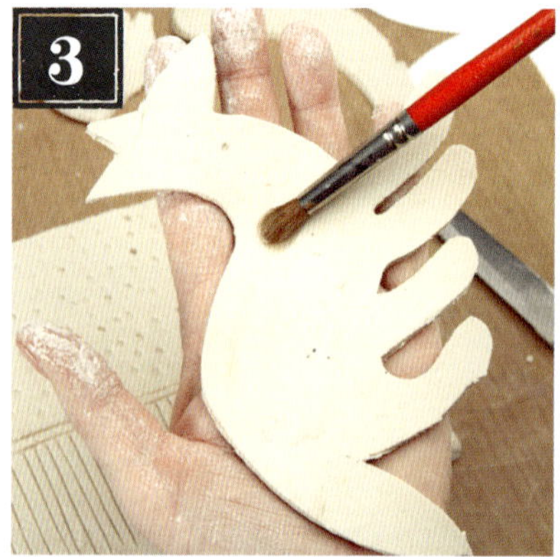

Pinseln Sie die Tierform mit Wasser ein und befestigen Sie sie an der Basisplatte.

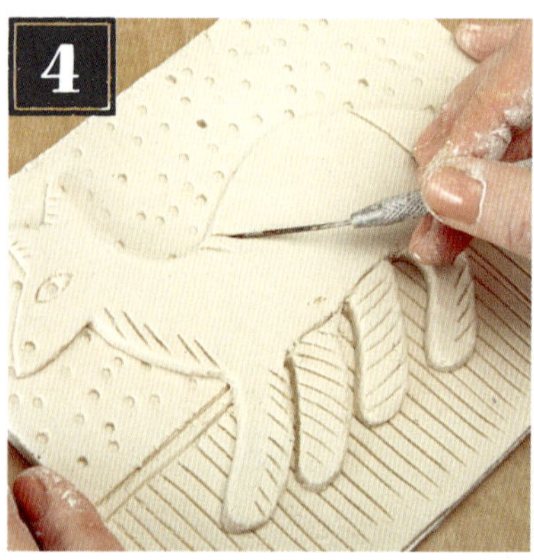

Verzieren Sie den Tierumriss mit Mustern, fügen Sie Sterne aus Creative Paperclay in das Bild und stempeln Sie Wörter in die Basisplatte.

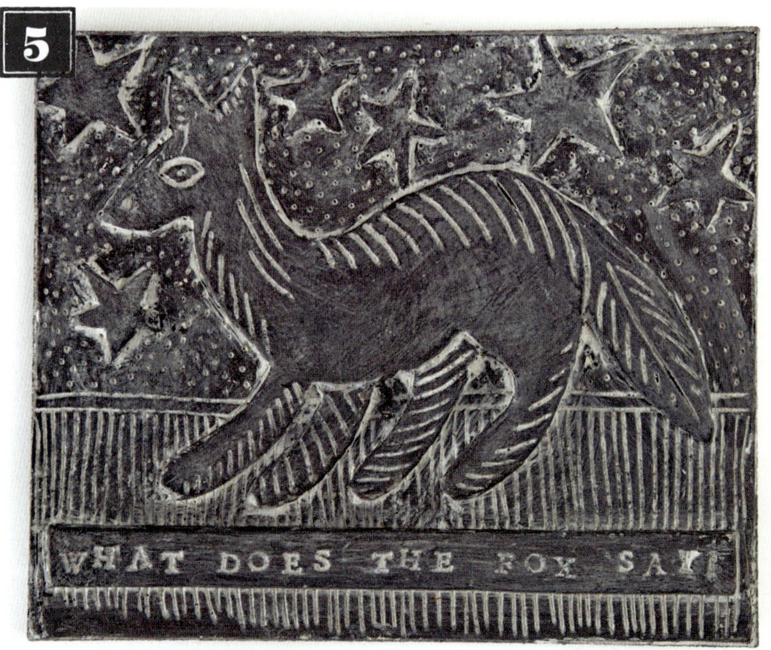

Wenn das Bild durchgetrocknet ist, bemalen Sie es mit einer dunklen Farbe. Lassen Sie sie trocknen und patinieren Sie sie mit heller Acrylglasur.

AKZENTE UND RELIEFS

Mit Creative Paperclay kann man Akzente, Texturen oder Formen unmittelbar in Bilder einfügen. Wenn Sie größere Bereiche ausfüllen wollen, legen Sie die Masse direkt auf das Bild und schneiden Sie die Form zurecht, die Sie haben wollen. Verzieren Sie die Oberfläche und arbeiten Sie dann die Kanten noch einmal nach.

Ein Relief entsteht entweder aus dünnen Schichten, die durchtrocknen müssen, bevor weitere Elemente angefügt werden, oder aus einer einzigen Schicht. Wenn die Masse nicht gut haftet, befeuchten Sie den Untergrund leicht.

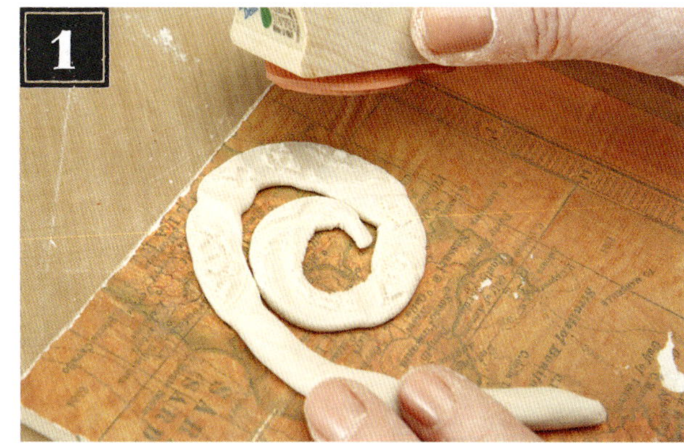

Legen Sie eine dünne Spirale aus Creative Paperclay als Akzent auf Ihr Bild. Machen Sie Stempel- oder Ritzmuster (dabei wird sie etwas flacher). Nach dem Trocknen können Sie sie anmalen.

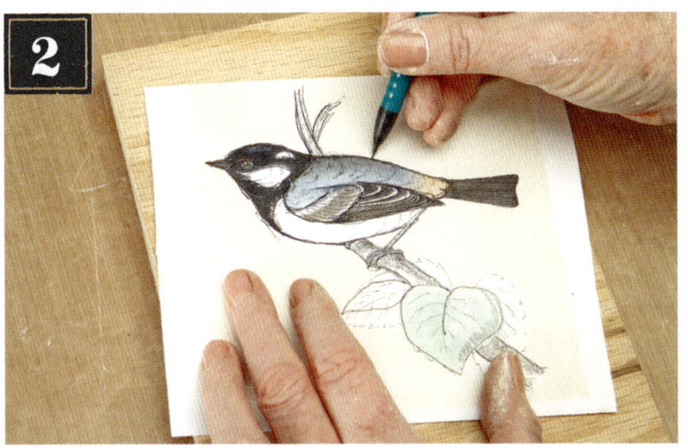

Für ein Relief übertragen Sie Ihre Zeichnung mit Pauspapier auf eine Holzplatte.

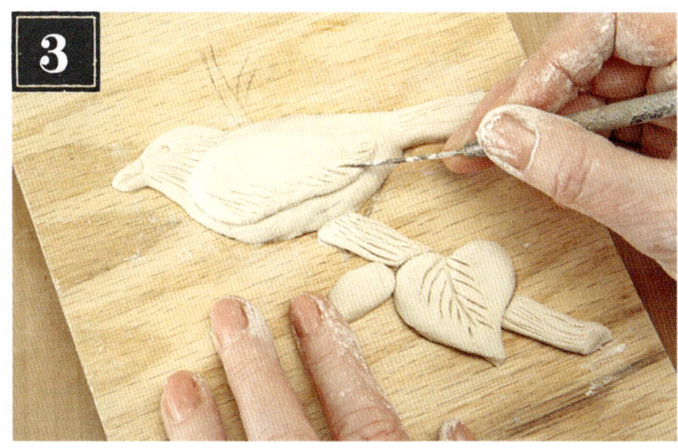

Legen Sie eine 3-10 mm dicke Schicht der Modelliermasse auf die Zeichnung. Formen und verzieren Sie sie mit Töpfernadeln und anderen Werkzeugen.

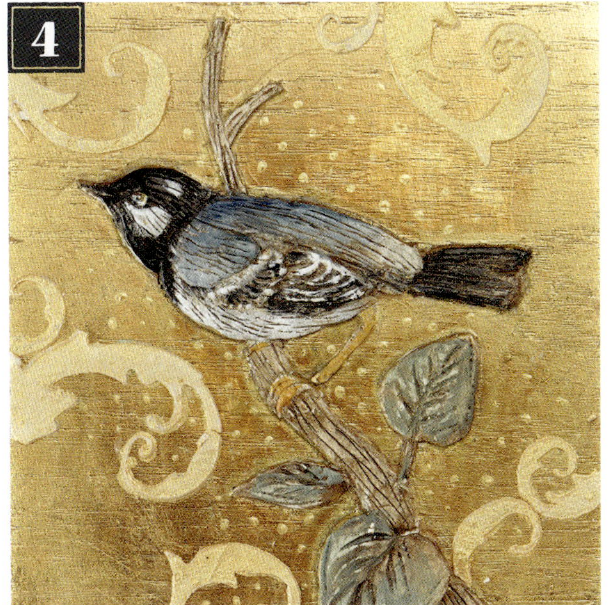

Wenn das Relief trocken ist, streichen Sie die ganze Holzplatte mit Gesso ein. Bemalen Sie erst den Vogel. Dann tragen Sie Anlegemilch auf und fügen Blattmetall hinzu. Wenn die Milch klebrig ist, legen sie das Blattmetall darauf und reiben leicht darüber.
(Die Schnörkel wurden mit Schablonen auf einer PP-Matte mit gefärbter grober Modellierpaste hergestellt und nach dem Trocknen mit Soft Gel aufgeklebt.)

CREATIVE PAPERCLAY EINFÄRBEN

Diese Modelliermasse lässt sich nicht nur nach dem Trocknen bemalen. Man kann sie auch im feuchten Zustand einfärben, was den Vorteil hat, dass Sie beim Schmirgeln nicht die Farbschicht abschleifen und die ungefärbte Masse zum Vorschein kommt. Wie viel Acrylfarbe Sie zum Einfärben brauchen, hängt von der gewünschten Farbintensität ab.

Vor dem Bemalen grundiere ich Creative Paperclay gern mit einem matten Malmedium, weil er dann nicht so viel Farbe aufsaugt.

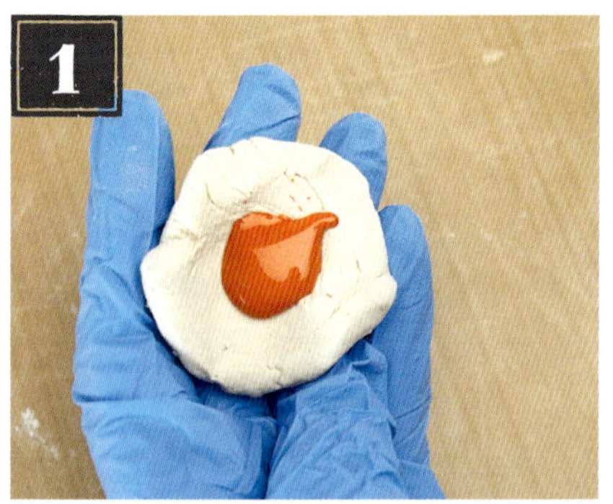

1 Geben Sie Acrylfarbe auf die Modelliermasse und verkneten Sie sie. Schützen Sie Ihre Hände unbedingt mit Einmalhandschuhen.

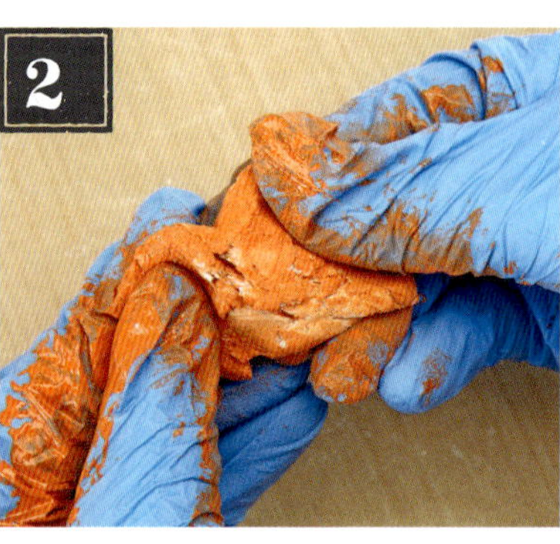

2 Verkneten Sie die Farbe gründlich mit der Masse.

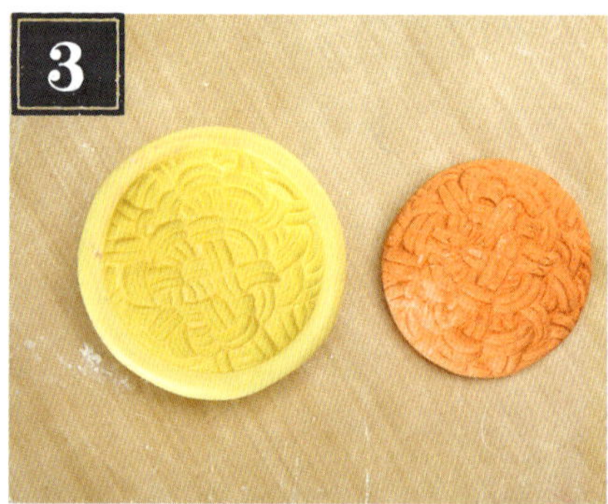

3 Ein Abdruck mit eingefärbtem Creative Paperclay.

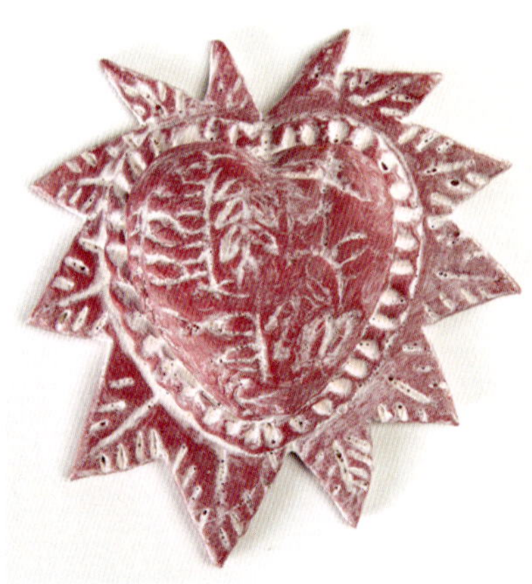

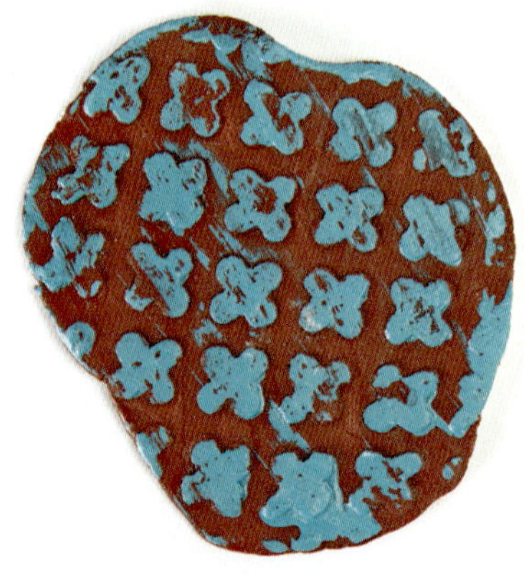

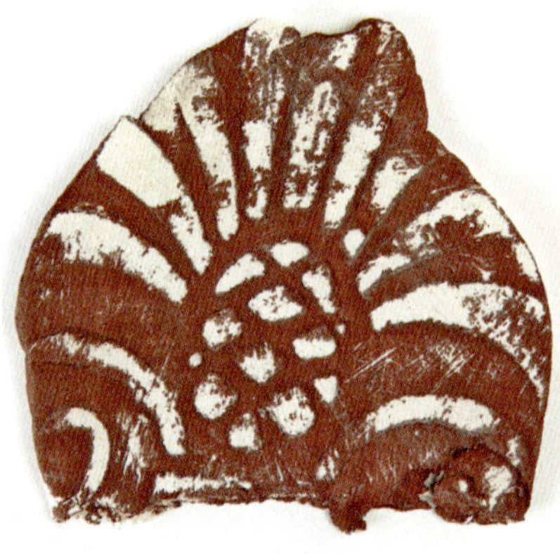

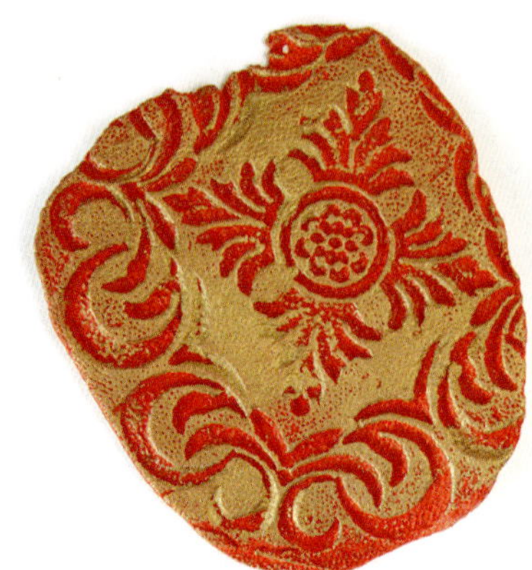

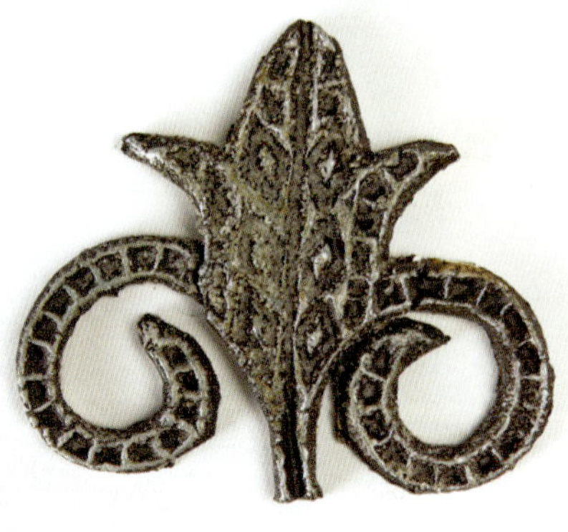

Im Uhrzeigersinn von oben links: mit roter Acrylfarbe bemalt, mit weißer Acrylglasur akzentuiert; Oxidrot mit türkisfarbenen, trockengemalten Mustern; Gebranntes Umbra, geschliffen, der weiße Untergrund wird sichtbar; Goldpaste auf geprägtem, rot bemaltem Creative Paperclay; mit Silberpaste und Salz auf feuchter schwarzer Farbe nachgeahmtes Gusseisen.

MOSAIKSTEINCHEN HERSTELLEN

Diese Technik eignet sich für viele der hier vorgestellten Modelliermassen. Walzen Sie den Creative Paperclay aus, prägen Sie ihn mit einer Texturplatte, Prägetapete oder anderen Mustern. Schneiden Sie die Steinchen mit einem Metalllineal oder einem Messer zu, lassen Sie alles trocknen und applizieren Sie Acrylfarbe oder Blattmetall. Kleben Sie die Steinchen mit Soft Gel auf. Mit GAC 800 bekommen sie ein glatte, harte Oberfläche.

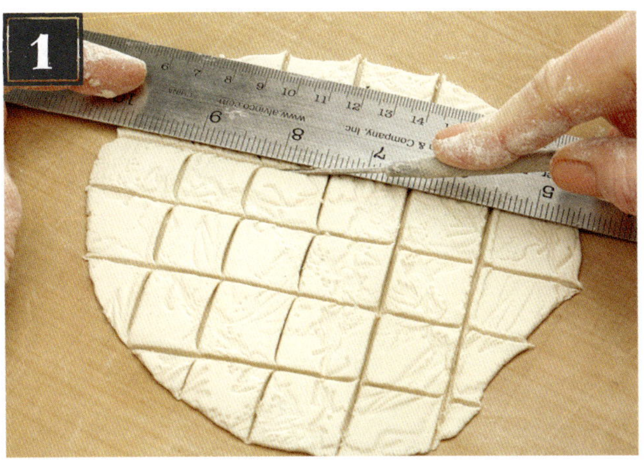

Prägen Sie eine Textur in Ihren Creative Paperclay und schneiden Sie ihn zu.

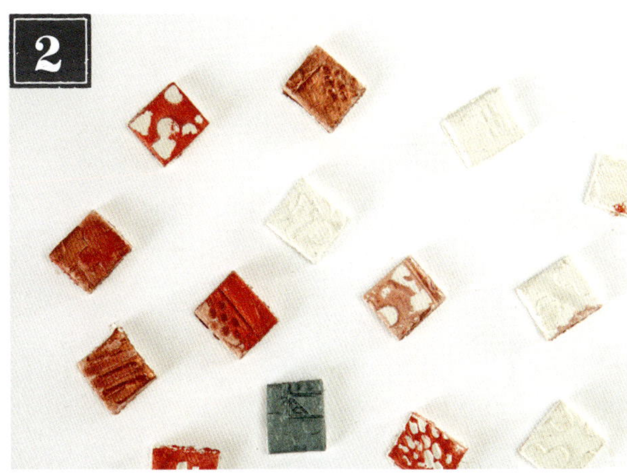

Lassen Sie ihn vor dem Bemalen trocknen.

EINE SCHÜSSEL HERSTELLEN

Sie brauchen nur Creative Paperclay – und eine Orange. Sie gibt dem Inneren der Schale eine großartige Textur. Wenn Sie es lieber glatt mögen, wickeln Sie die Orange in Frischhaltefolie, bevor Sie die Modelliermasse auftragen.

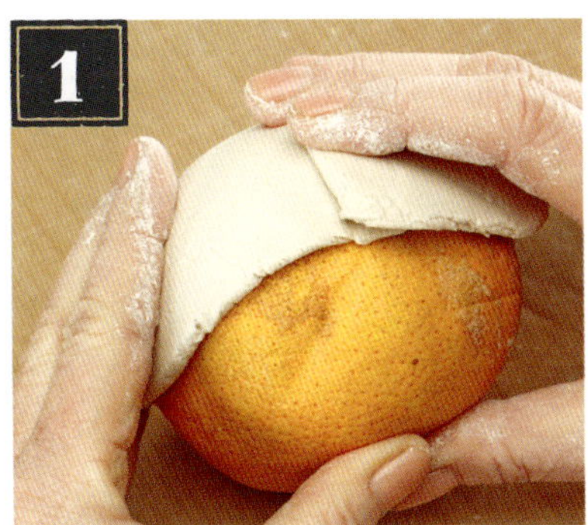

Legen Sie eine dünne Schicht aus Modelliermasse um die Orange und lassen Sie sie trocknen, bevor Sie die Orange vorsichtig entfernen.

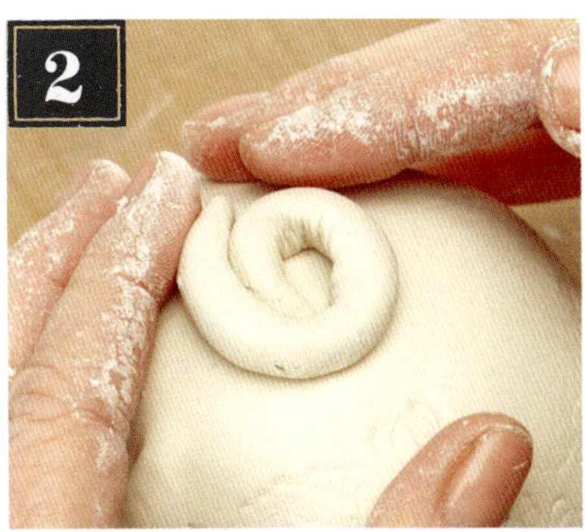

Fügen Sie am Boden eine Spirale für den Fuß an und drücken Sie sie flach.

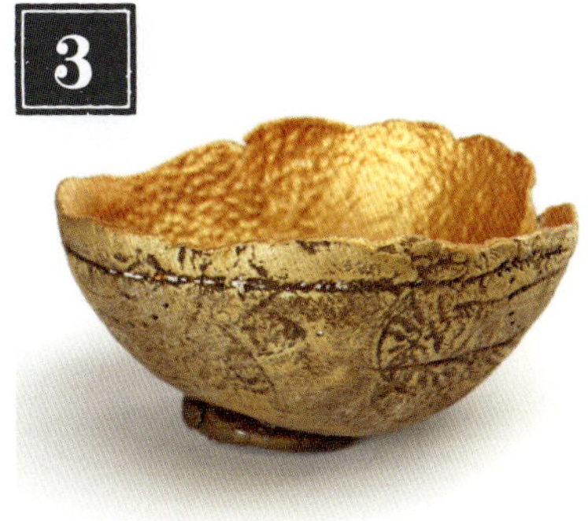

Bemalen Sie die Schale. Im Innern sehen Sie die Textur der Orange.

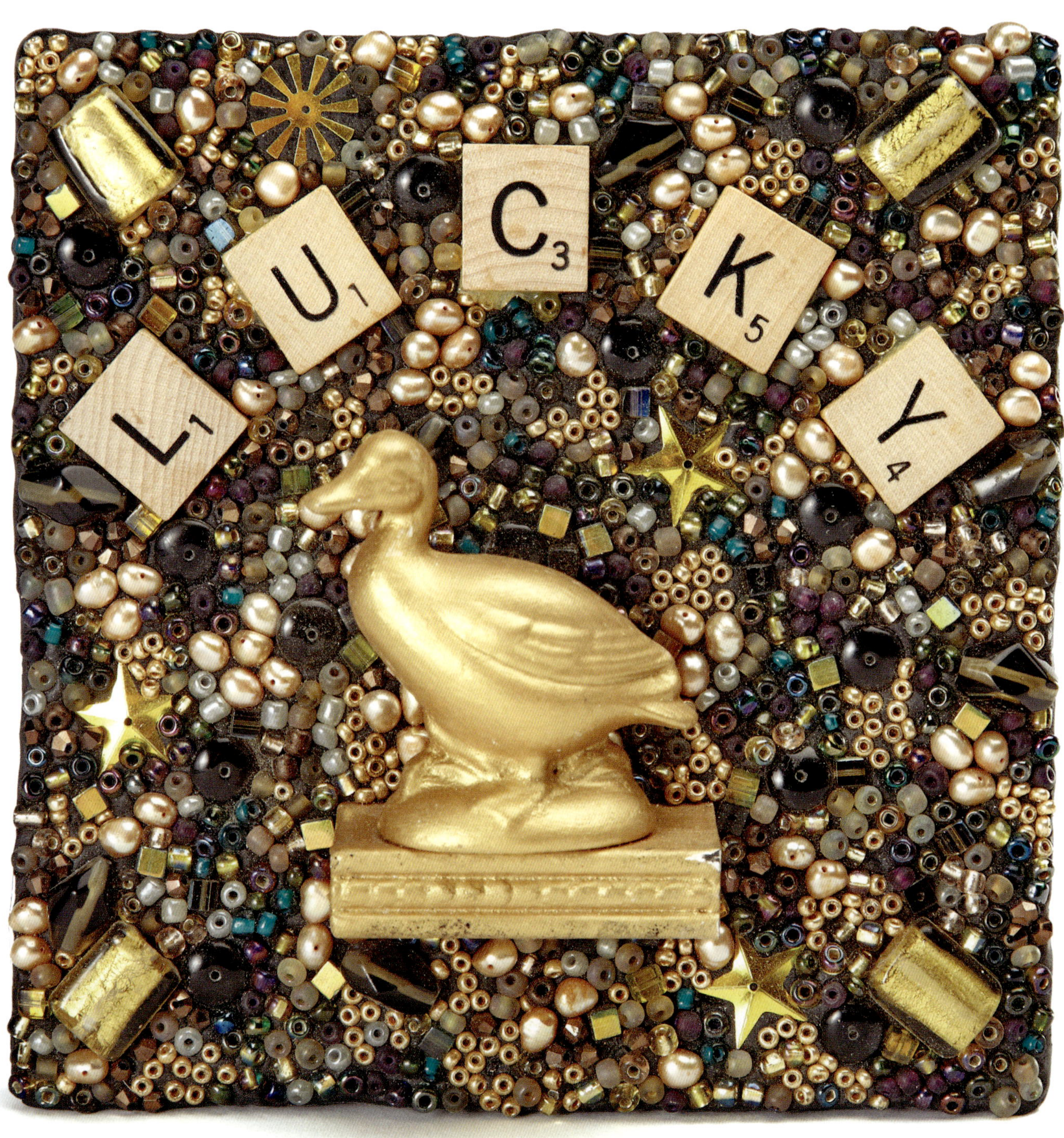

LUCKY DUCK (Glückspilz) ▪ PATRICIA CHAPMAN
Zwei-Komponenten-Modelliermasse und Perlen auf Sperrholzplatte, kleine Gießharzabformung einer Ente, Holzsockel, Scrabble-Buchstaben.

ZWEI-KOMPONENTEN-MODELLIERMASSE

Zwei-Komponenten-Modelliermassen, die aus einem Harz- und einem Härteranteil gemischt werden, gibt es schon seit einiger Zeit. Als ich jedoch entdeckte, welch eine Wunderknete sich dahinter verbirgt, war es wie eine Erleuchtung. Sie ist unglaublich einfach zu verwenden, wird in mehreren Farben angeboten, die sich untereinander mischen lassen, kann aber auch mit Acrylfarben abgetönt werden. Das Material eignet sich für Mosaike, weil Sie Perlen und andere Kleinteile darin einbetten können. Es schrumpft beim Trocknen nicht, ist selbsthärtend und nach dem Aushärten praktisch unkaputtbar. Im trockenen Zustand kann es geschmirgelt, gebohrt oder geschnitzt werden. Darüber hinaus können Sie es auch als Kleber benutzen: Es schafft eine erstaunlich stabile Verbindung zwischen den unwahrscheinlichsten Materialien und Oberflächen. Vielseitiger geht's kaum noch.

VERARBEITUNGSTIPPS:

- Walzen Sie die Modelliermasse nur auf einer Silikon- oder Teflonmatte (Backzubehör) aus. Benetzen Sie die Matte, Ober- und Unterseite der Masse und das Nudelholz mit Wasser als Trennmittel.
- Lassen Sie Ihre Werke aus der Modelliermasse immer auf einer Silikonmatte aushärten. Außer an Silikon und Teflon klebt dieses Material wirklich an allem!

MATERIALLISTE:

Abklebeband
Acrylfarbe
Acrylglasur
Einweghandschuhe
Handdruckwalze
kleine Dermoplastik
Knöpfe
Metallspieß oder Töpfernadel
Papierhandtücher
Perlen und andere Kleinteile
Pinsel
Pressform aus Silikon
Puppenaugen aus Glas
Rahmen oder anderes Objekt
Schmuckfassung
Zwei-Komponenten-Modelliermasse (wir verwenden Apoxie Sculpt)

DIE ZWEI-KOMPONENTEN-MODELLIERMASSE ALS KLEBSTOFF

Die einfachste Verwendung dieser vielseitigen Masse ist sicherlich die als Klebstoff. Besonders nützlich ist sie, wenn Sie zwei unebene Flächen aneinander befestigen wollen. Die Masse passt sich wunderbar an. Sie braucht 3 bis 4 Stunden zum Abbinden, durchgetrocknet und belastbar ist die Klebeverbindung jedoch erst nach 24 Stunden.

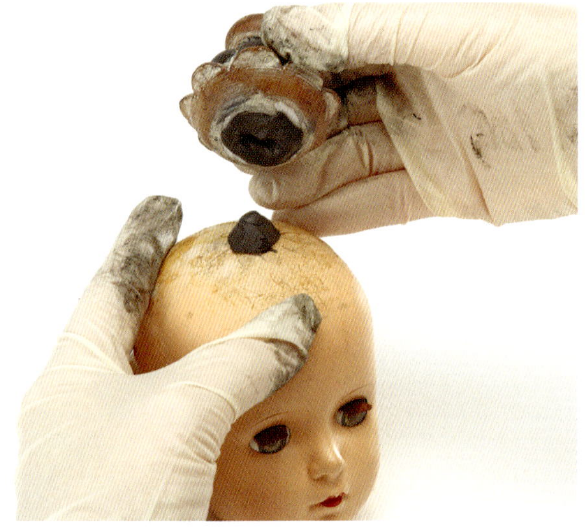

Geben Sie auf beide Teile etwas Modelliermasse, dann drücken Sie sie an.

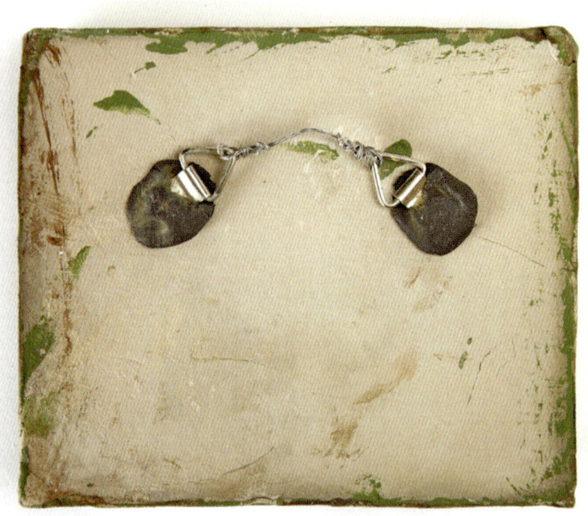

Bilderaufhänger auf glattem Untergrund? Mit diesem Kleber kein Problem.

DIE MODELLIERMASSE EINFÄRBEN

Tragen Sie dabei unbedingt Einmalhandschuhe! Wie viel Farbe Sie verwenden, bleibt Ihnen überlassen. Kneten Sie so lange, bis die Masse eine einheitliche Farbe hat. Am besten nehmen Sie weiße Zwei-Komponenten-Modelliermasse. Bei dunkleren Acrylfarben wird der Farbton intensiver. Zwei-Komponenten-Modelliermasse nimmt Farbe problemlos auf und kann sowohl im feuchten wie im durchgetrockneten Zustand bemalt werden. Pulverpigmente (z.B. PearlEx) bieten weitere Möglichkeiten: Man kann sie auf die feuchte Masse pinseln oder eine Druckform damit ausstreichen, bevor man die Masse hineindrückt.

1

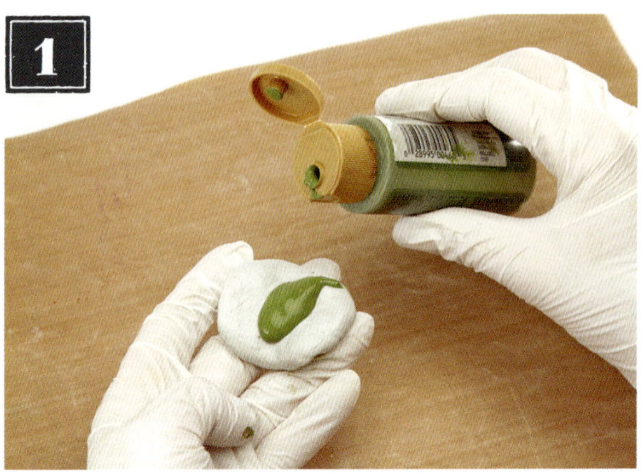

Geben Sie Acrylfarbe auf die Modelliermasse und vermischen beides. Schützen Sie Ihre Hände durch Einweghandschuhe.

2

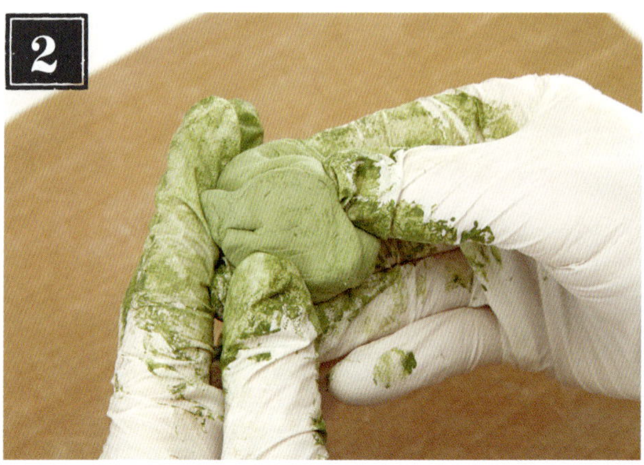

Kneten Sie die Farbe gründlich in die Modelliermasse.

FORMEN UMHÜLLEN

Auch wenn es nicht immer Tiere sein müssen: Tierformen lassen sich aus Styropor schnitzen, es gibt lebensgroße Dermoplastiken oder Tierfiguren aus Papiermaschee oder Plastik zu kaufen. Alle lassen sich mit Zwei-Komponenten-Modelliermasse überziehen.

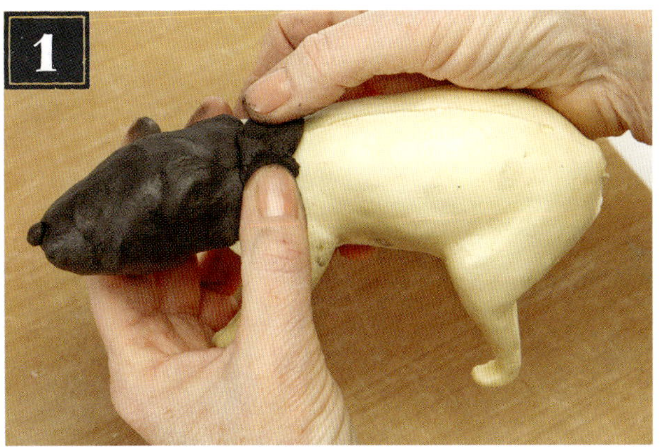

Überziehen Sie eine kleine Tierfigur mit Zwei-Komponenten-Modelliermasse.

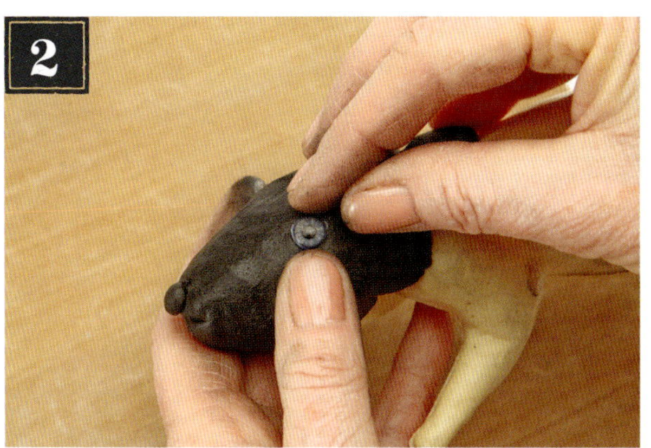

Setzen Sie Glas- oder Plastikaugen ein, solange die Masse weich ist.

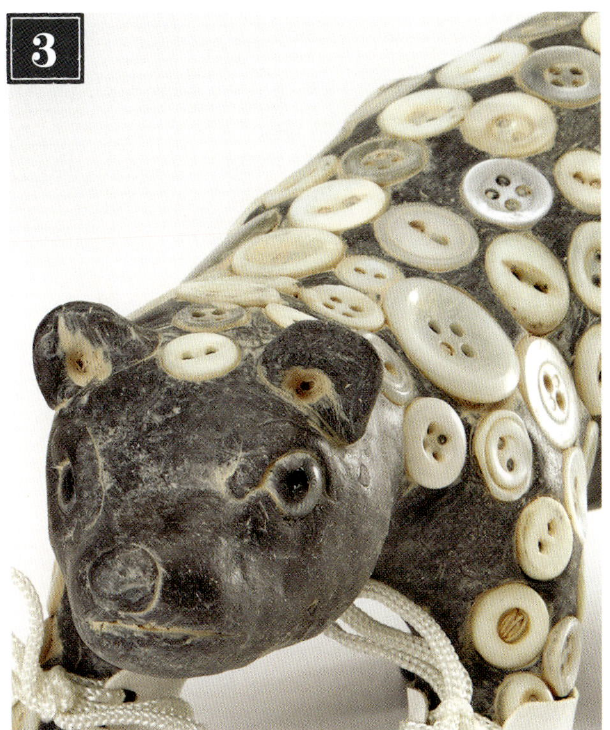

Fügen Sie Knöpfe, Perlen oder andere Verzierungen hinzu, bevor die Masse anfängt, auszuhärten (nach etwa drei Stunden).

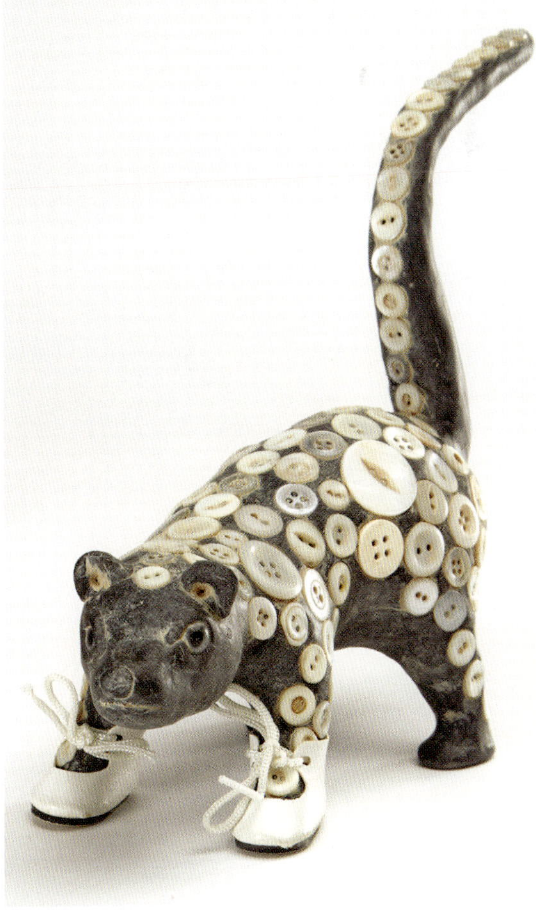

VERZIERUNGEN ALLER ART

Dieses Material aus Harz und Härter haftet an fast allem, daher lassen sich Verzierungen aus Zwei-Komponenten-Modelliermasse auf den allermeisten Oberflächen anbringen. Gussstücke aus Silikonformen, frei modellierte Ornamente – was immer Ihnen gefällt.

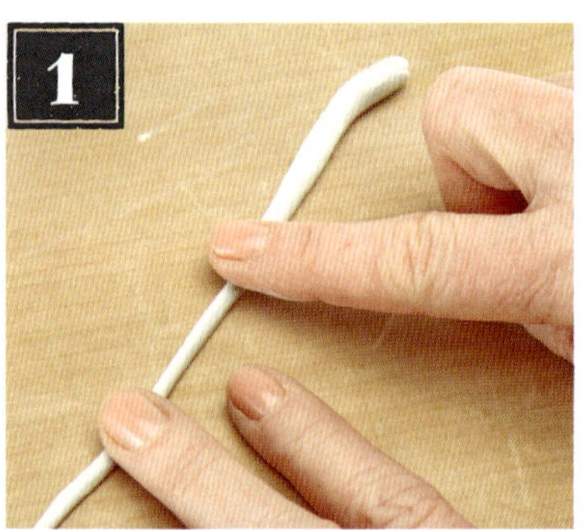

Formen Sie eine dünne „Schlange".

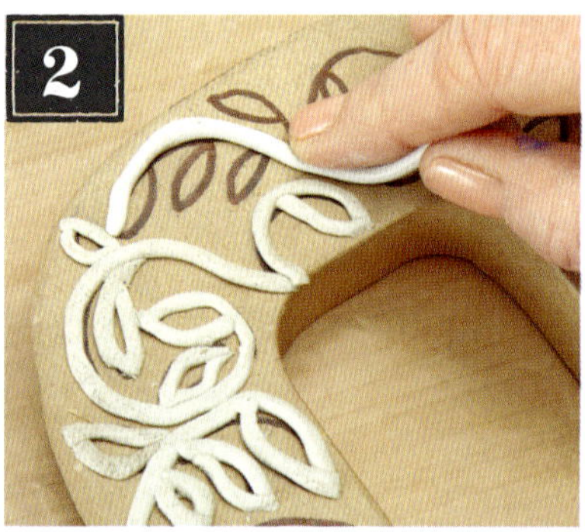

Zeichnen Sie ein Muster auf (hier: ein Rahmen) und drücken Sie die „Schlangen" darauf.

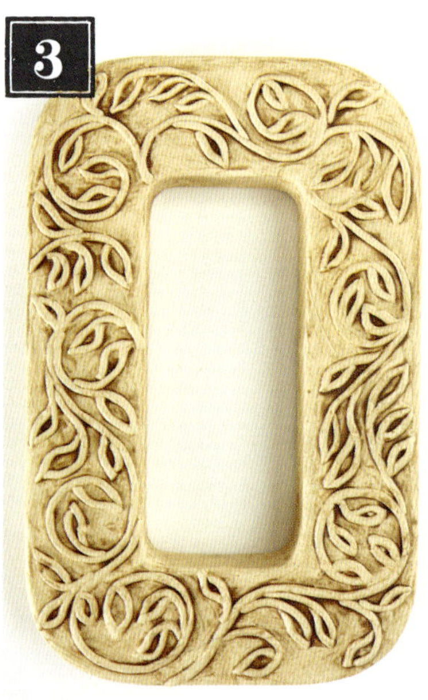

Bemalen oder färben Sie Ihr Kunstwerk.

KNET-TIPP

Zwei-Komponenten-Modelliermasse wird wieder schön geschmeidig, wenn Sie sie in einer Plastiktüte acht Sekunden lang in der Mikrowelle erhitzen.

EINGELEGTE MUSTER

Mit farbiger Zwei-Komponenten-Modelliermasse kann man schöne Einlegemuster machen. Legen Sie dünne „Schlangen" oder kleine Kugeln zu Fantasiemustern, Wörtern oder wilden Schnörkeln und drücken Sie sie mit dem Nudelholz in den Untergrund.

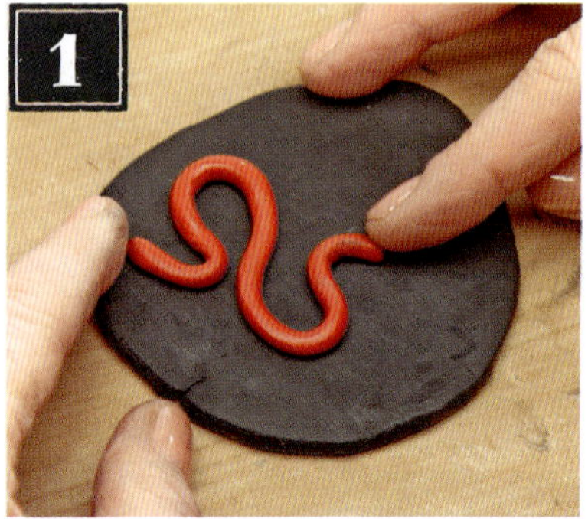

Legen Sie die rote „Schlange" auf den schwarzen Untergrund.

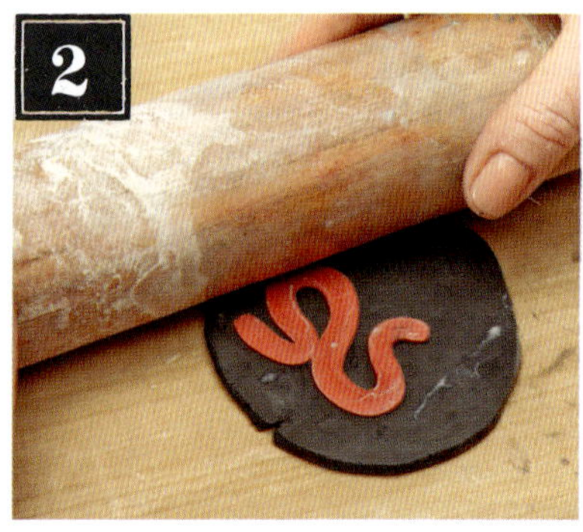

Walzen Sie sie mit dem Nudelholz in den Untergrund.

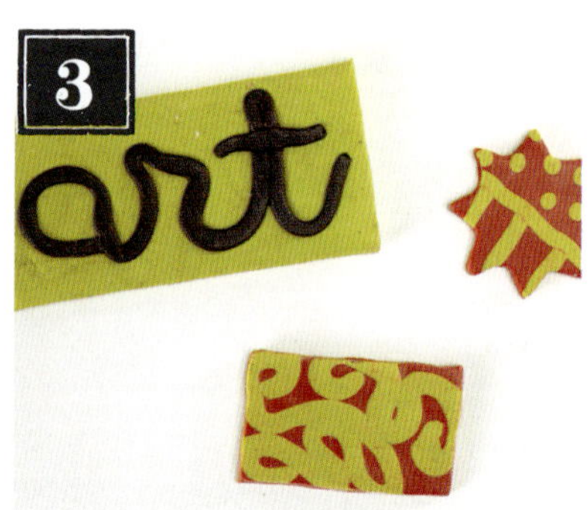

Wörter, geometrische Muster oder Schnörkel – alles geht.

PERLENMOSAIKE

Mosaike sind herrlich! Überziehen Sie eine Fläche oder einen Gegenstand mit einer mindestens 3 mm dicken Schicht (dicker, wenn Sie sehr große oder lange Perlen nehmen) aus Zwei-Komponenten-Modelliermasse. Entweder rollen Sie eine Platte aus oder setzen die Schicht aus einzelnen Brocken zusammen, die Sie flachklopfen und andrücken. Verzieren Sie sie mit Perlen, Knöpfen, Buchstabennudeln ... was immer Ihnen in die Finger kommt!

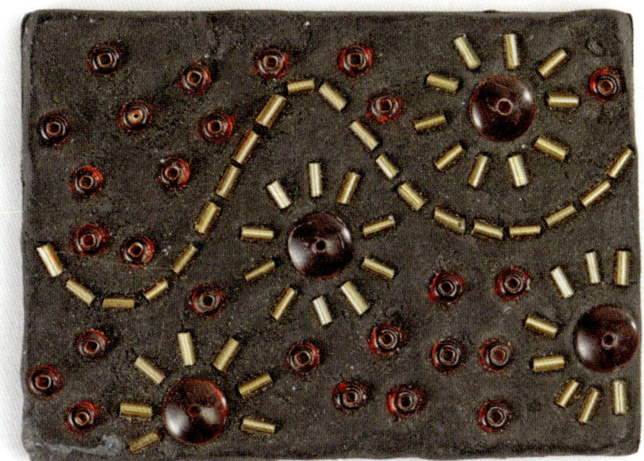

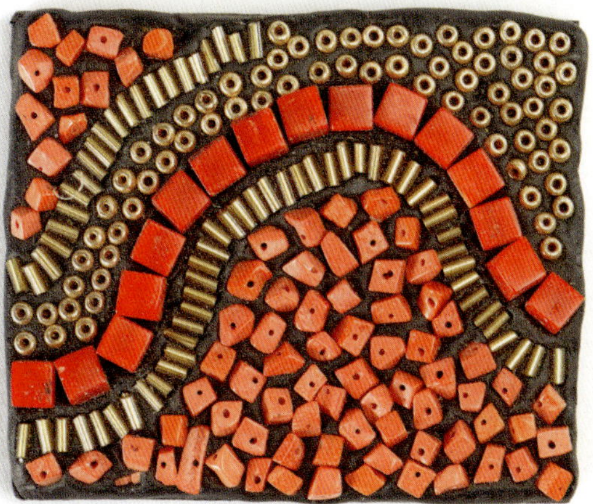

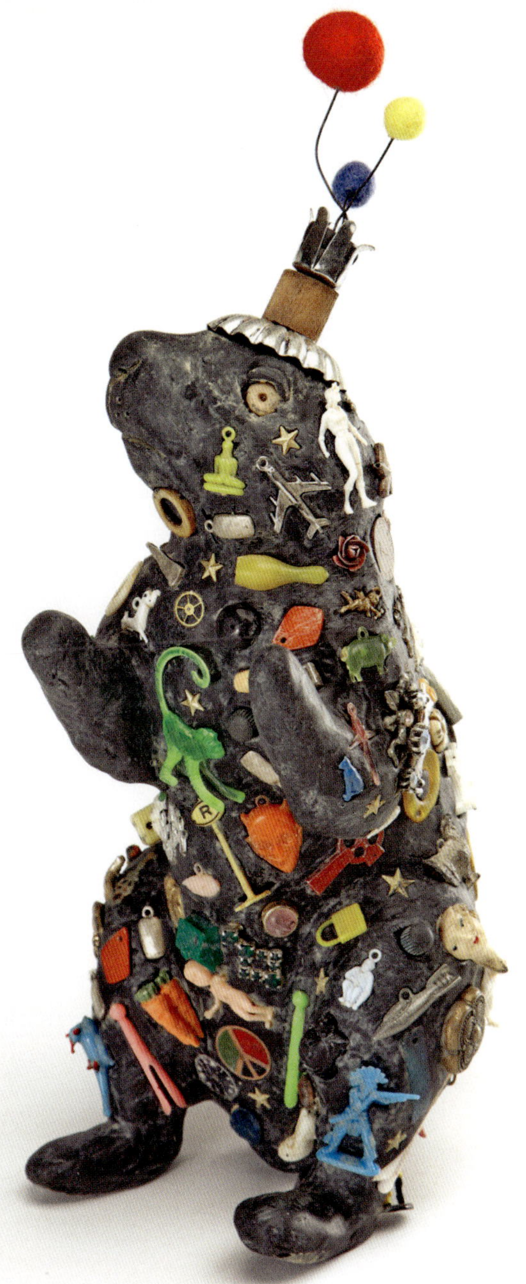

Überziehen Sie Tierfiguren, Puppen, Bilderrahmen oder Ihr Auto mit Zwei-Komponenten-Modelliermasse und drücken Sie kleine Gegenstände wie Perlen, Glasplättchen oder Glitzersteinchen hinein.

TIPPS

- Glätten Sie Zwei-Komponenten-Modelliermasse mit Wasser, Franzbranntwein oder Aves Safety Solvent: Mit Pinsel oder Spritzflasche auftragen und mit dem Finger verstreichen.
- Wenn Sie länger als drei Stunden an großen Flächen arbeiten, bedecken Sie immer nur kleinere Bereiche mit Zwei-Komponenten-Modelliermasse und fügen Sie zeitnah die Verzierungen hinzu. Danach bindet die Masse ab und es lässt sich nichts mehr eindrücken.

SCHMUCKSTÜCKE

Vermutlich sind Sie eifrig dabei, alles mit Silikonknete anzuformen, was Ihnen über den Weg läuft. Das ist gut, denn die Gussstücke, die Sie mit Zwei-Komponenten-Modelliermasse aus diesen Formen fertigen, können Sie mit Perlen, kleinen Figuren und anderen Sachen wunderbar verzieren und so die erstaunlichsten Schmuckstücke schaffen.

Wenn Sie Zwei-Komponenten-Modelliermasse bei Silikonformen anwenden, warten Sie anderthalb Stunden nach dem Mischen, bevor Sie die Masse in die Form drücken.

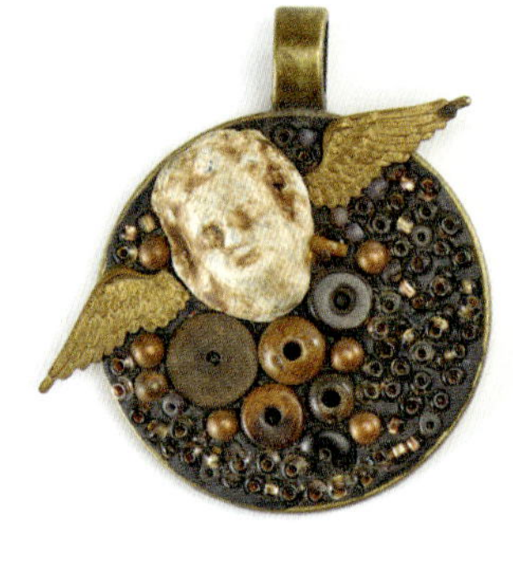

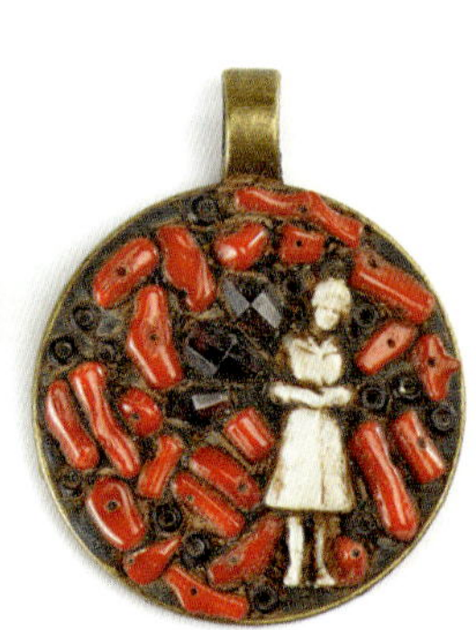

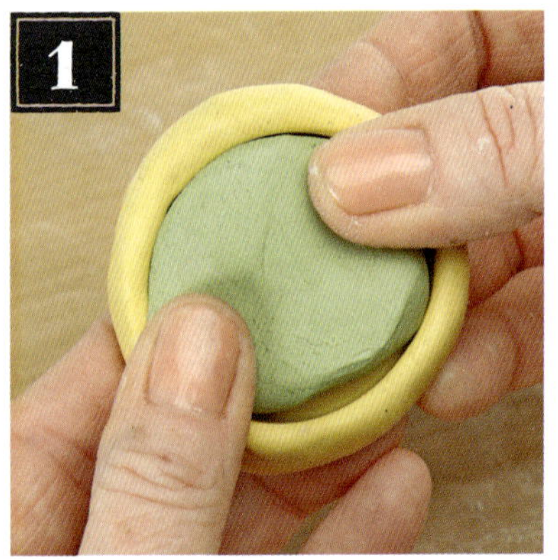

Drücken Sie die Modelliermasse in die Form, damit ein sauberer Abdruck entsteht.

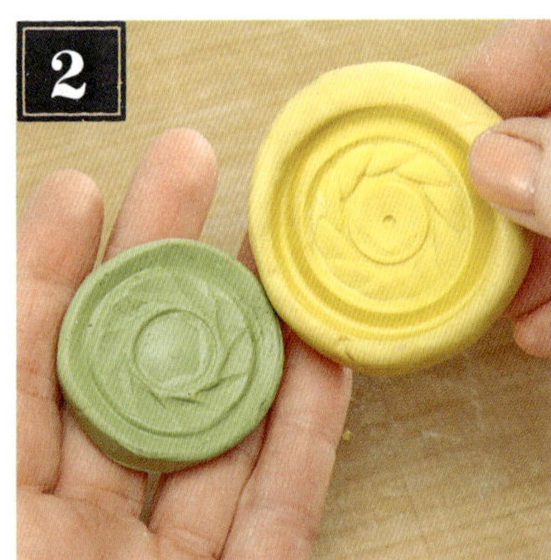

Entfernen Sie das Gussstück vorsichtig, bevor es hart wird.

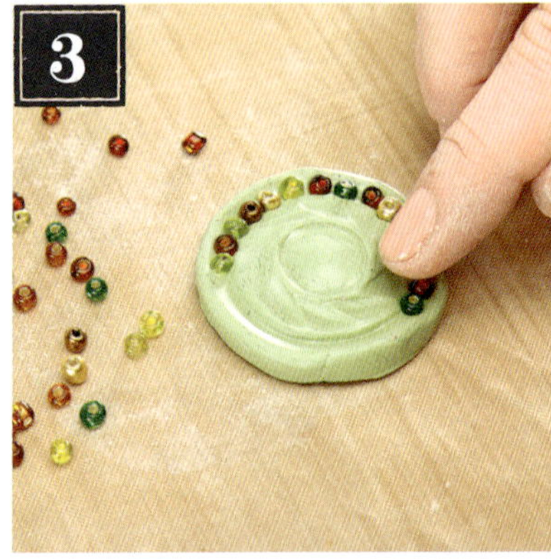

Setzen Sie Perlen oder andere Verzierungen ein, dann lassen Sie die Masse härten.

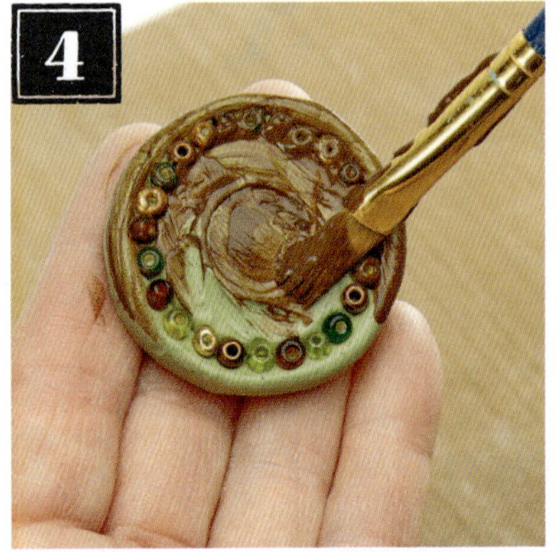

Überziehen Sie das Stück mit dunkler Acrylglasur.

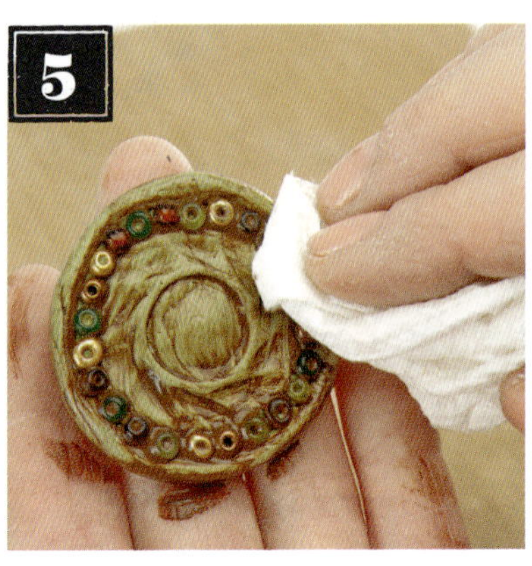

Wischen Sie überschüssige Glasur ab.

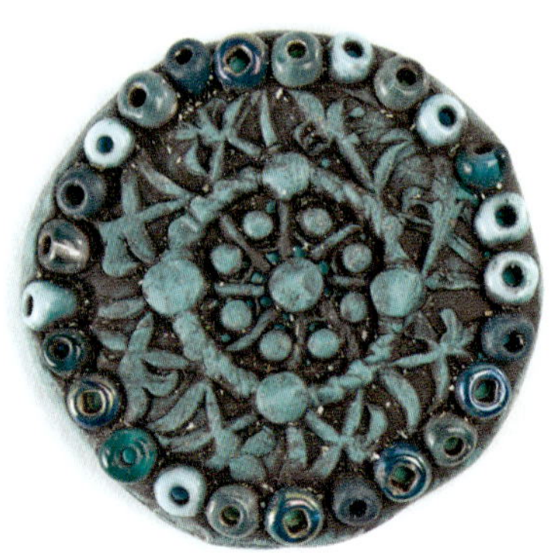

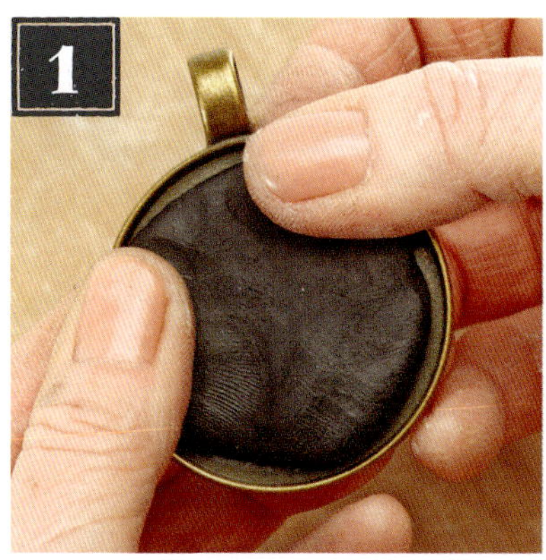

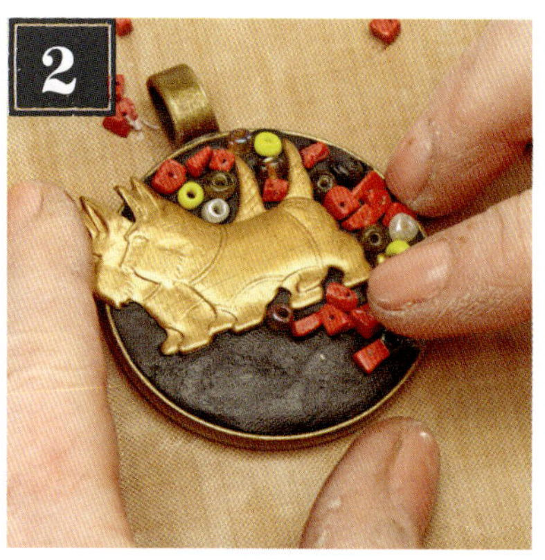

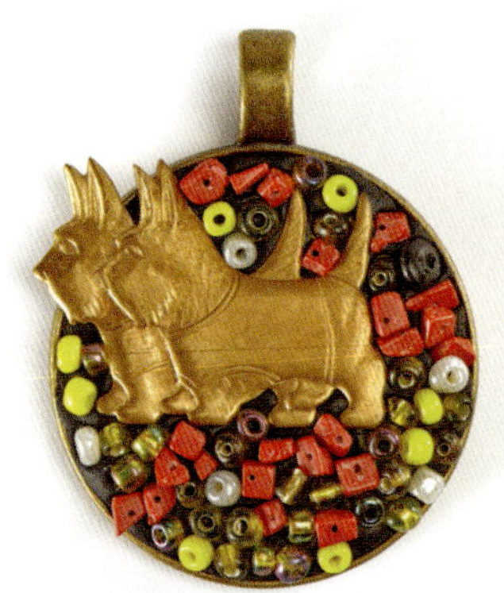

Drücken Sie Zwei-Komponenten-Modelliermasse in eine Schmuckfassung.

Fügen Sie Verzierungen hinzu und lassen Sie die Masse härten.

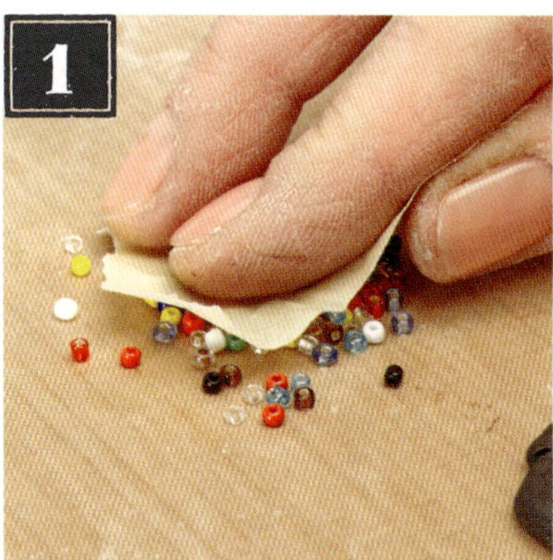

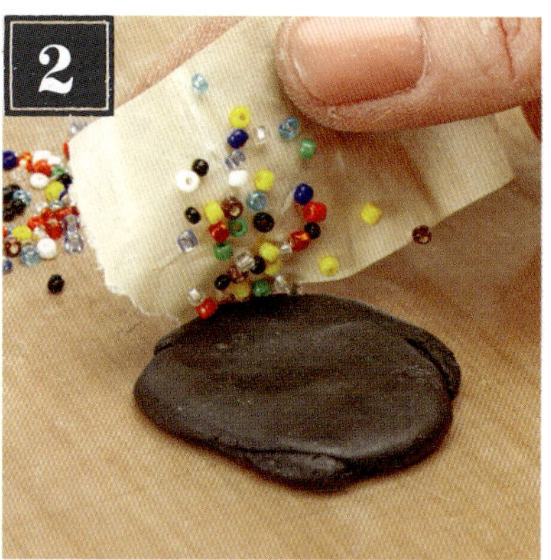

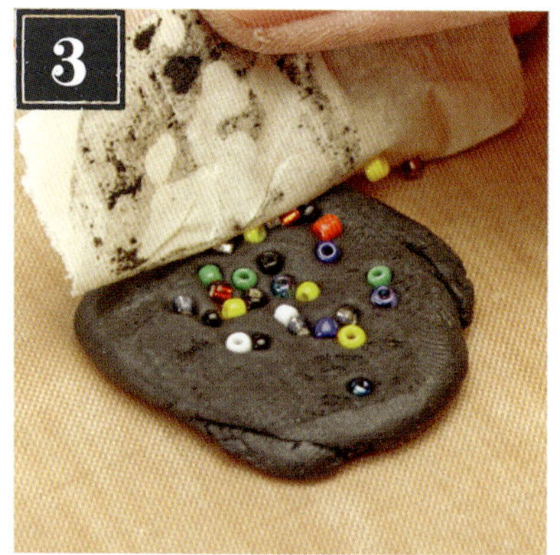

Kleine Perlen lassen sich leicht mit Klebenband aufsammeln.

Drücken Sie das Klebeband mit den Perlen in die Modelliermasse.

Ziehen Sie das Klebeband ab. Die Perlen bleiben in der Masse.

TIPP

Wenn Sie Perlen aus Zwei-Komponenten-Modelliermasse machen, lassen Sie sie mindestens eine Stunde lang härten, bevor Sie mit einer Stricknadel das Fädelloch stechen. Lassen Sie die Perle auf der Nadel härten. Drehen Sie sie von Zeit zu Zeit, damit sie nicht auf der Nadel festkleben.

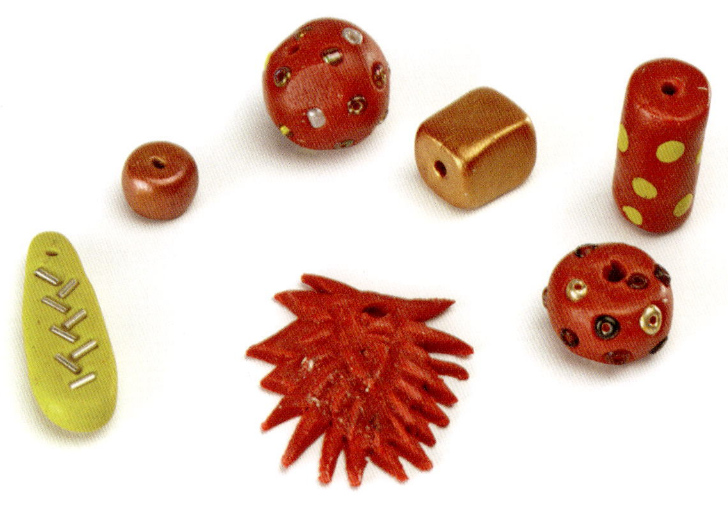

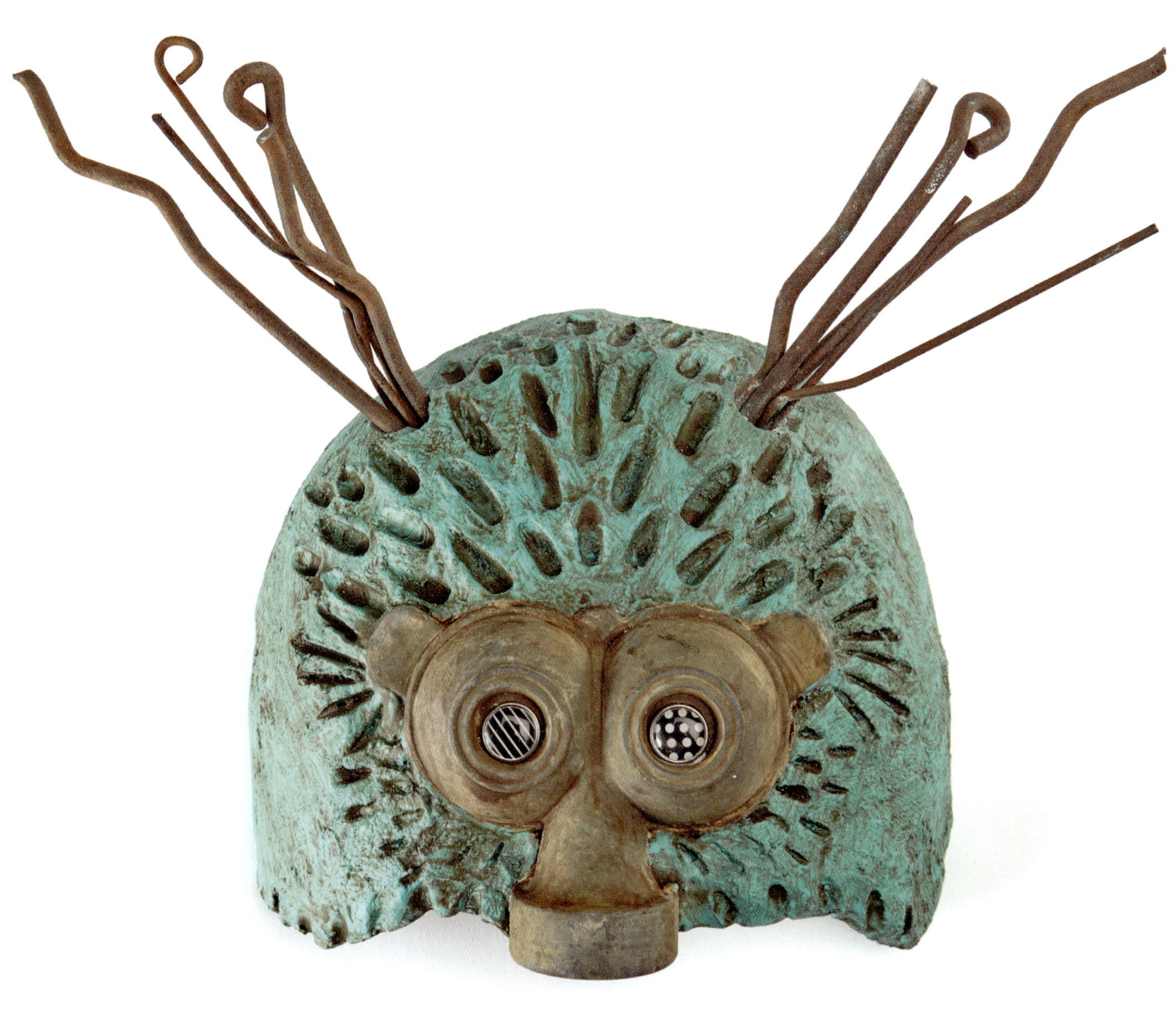

CUKOO BIRD (Kuckuck) ▪ PATRICIA CHAPMAN
ClayShay auf Maske, bemalt, Fundstücke.

CLAYSHAY 14

Um aus dieser hinreißenden Mischung aus Tonmehl und Papiermaschee etwas zu zaubern, braucht es nur ein weing Wasser und Ihre grenzenlose Fantasie. Wenn Sie ClayShay zu einer dünnflüssigen, schlickerähnlichen Konsistenz mischen, bekommen Sie eine Gießmasse, die Sie für Press- oder Gussformen verwenden können. Mit ClayShay lassen sich auch Stoffe oder dreidimensionale Gegenstände überziehen, die Sie so im Handumdrehen zu einem soliden Tonobjekt machen. Eine etwas dickere Konsistenz bietet sich für Reliefs an. Bei einer Beschaffenheit wie Zuckerguss lässt sich das Material auf Armaturen aus Schaumstoff, Folie oder Pappe auftragen. Bei sehr wenig Wasser entsteht eine tonähnliche Masse, mit der man wunderbar modellieren kann.

Außerdem ist ClayShay ungiftig, schrumpft nicht, bleibt lange haltbar und lässt sich auf vielfältige Weise bearbeiten.

MISCHTIPPS:

- Mischen Sie 1 Teil Wasser mit 2 Teilen ClayShay, wenn Sie gießen oder Objekte eintauchen wollen.
- Um Armaturen zu überziehen, empfiehlt sich eine mittlere Konsistenz: 1 Teil Wasser und 4 Teile ClayShay.
- Zum Modellieren sollte das Verhältnis 1 Teil Wasser zu 5 Teile ClayShay betragen.

Variieren Sie diese Mischungsverhältnisse nach Ihren Bedürfnissen und nach den klimatischen Bedingungen, unter denen Sie arbeiten.

MATERIALLISTE:

Acrylfarben
Bindedraht
Blattmetall
ClayShay
Dremel mit Schnitzaufsätzen (oder Holzschnitzwerkzeuge)
Durchschlagpapier
Frischhaltefolie
Fundstücke
Klebstoff
kleine Luftballons
Maskenform, Papiermaschee
mit Gesso grundierte Holzplatte
Pinsel
Plakatkarton und Klebeband
Sandpapier (optional)
Skalpell oder Teppichmesser
Spatel oder Modellierwerkzeug
Zeichenpapier

SCHNITZEN

Wenn ClayShay durchgetrocknet ist, können Sie jedes beliebige Muster und jede Textur in die Oberfläche schnitzen. Ein Dremel mit Schnitzaufsätzen ist ideal, er lässt sich leicht führen und macht die Schnitzerei zum Kinderspiel. Um eine Platte zum Schnitzen zu bekommen, streichen Sie ein Holzbrett mit Gesso ein und bauen Sie einen Rahmen aus Pappstreifen um das Brett. Gießen Sie eine ClayShay-Mischung hinein. Um die geschnitzten Muster hervorzuheben, bemalen Sie die Platte oder Figur, lassen die Farbe trocknen und streichen dann mit einer Kontrastfarbe darüber. Wischen Sie die überschüssige Farbe ab. In den Vertiefungen bleibt die Farbe stehen.

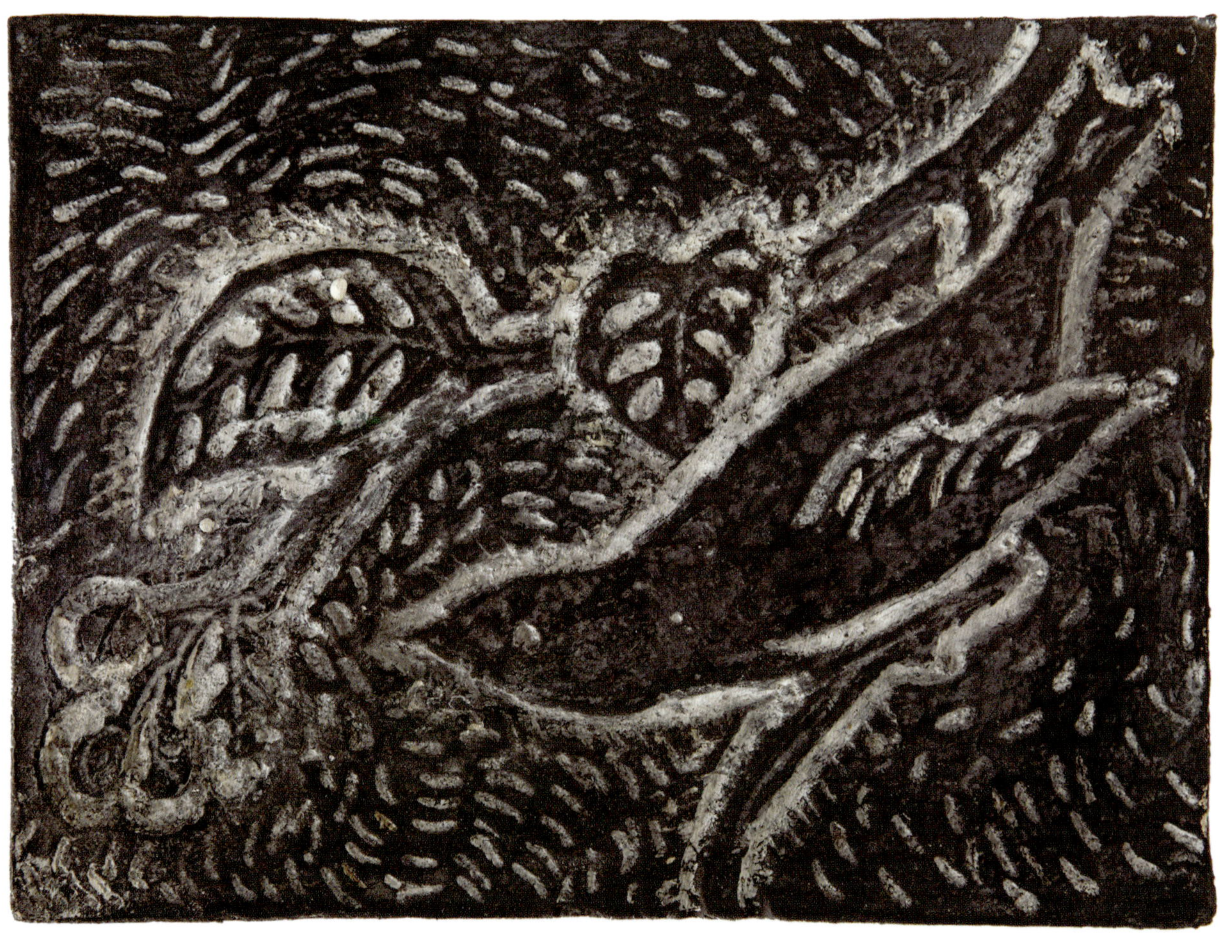

BIRDY (Vögelchen) ▪ PATRICIA CHAPMAN
ClayShay-Platte, geschnitzt, helle Glasur auf dunklem Grund.

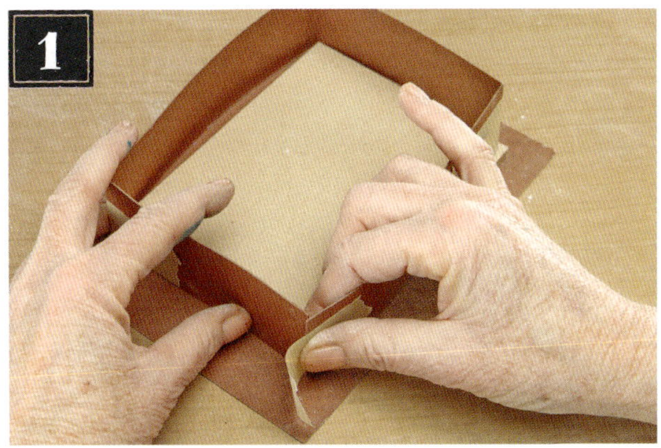

Kleben Sie den Rahmen aus Pappstreifen zusammen und befestigen Sie ihn an dem mit Gesso bestrichenen Brett.

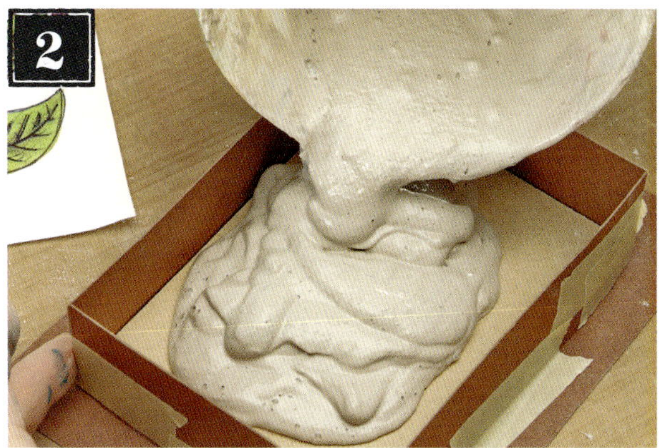

Mischen Sie ClayShay zu einer gießfähigen Mischung. Füllen Sie sie in den Rahmen.

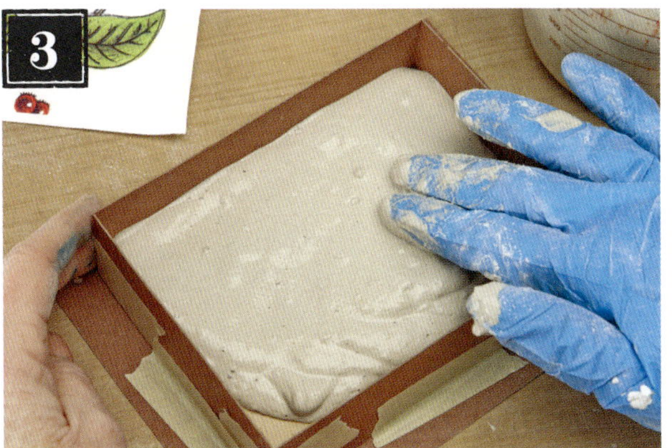

Glätten Sie die Oberfläche durch leichtes Schütteln und lassen Sie die Mischung ein bis zwei Tage durchtrocknen. Nehmen Sie dann den Papprahmen ab.

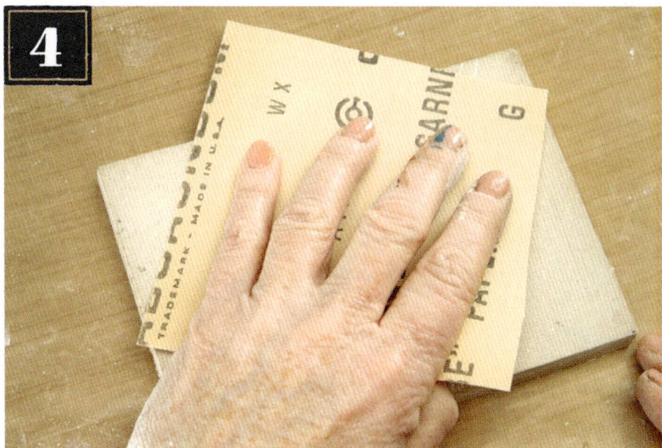

Bei Bedarf schmirgeln Sie die Oberfläche.

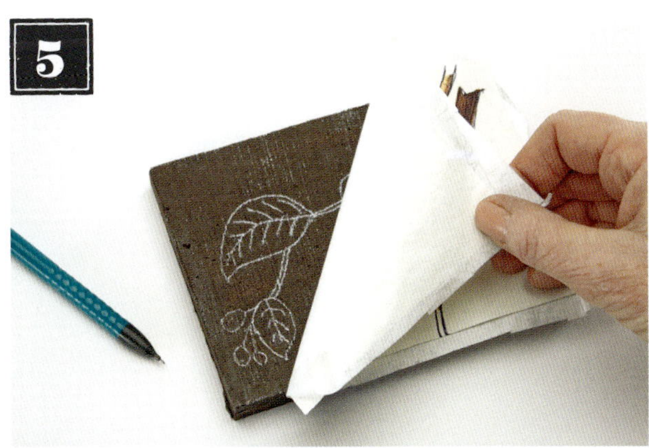

Bemalen Sie die Platte mit dunkler Farbe, dann übertragen Sie mit Durchschlagpapier eine Zeichnung auf die Oberfläche.

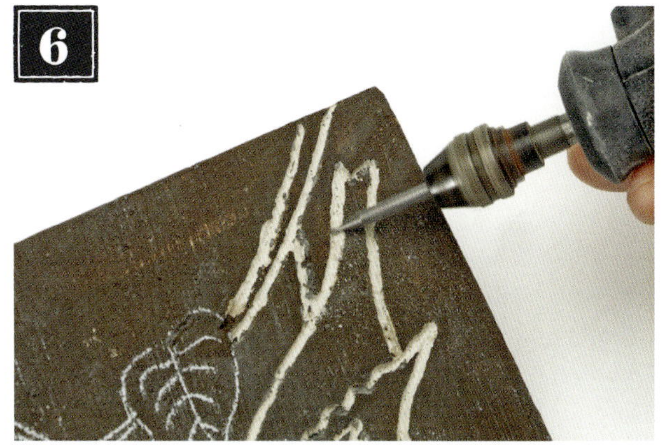

Schneiden Sie die Linien mit einem Dremel oder einem scharfen Schnitzwerkzeug ein.

MODELLIEREN

Zum Modellieren muss ClayShay eine Konsistenz wie Knetteig oder Ton haben. Für kleine Figuren brauchen Sie keine Armatur, allerdings sollten sie eine ausreichende Standfläche haben. Wenn Sie etwas Größeres modellieren wollen, brauchen Sie einen Unterbau, der die Modelliermasse trägt. Sind die modellierten Stücke durchgetrocknet, können Sie die Oberfläche schleifen, bemalen oder anderweitig bearbeiten.

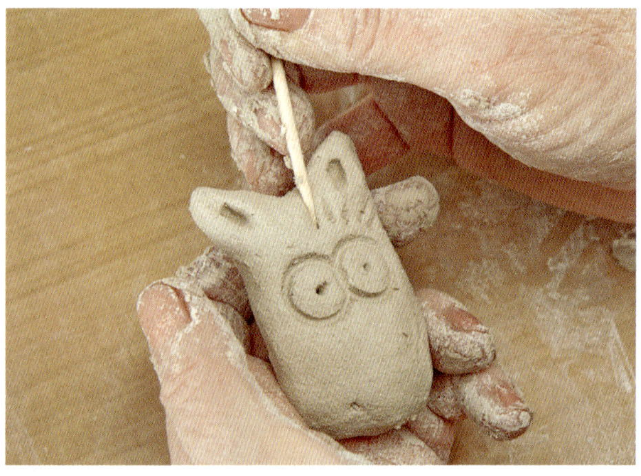

Modellieren und verzieren Sie die Figuren und lassen Sie sie trocknen.

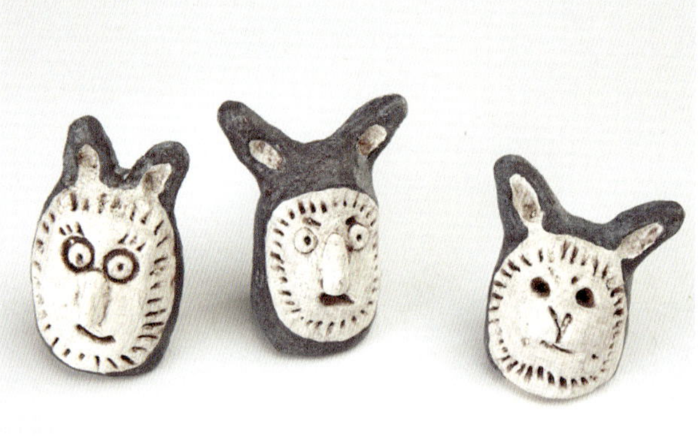

Bemalen Sie sie und überziehen Sie sie mit dunkler Acryllasur.

SCHABLONIEREN

Mit butterweichem ClayShay lassen sich erhabene Muster auf einen Hintergrund schablonieren. Sie können dafür sogar Plexiglas verwenden. Um das Muster haltbar zu machen, muss es allerdings mit einem glänzenden Acryllack besprüht werden. Auf Leinwand und Holz haftet das Material sehr gut.

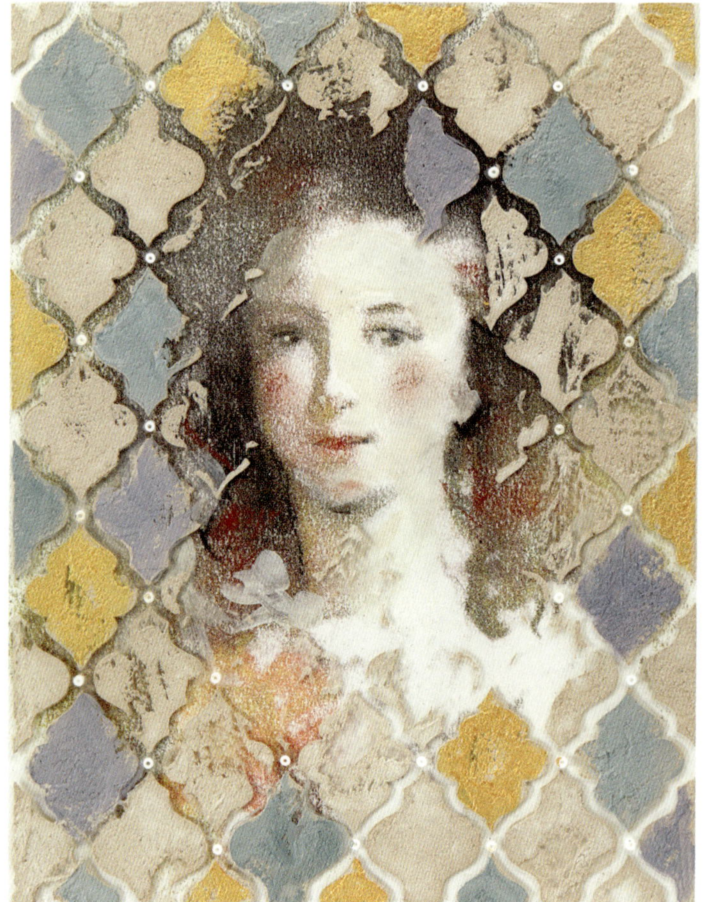

Hier wurde ClayShay in butterähnlicher Konsistenz durch eine Schablone auf Plexiglas aufgetragen. Die schablonierten Formen wurden bemalt, runde Perlen hinzugefügt und dann alles mit Acrylglanzlack eingesprüht. Unter der Plexiglasscheibe sehen Sie ein Abziehbild, das mit Crystal Clear von Krylon hergestellt wurde (Näheres in meinem Buch *Image Transfer Workshop*).

EINTAUCHEN

Mit dünnem ClayShay, das etwa die Konsistenz von Schlicker hat, können Sie Stoffe oder andere Materialien übergießen oder eintauchen. Dabei verändern sich die mit Modelliermasse umhüllten Dinge dramatisch: Sie sehen nicht nur anders aus, sondern haben nun auch eine Oberfläche, die bemalt oder anderweitig bearbeitet werden kann. Sie können sie als einzelne Collage-Elemente verwenden oder ganze Kunstwerke daraus zussammenstellen.

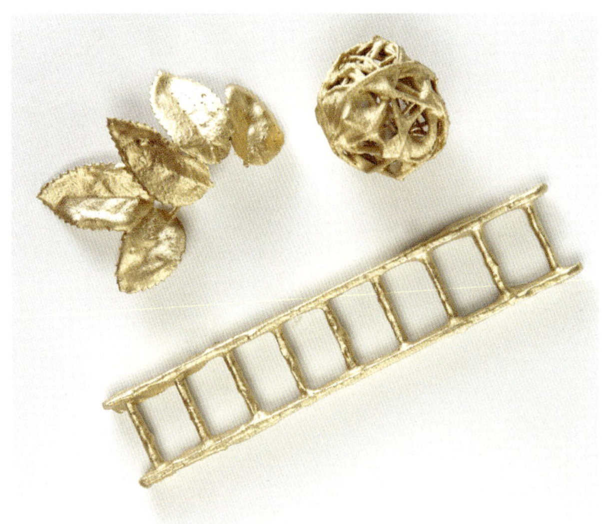

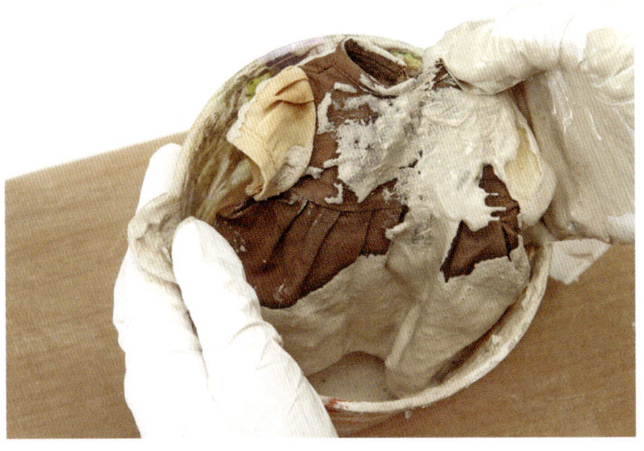

Tauchen Sie einen Gegenstand Ihrer Wahl (hier ist es ein Puppenkleid) in die schlickerdünne Mischung.

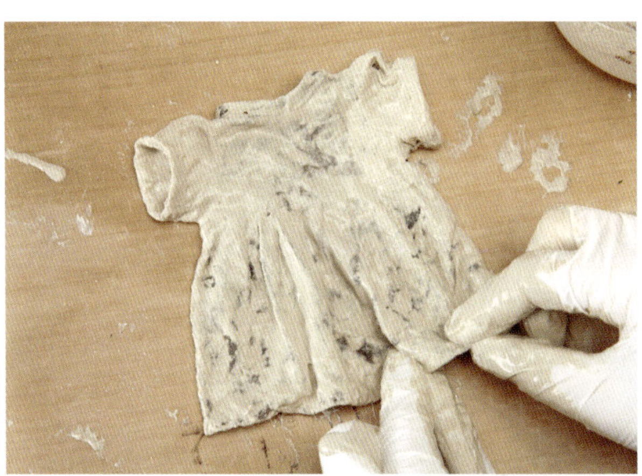

Drapieren Sie den mit ClayShay getränkten Gegenstand und lassen Sie ihn trocknen.

Farbe und Glasur können viel verändern. Dieses Stück wurde mit Silbermetallfarbe eingesprüht und dann mit dunkler Acrylglasur behandelt.

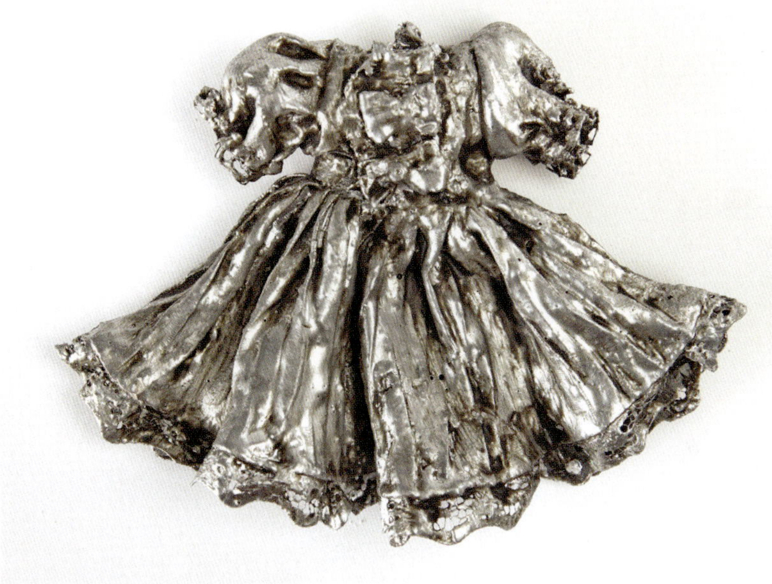

MASKEN

Nehmen Sie eine fertige Pappmascheemaske (kann man im Internet bestellen oder beim Künstlerbedarf kaufen), streichen Sie eine dicke Schicht ClayShay darauf und verzieren Sie sie mit Texturen, Perlen, Schnüren, Drähten, Knöpfen, Federn oder anderen interessanten Fundstücken.

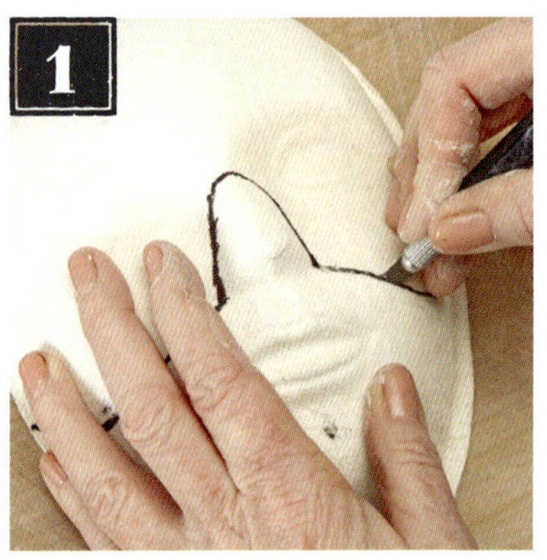

Schneiden Sie die Maske entlang der eingezeichneten Linien auseinander. Bei Bedarf machen Sie Löcher für Verzierungen hinein.

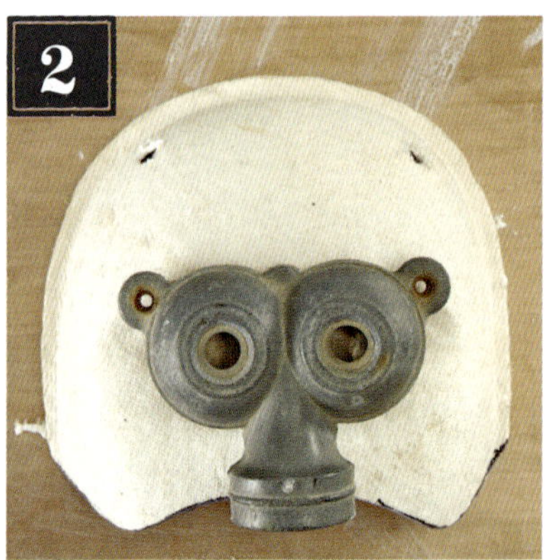

Befestigen Sie Fundstücke wie diese alten Sprinklerköpfe mit einem passenden Kleber (z.B. Epoxidharzkleber) an der Maske.

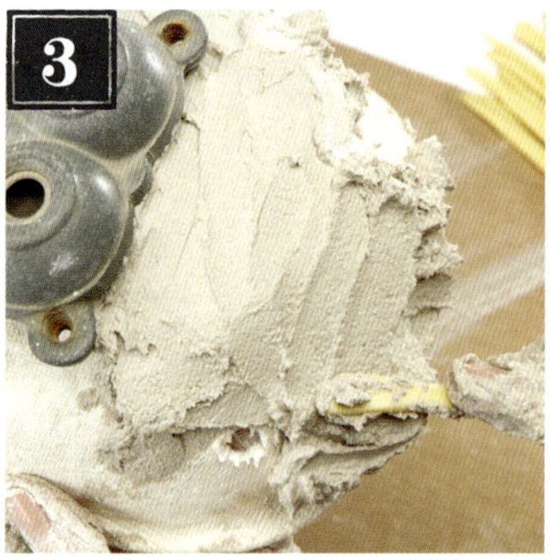

Mischen Sie ClayShay zu einer sehr dicken Masse. Tragen Sie die Mischung mit einem Backmesser oder einem Spachtel auf.

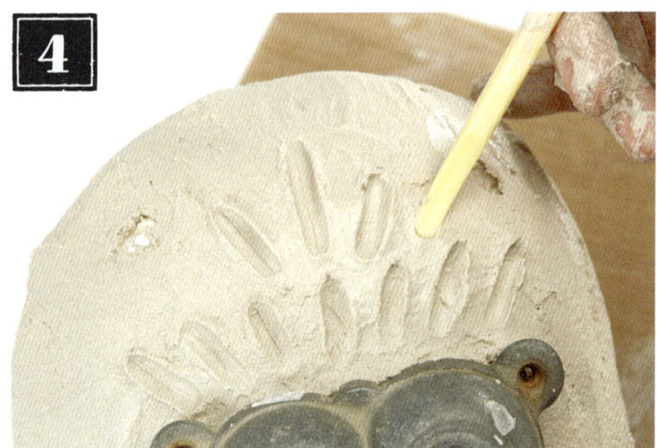

Machen Sie Muster mit einem angefeuchteten Modellierholz. Lassen Sie die Masse durchtrocknen.

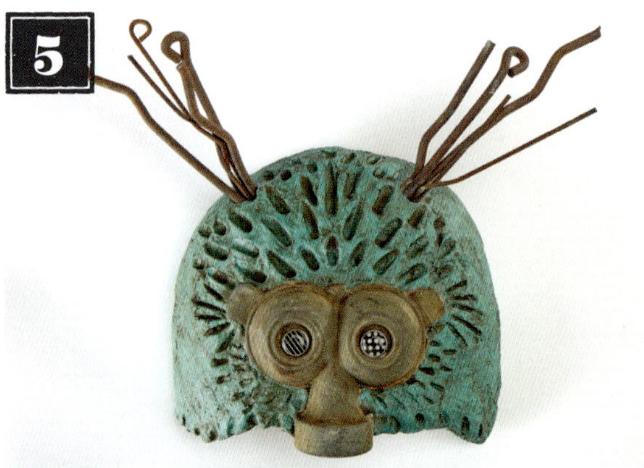

Bemalen Sie die Maske und fügen Sie weitere Verzierungen hinzu.

BALLONSCHALEN

Diese Schalen sehen schön aus und sind lustig und einfach herzustellen. Sie sind nicht wasserdicht, aber kleine trockene Gegenstände können Sie problemlos darin aufbewahren. Wenn Sie das Innere in einer anderen Farbe gestalten als das Äußere, sehen die Schalen noch interessanter aus.

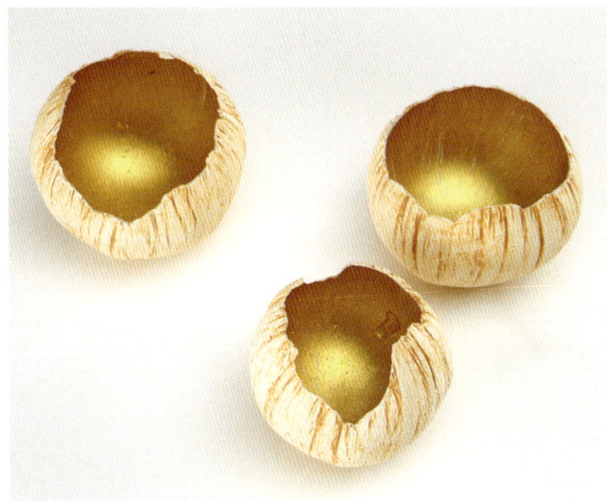

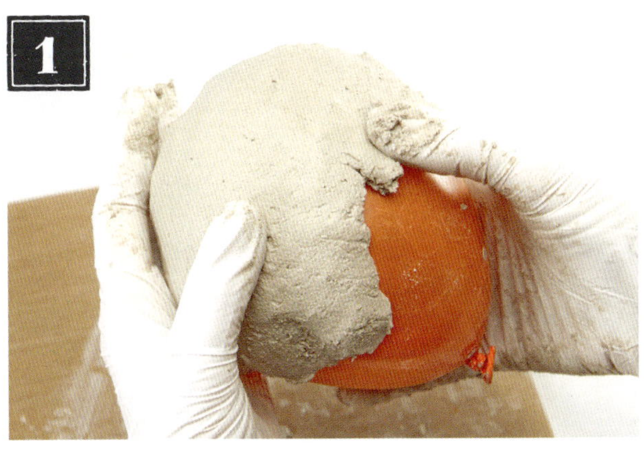

Bedecken Sie die unteren zwei Drittel eines aufgeblasenen Ballons mit einem dicken Brei aus ClayShay. Machen Sie den Rand dünner und ungleichmäßig.

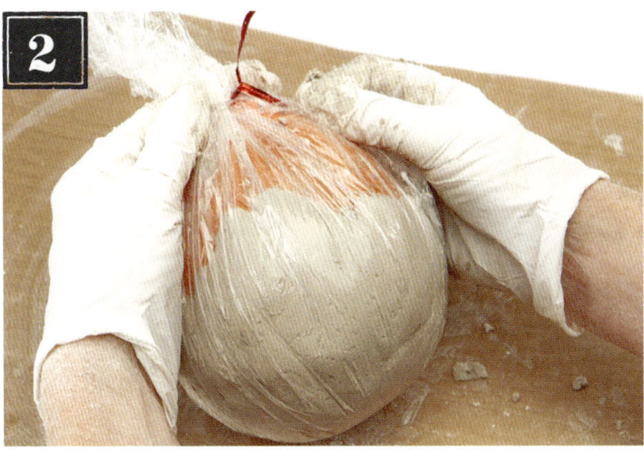

Stecken Sie den Ballon mit dem ClayShay in eine Plastiktüte und binden Sie sie zu. Dabei entstehen auf der Außenseite Falten. Arrangieren Sie sie nach Wunsch.

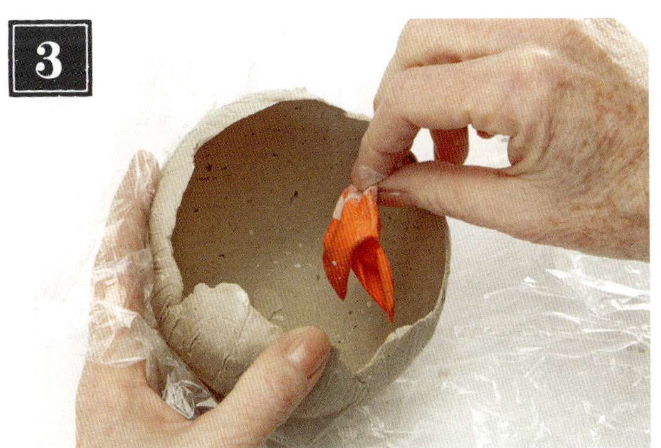

Wenn die Modelliermasse durchgetrocknet ist, ziehen Sie die Plastiktüte ab und lassen Sie die Luft aus dem Ballon.

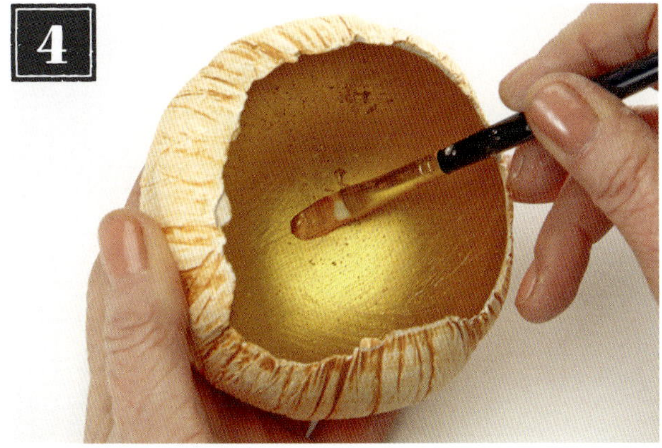

Tragen Sie auf der Außenseite Acrylfarbe oder -glasur auf. Nehmen Sie eine andere Farbe (hier: Goldmetallfarbe) für das Innere der Schale.

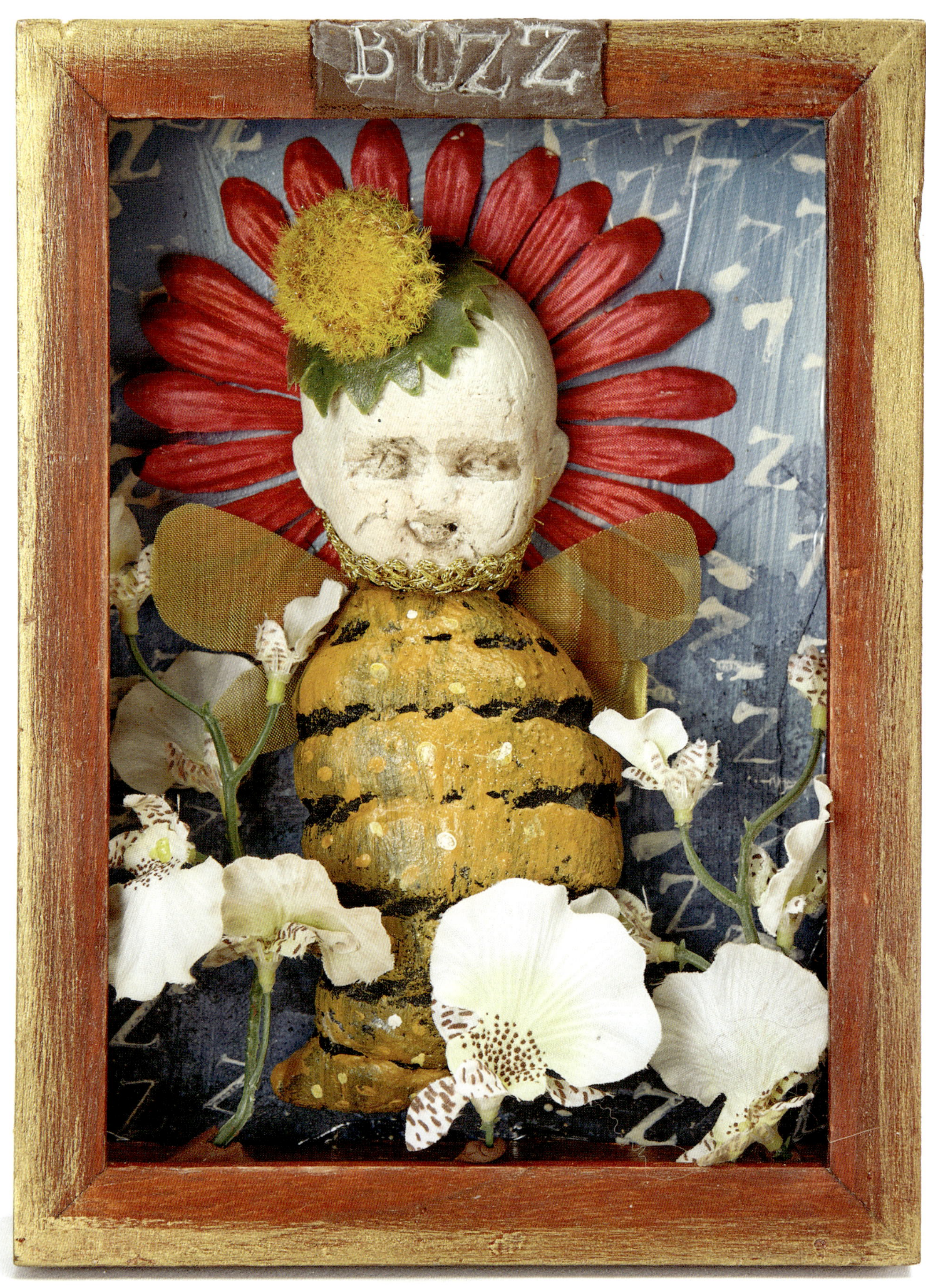

BEE IN MY GARDEN (Biene in meinem Garten) ▪ DARLENE OLIVIA MCELROY
Puppenkopf, aus Papiermaschee gegossen, auf Bienenkörper aus Papiermaschee, in tiefem Karton mit Collage-Elementen.

PAPIERMASCHEE 15

Haben Sie als Kind mal mit Papiermaschee gespielt? Heutzutage ist Papiermaschee eine unglaublich vielseitige und total angesagte Modelliermasse für jeden Künstler, der gerne mit Techniken und Materialien experimentiert. Papiermaschee in Pulverform lässt sich leicht mit Wasser vermischen, und da es selbstklebend ist, kann man es auf jede beliebige Armatur auftragen oder einen Gegenstand mit leicht aufgerauter Oberfläche damit überziehen und so Skulpturen mit einer wunderbaren Detailgenauigkeit herstellen. Solange die Oberfläche feucht ist, kann man sie mit Stempeln oder anderen Werkzeugen texturieren. Im trockenen Zustand lässt sich Papiermaschee schmirgeln, bemalen, bohren oder schnitzen. Lassen Sie Papiermaschee in einer Pressform aus Silikon trocknen und heraus kommt eine Abformung mit einer interessanten organischen Textur. Getrocknetes Papiermaschee ist leicht, dabei aber extrem hart und haltbar. Mischen Sie sich einen Eimer voll und probieren Sie es aus.

MATERIALLISTE:

Acrylfarbe
Acrylglasur
Epoxidharzkleber
fertiges Herz aus Papiermaschee
Hintergrund
in Harz gegossene Flügel
klares Harz
kleine Pappschachtel
kleiner Holzklotz
Papierhandtücher oder Lappen
Papiermaschee in Pulverform
Pinsel
Scrabble-Buchstaben
Silikonform eines Puppenkopfes
Skalpell
Stempel
Verzierungen

PAPIERMASCHEE AUF PAPIERMASCHEE

Im Internet und in Bastelläden finden Sie eine große Auswahl an fertigen Figuren aus Papiermaschee. Diese stabilen, mit Kraftpapier überzogenen Formen lassen sich problemlos schneiden, verändern und mit einer dicken, tonähnlichen Masse aus Papiermaschee und Wasser umhüllen. Im nassen Zustand kann die Oberfläche bestempelt, verziert und mit Texturen versehen werden. Modellieren Sie ein Gesicht auf eine Maske, machen Sie aus einer Kleiderform ein Fantasiegewand oder verleihen Sie Ihrem Herz Flügel!

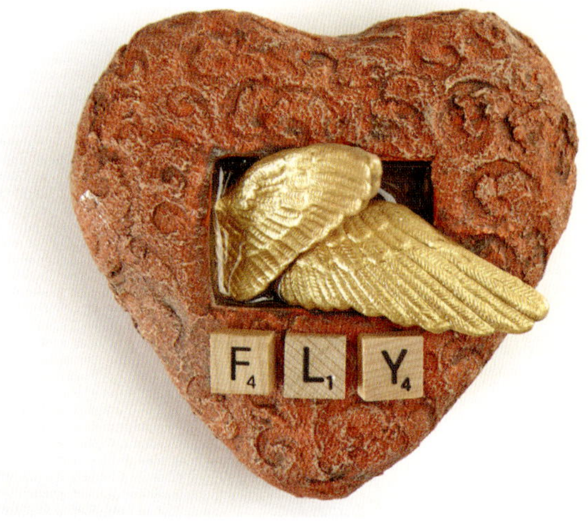

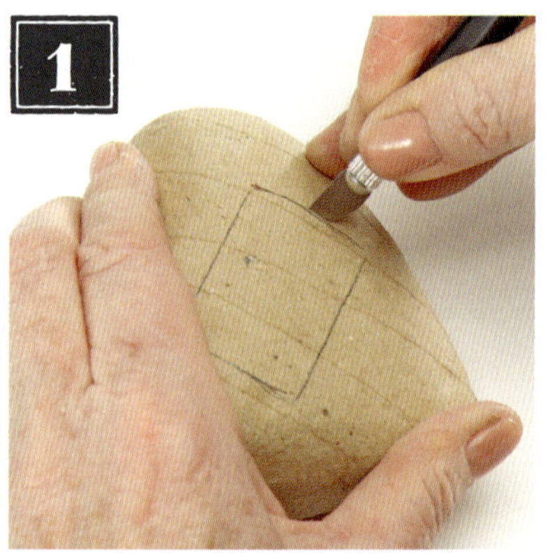

Schneiden Sie eine rechteckige Öffnung in ein Papiermascheeherz aus dem Bastelladen.

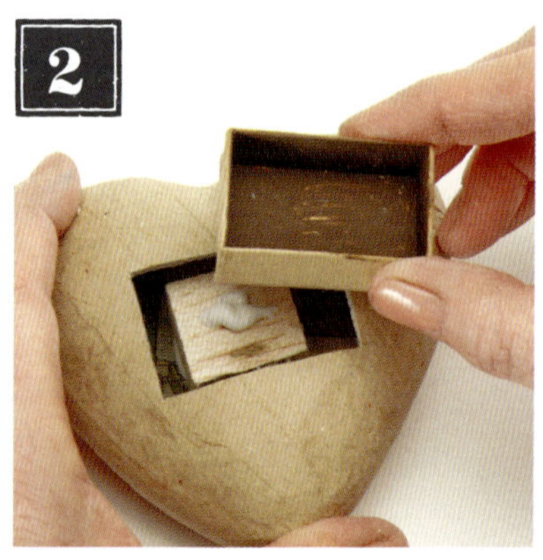

Kleben Sie ein Holzstück in die Öffnung. Darauf kleben Sie eine kleine Schachtel, die die Öffnung ausfüllt.

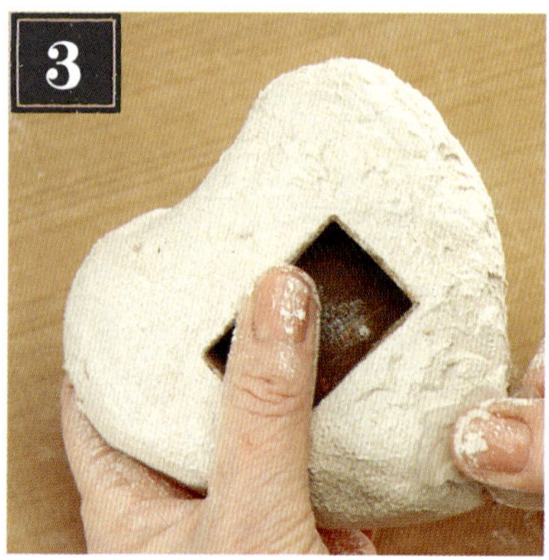

Bedecken Sie das Herz mit einem tonähnlichen Wasser-Papiermaschee-Gemisch und stempeln Sie ein Muster auf.

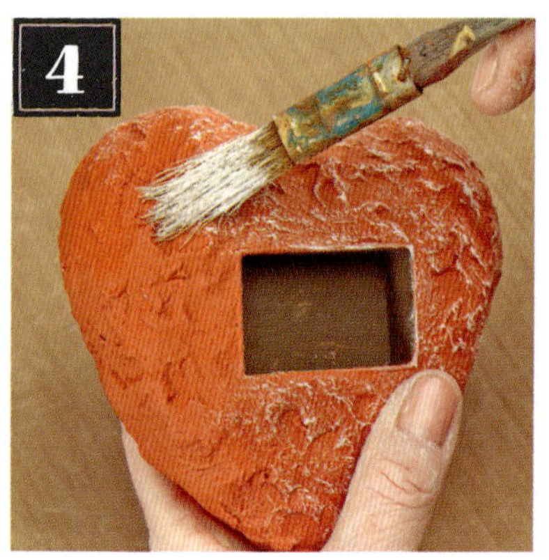

Nach dem Trocknen bemalen Sie das Herz mit Acrylfarbe, lassen sie trocknen und tragen dann mit trockenem Pinsel eine andere Farbe auf erhöhte Stellen auf.

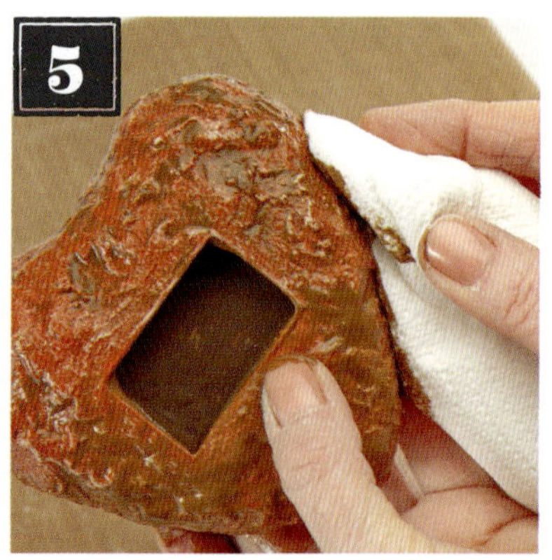

Mischen Sie dunkle Acrylfarbe mit Acrylglasur. Tragen Sie die Mischung auf und wischen Sie überschüssige Farbe ab, sodass die Vertiefungen betont werden.

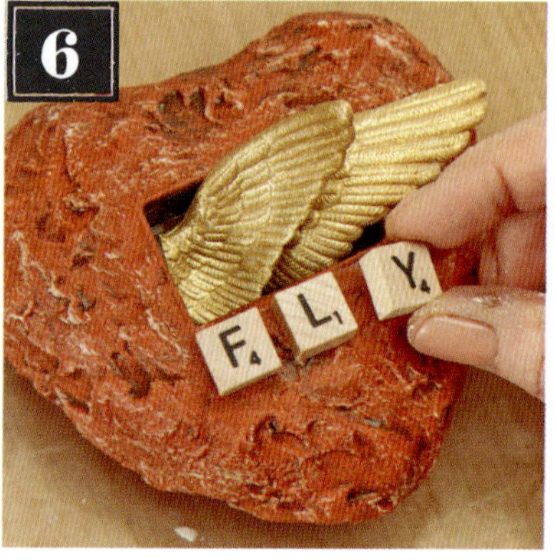

Gießen Sie klaren Epoxidharzkleber in die kleine Schachtel. Legen Sie die Flügel hinein. Befestigen Sie Buchstaben mit Bastelleim, E6000 oder Epoxidharzkleber.

GIESSEN UND MODELLIEREN

Gießen Sie zunächst einen Kopf, dann modellieren Sie einen Körper mit Alufolie als Unterbau, wie wir es im ersten Teil des Buches beschrieben haben. Fügen Sie Ihre Figur in ein Bild oder eine Szene ein, sodass daraus eine Geschichte entsteht. Papiermaschee nimmt Farbe sehr gut auf, es macht wirklich Spaß, damit zu arbeiten.

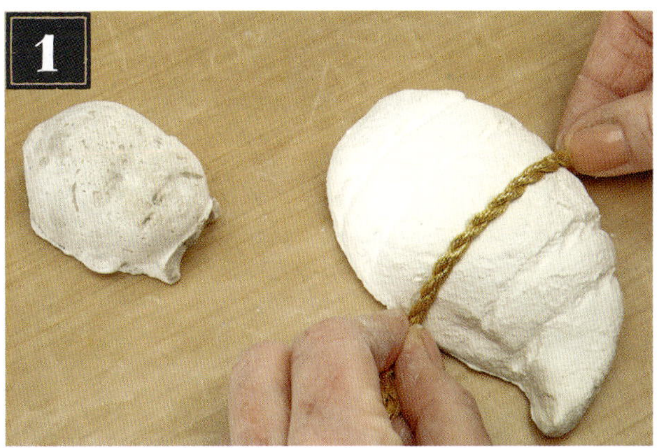

Gießen Sie in einer Silikonform einen Puppenkopf aus Papiermaschee. Dann modellieren Sie den Bienenkörper auf einem Unterbau aus Alufolie und verzieren ihn.

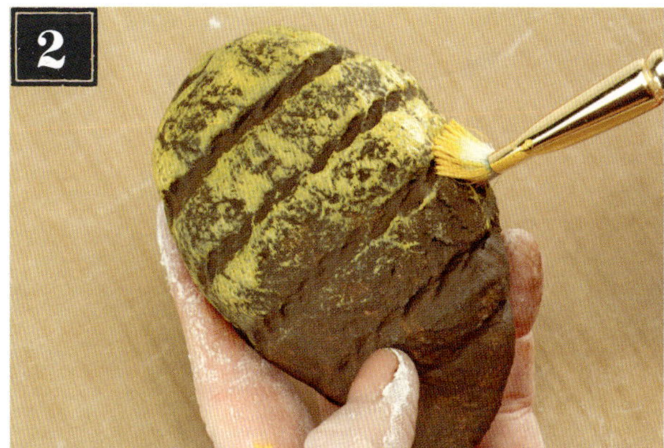

Nach dem Trocknen bemalen Sie ihn mit der Grundfarbe. Wenn die Farbe trocken ist, arbeiten Sie Textur und Plastizität mit einer anderen Farbe heraus.

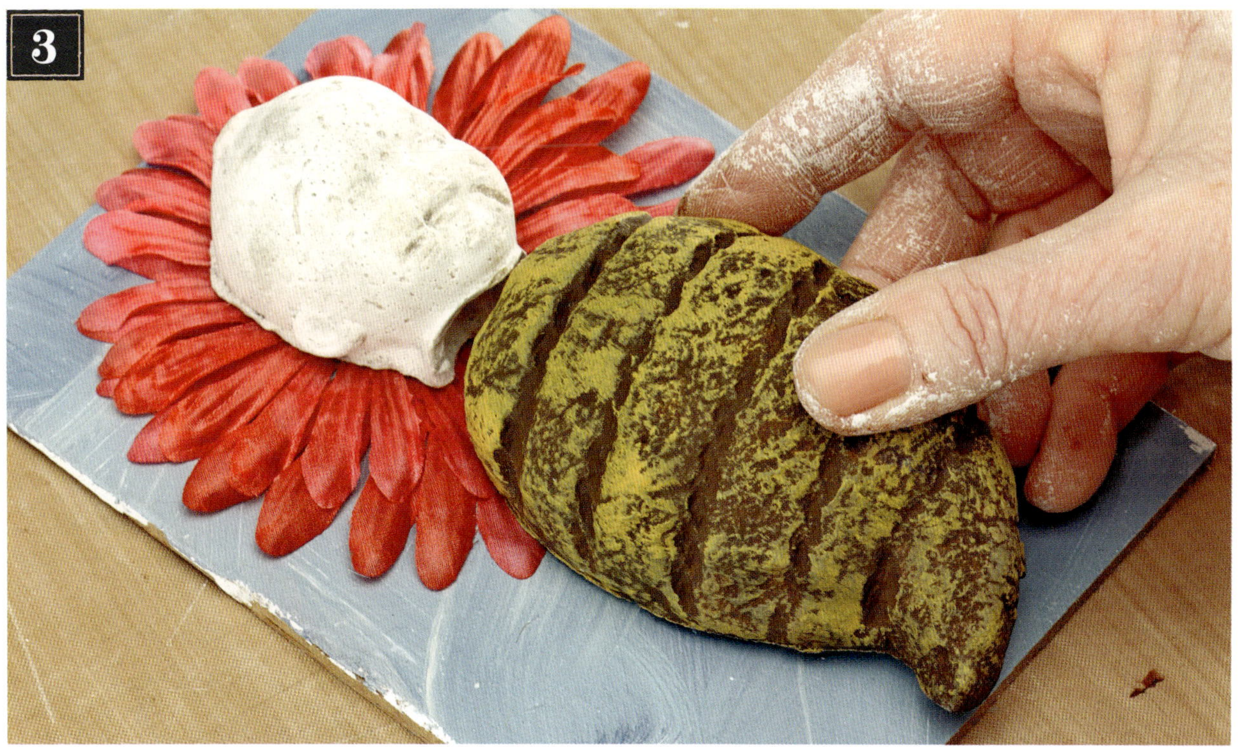

Kleben Sie die Puppe auf einen Hintergrund und fügen Sie Verzierungen hinzu, die Ihre Geschichte lebendig machen.

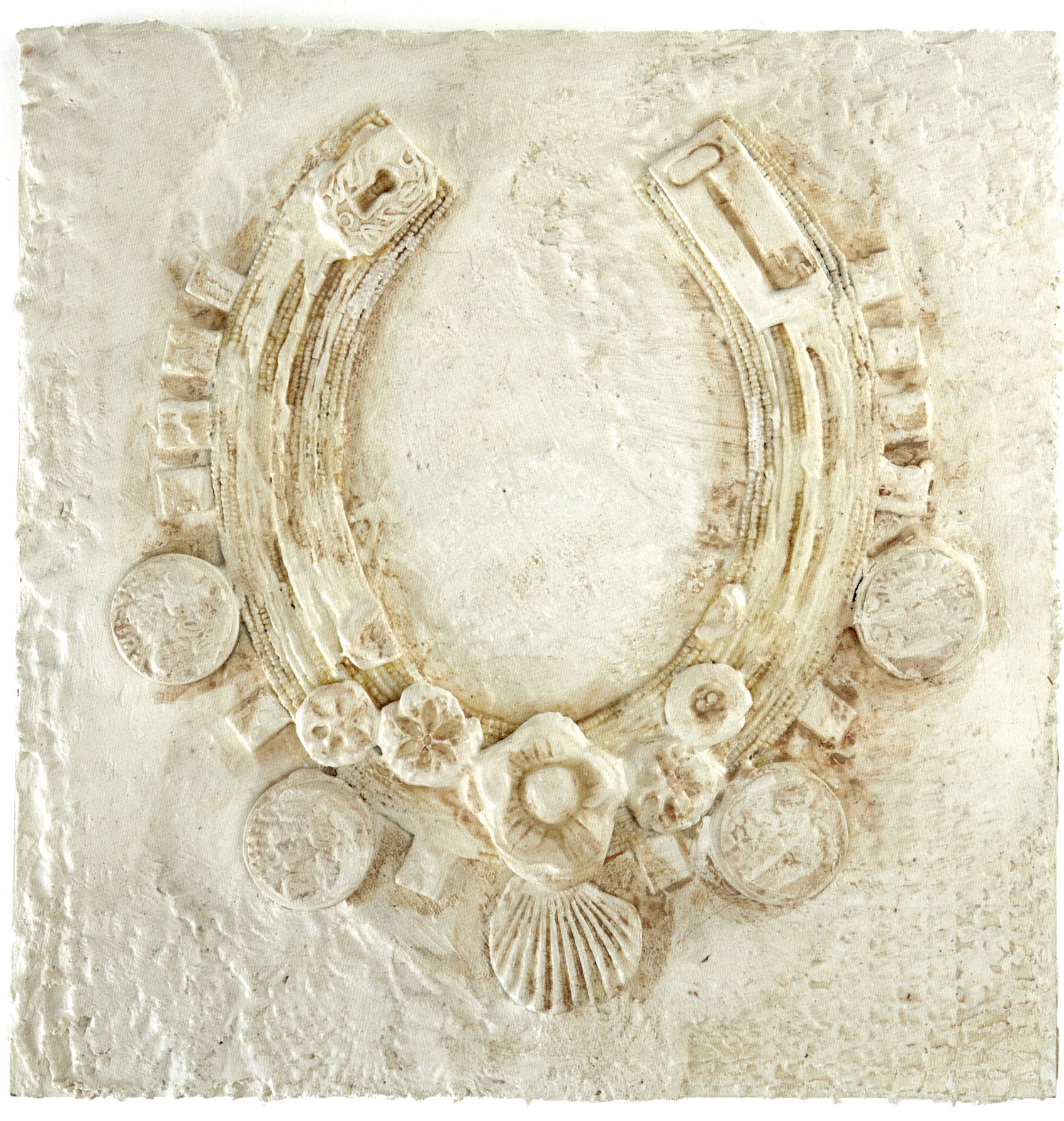

NECKLACE OF A LOST CIVILIZATION (Halskette einer verlorenen Zivilisation) ▪ DARLENE OLIVIA MCELROY
Collage-Element und gegossene Objekte auf einer mit Spitze überzogenen Platte, mit Gips eingestrichen. Überzug aus verdünnter und leicht eingefärbter Acrylfarbe.

GIPS & GIPSBINDE 16

Manch einer, der wochenlang mit einem Gipsbein durchs Leben gehumpelt ist, kann unsere Begeisterung über dieses uralte Material vielleicht nicht ganz nachvollziehen. Dabei ist es wirklich ein erstaunliches Produkt, das seit Jahrhunderten sowohl praktische als auch kreative Zwecke erfüllt. Es trocknet schnell und ist, wenn man die Oberfläche versiegelt, nahezu unverwüstlich. Sie können direkt auf den trockenen Gips malen, werden allerdings feststellen, dass er sehr saugfähig ist. Daher bietet sich vor dem Farbauftrag ein Überzug aus mattem Polymermedium an.

Einige der Techniken, die Sie in diesem Kapitel kennen lernen, eignen sich auch für Fugenmasse und Stucco Feinspachtel.

TIPPS ZU GIPS

- Wenn Sie mit Gips und Pigmenten in Pulverform arbeiten, sollten Sie immer eine Atemschutzmaske tragen.
- Gips ist eine hervorragende Gießmasse. Näheres in dem Abschnitt zu Gießen, Abdrücke nehmen & Armaturen.
- Gipsbinden laden mit ihrer Flexibilität zum Experimentieren ein. Sie können sie mit Farbe vermischen, zerschneiden, in eine Collage einfügen, zusammennähen oder mit anderen Techniken aus diesem Buch verbinden.

MATERIALLISTE:

Backtrennspray

Gegenstände zum Eintauchen oder Überziehen

Gips

Gipsbinde

Goldfarbe oder Blattgold

Häkeldeckchen und Spitze

Handdruckwalze oder Nudelholz

Klebstoff

mit Gesso grundierte Platte

Noppenfolie

Pappe, Leinwand oder Holz

Rahmen

Sandpapier

Schmutzbürste

Silikonform

Stempel

Töpferton oder Plastilin

Werkzeuge zum Prägen, Ritzen, Stempeln usw.

ALLERLEI IM GIPSBAD

Haben Sie irgendwo ein paar Seidenblumen, Häkeldeckchen, alten Schmuck oder Spitze, Scherenschnitte und Pappstücke herumfliegen? Werfen Sie sie nicht weg, sondern tunken Sie sie in Gips und machen Sie ein Kunststück daraus.

Ein Gipsbad sollte die Beschaffenheit von Sahne haben. Tragen Sie unbedingt Einweghandschuhe: Gipsbäder sind erfahrungsgemäß mit Klecksereien verbunden. Bitte bedenken Sie, dass Gips zwar innerhalb einer halben Stunde fest wird, aber einen ganzen Tag oder länger braucht, um durchzutrocknen.

TIPPS

- Gips lässt sich mit Acrylfarbe und Pigmentpulver einfärben. Pigmente in Pulverform müssen dem Gips beigemengt werden, bevor warmes Wasser hinzugefügt wird. Bei Acrylfarbe mischen Sie ihn erst mit kälterem Wasser und geben dann die Farbe dazu. So haben Sie vor dem Gießen und dem Abbinden des Gipses genug Zeit zum gründlichen Mischen.
- Als Versiegelung können Sie Schellack, GAC 800 der Fa. Golden, Harz oder einen PU-Versiegler nehmen. Sie trocknen glänzend auf, können aber mit Sandpapier oder einem matten Sprühlack stumpfer gemacht werden.

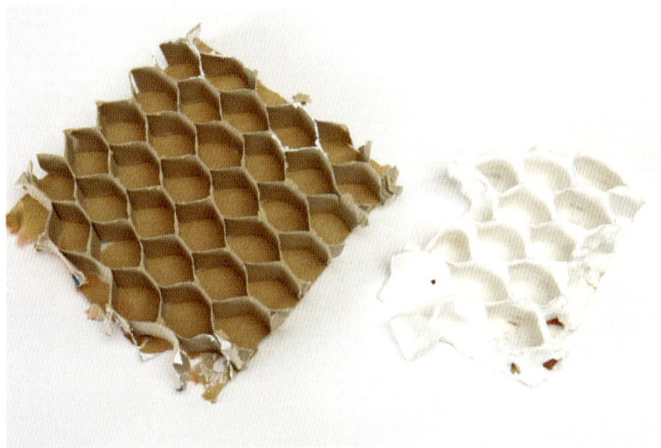

Wellpappe mit Gipsüberzug.

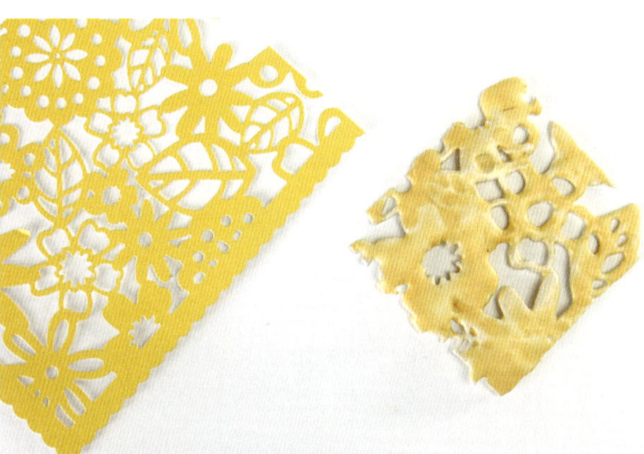

Scherenschnitt nach dem Gipsbad.

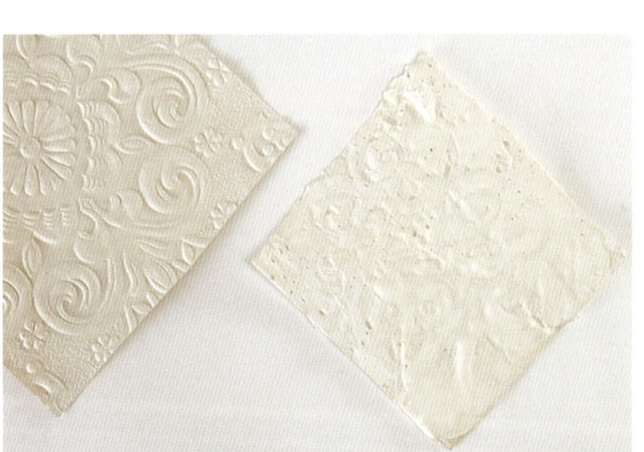

Prägetapete mit Gips.

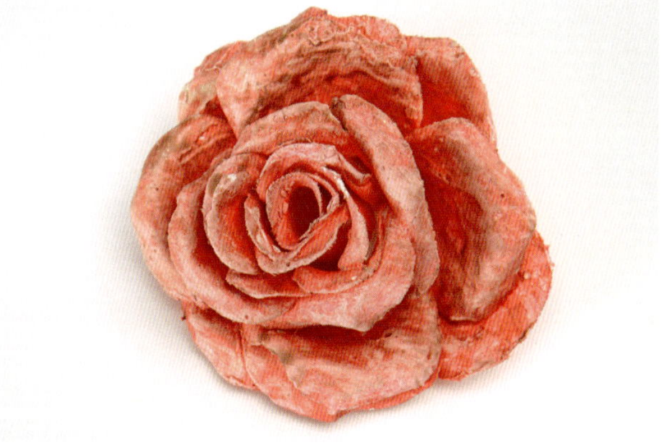

Stoffblume mit Gipsüberzug, mit roter Acrylfarbe bemalt, mit Acrylglasur patiniert.

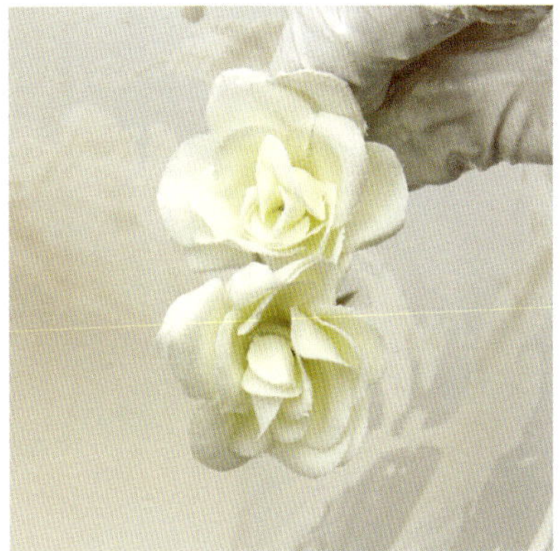

Wählen Sie Stoffblumen aus.

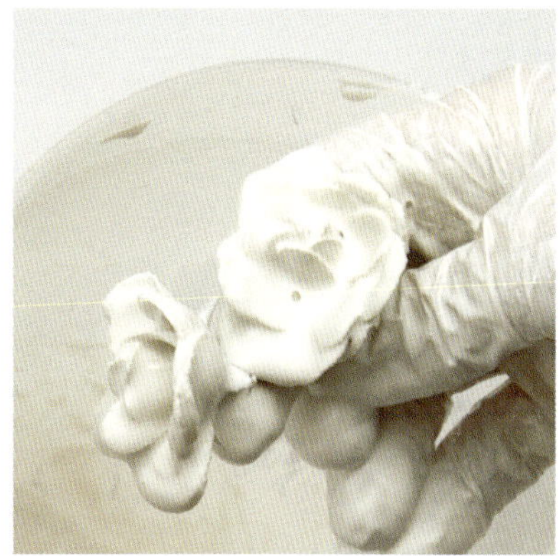

Tunken Sie sie in den Gips.

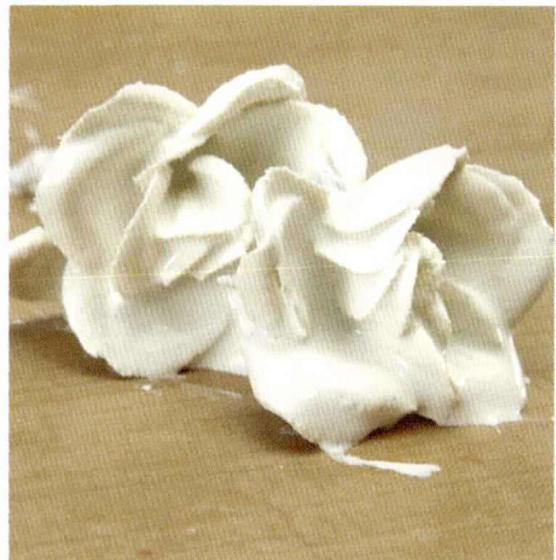

Lassen Sie sie auf einer beschichteten Fläche trocknen.

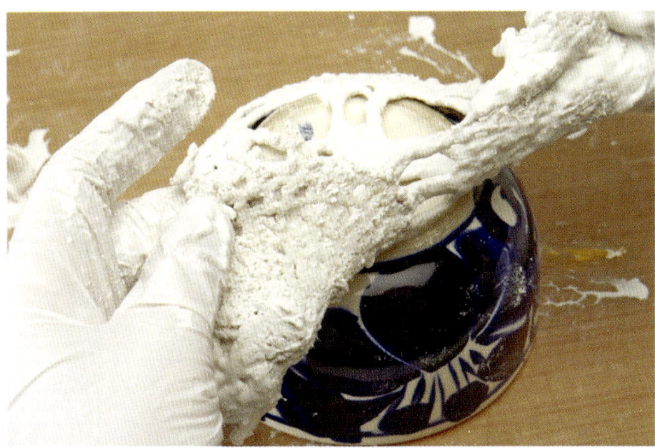

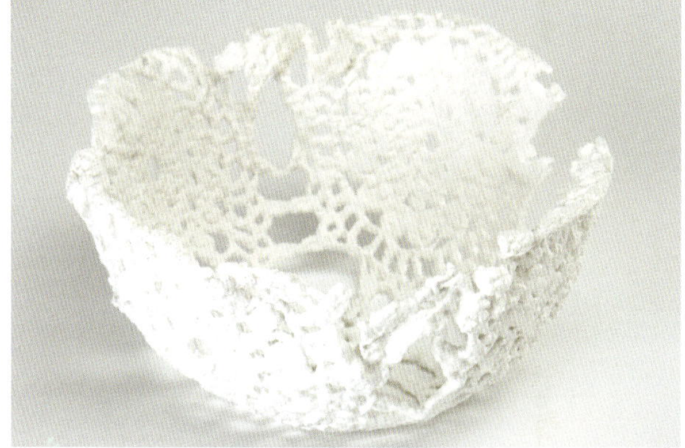

Tauchen Sie eine Häkeldecke in Gips, drapieren Sie sie über eine Form (hier: eine Schale) und lassen Sie sie trocknen.

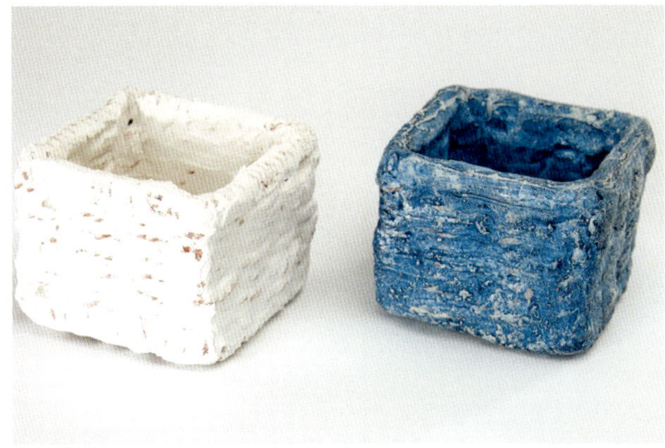

Bemalen Sie einen Korb mit Gipsüberzug mit einer dunklen Acrylfarbe, dann tragen Sie mit Trockenpinseltechniken eine hellere Acrylfarbe auf.

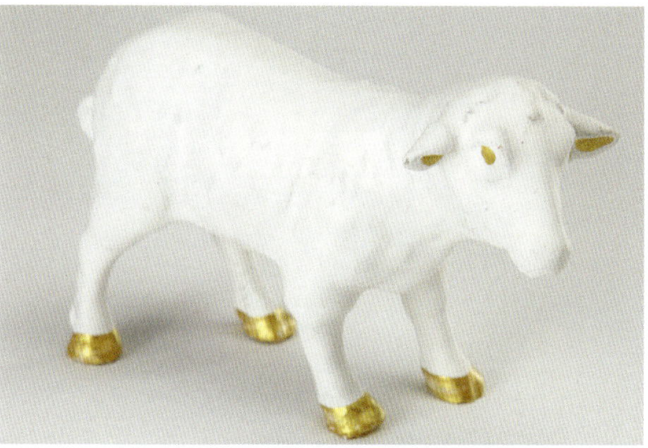

Ein Schaf nach dem Gipsbad mit goldfarbenen Akzenten.

GIPS ALS HINTERGRUND

Irgendwo haben wir alle ein Stück Noppenfolie, ein bisschen Baumwollspitze oder einen Rest Strukturstoff herumliegen. Mit etwas Gips lassen sich daraus aufregende Hintergründe machen. Hier stellen wir Ihnen ein paar einfache Ideen vor.

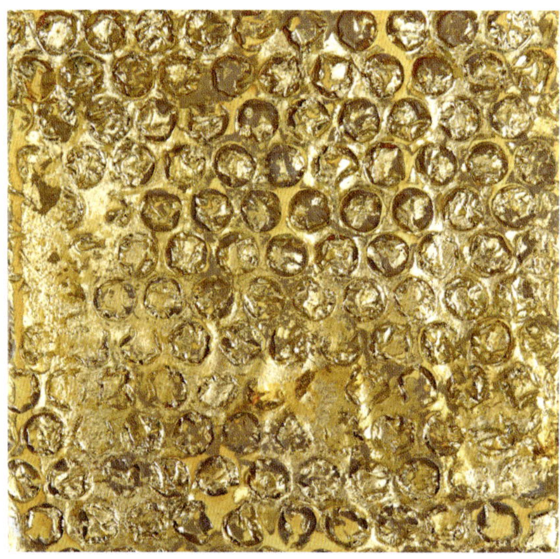

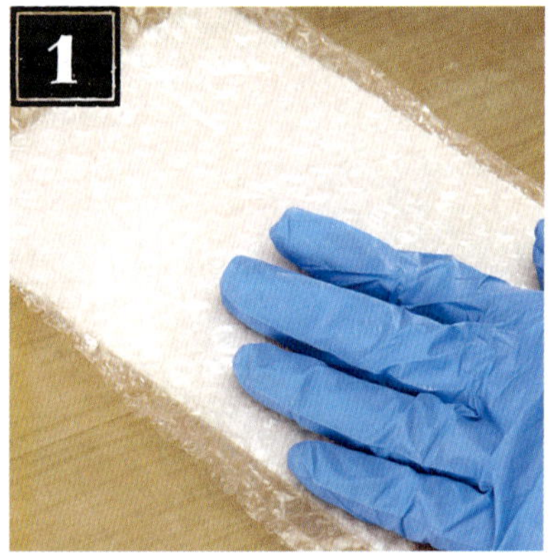

Legen Sie Noppenfolie auf ein Brett mit einer nassen Gipsschicht.

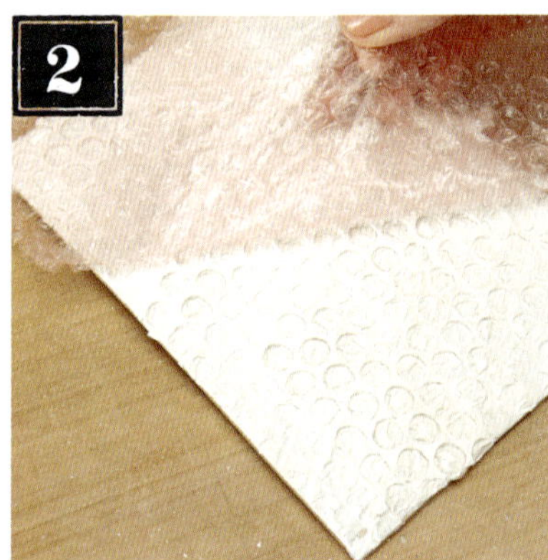

Wenn der Gips trocken ist, entfernen Sie die Folie.

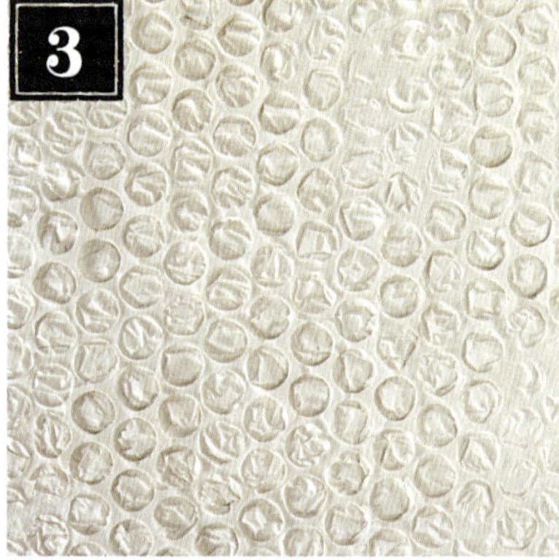

Schmirgeln Sie die Oberfläche nach 24-48 Stunden ganz vorsichtig, bevor Sie Farbe oder Blattgold auftragen (s.o.).

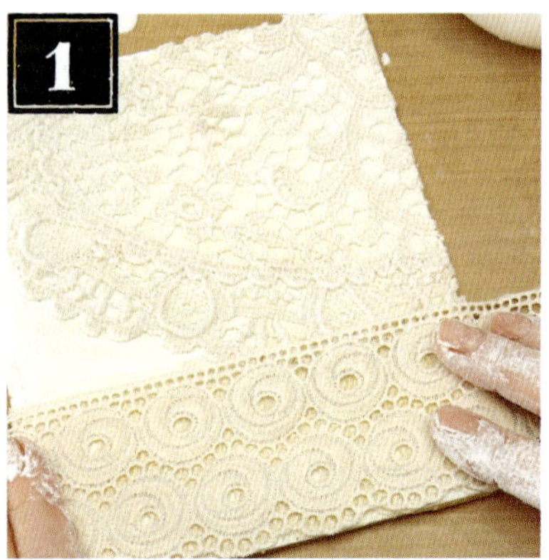

Kleben Sie Spitze und Deckchen auf ein mit Gesso bestrichenes Brett.

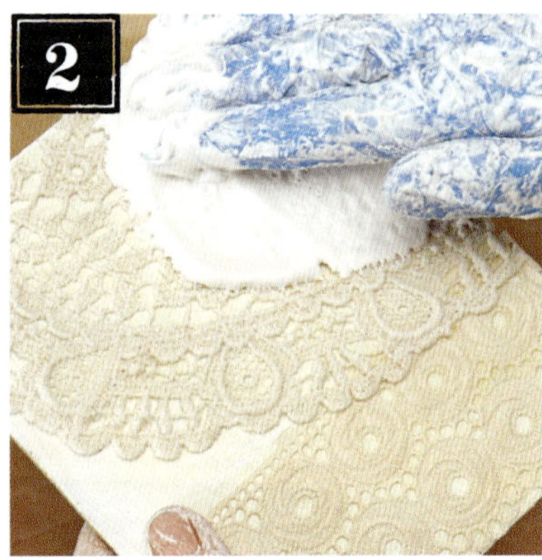

Tragen Sie Gips auf.

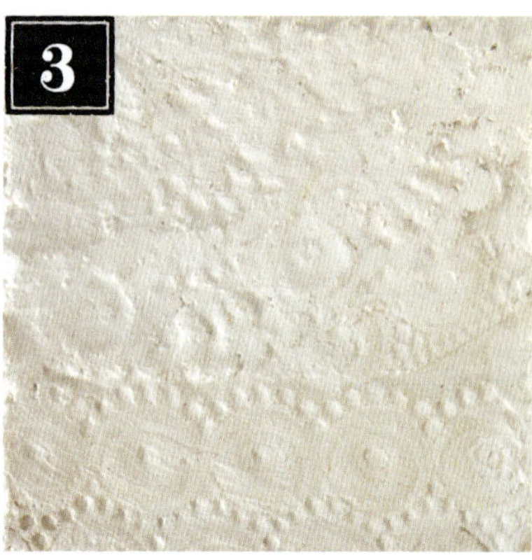

Lassen Sie es so, wie es ist, oder bemalen Sie es nach dem Trocknen.

RAHMEN GIESSEN MIT GIPS

Gips kann nicht nur den Hintergrund für Kunst bieten, sondern auch die Kunst selbst. Sie brauchen nur einen preiswerten Bilderrahmen aus einem Second-Hand-Laden, traditionellen Töpferton, Stempel oder andere Werkzeuge zum Ritzen, Schneiden, Schnitzen. Und natürlich brauchen Sie Gips für Ihr wunderschönes, fertig gerahmtes, gegossenes Meisterstück.

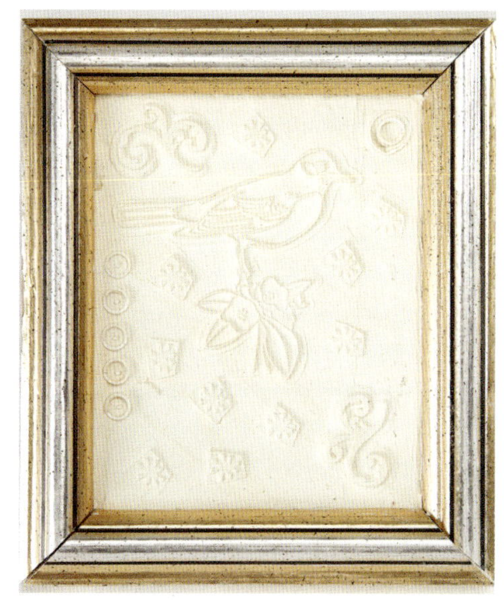

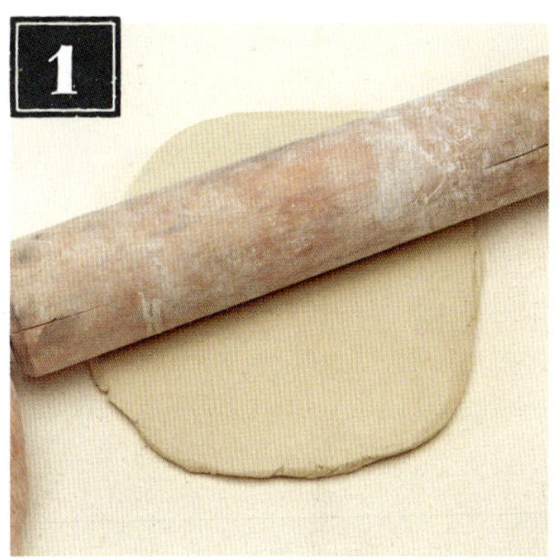

Walzen Sie eine Tonplatte aus.

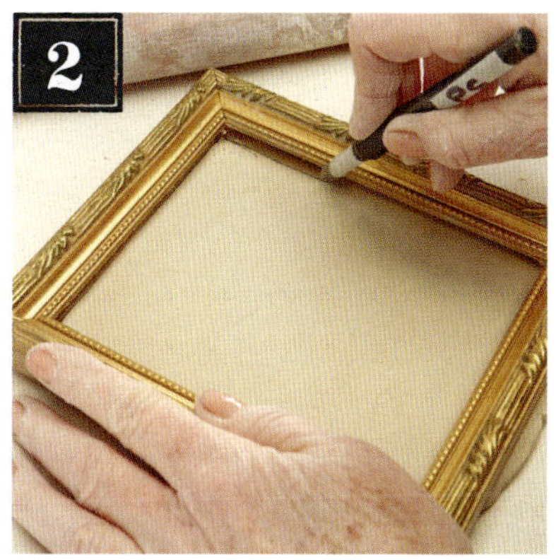

Schneiden Sie sie passend zum Innenmaß des Rahmens zu.

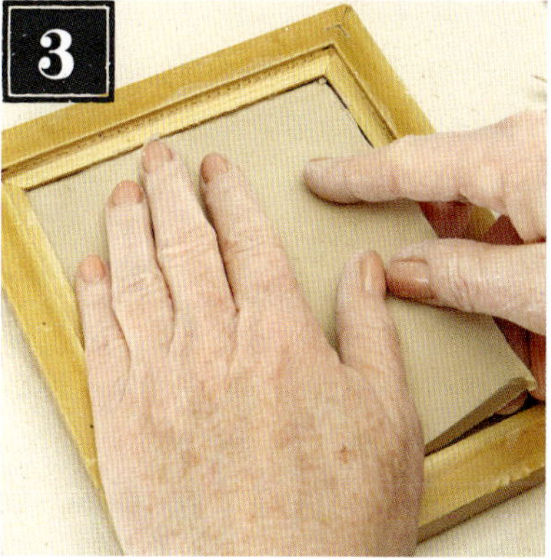

Legen Sie die Tonplatte von hinten in den Rahmen. Der Ton muss an den Innenkanten des Rahmens anliegen.

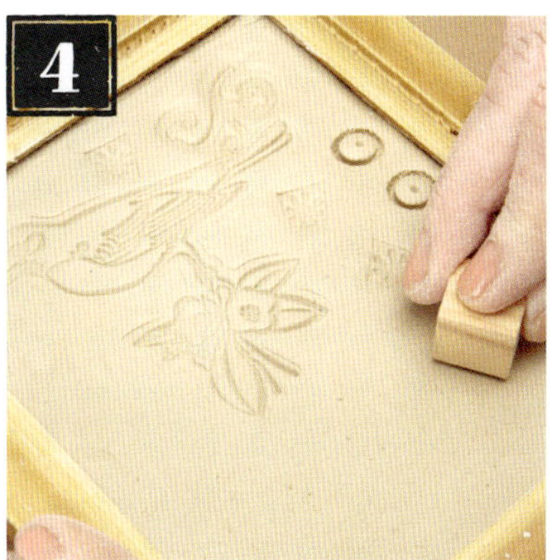

Ritzen, schneiden oder stempeln Sie Muster in den Ton.

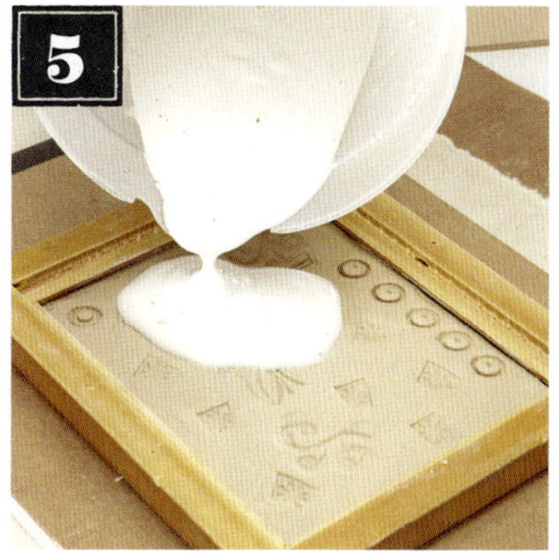

Gießen Sie suppig-dünnen Gips auf den Ton und lassen Sie ihn trocknen, eine halbe bis mehrere Stunden lang. Der Ton darf nicht hart und steif werden.

Drehen Sie den Rahmen um und ziehen Sie den Ton ab. Darunter kommt Ihr gerahmtes Meisterwerk zum Vorschein. Lassen Sie es durchtrocknen, bevor Sie es weiter bearbeiten.

RELIEFS MIT GIPSBINDE

Um ein versenktes Relief zu erhalten, besprühen Sie den Gegenstand Ihrer Wahl mit Backtrennspray und schichten nasse Gipsbinde darauf. Dabei drücken Sie die Binde mit einem steifen Pinsel an den Gegenstand. Lösen Sie ihn vorsichtig aus der Gipsbinde, wenn sie trocken ist.

Ein erhabenes Relief entsteht, wenn Sie nasse Gipsbinde in eine Silikonform schichten und sie mit einem steifen Pinsel in alle Vertiefungen der Form drücken. Lassen Sie die Gipsbinde trocknen, bevor Sie sie aus der Form holen.

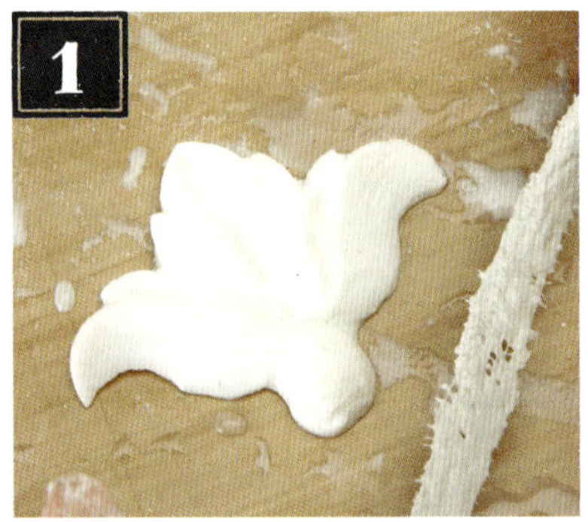

Bei einem versenkten Relief wird der Gegenstand mit Backtrennspray beschichtet.

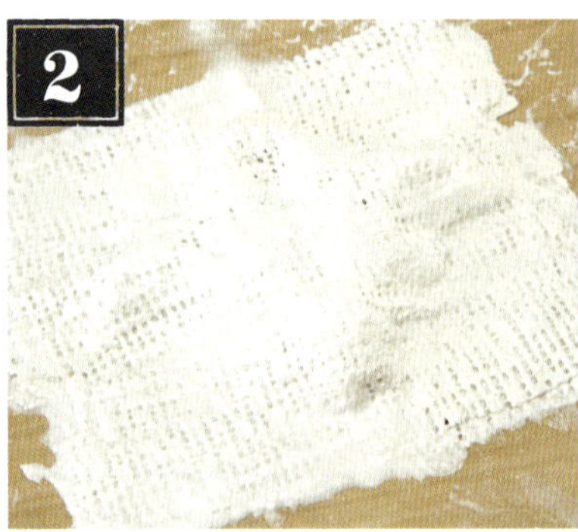

Legen Sie drei Schichten Gipsbinde auf, glätten Sie jede Schicht und drücken Sie die Binde mit einem steifen Pinsel an.

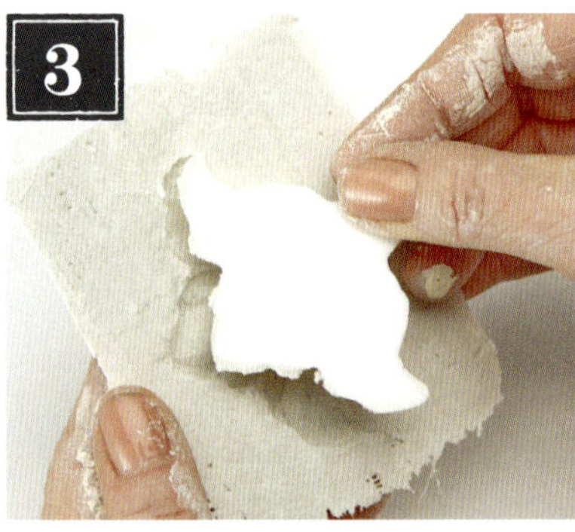

Nach etwa einer Stunde holen Sie den Gegenstand von hinten aus der Gipsbinde.

TIPP

Mit warmem Wasser härtet die Binde schneller und lässt sich leichter glattstreichen.

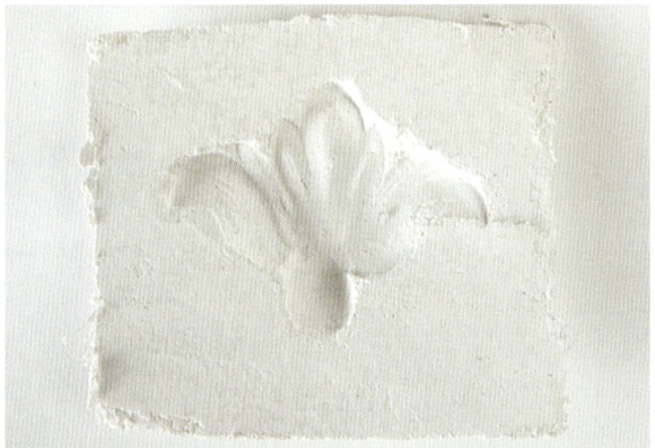

Detaillierte Abformung in Gipsbinde.

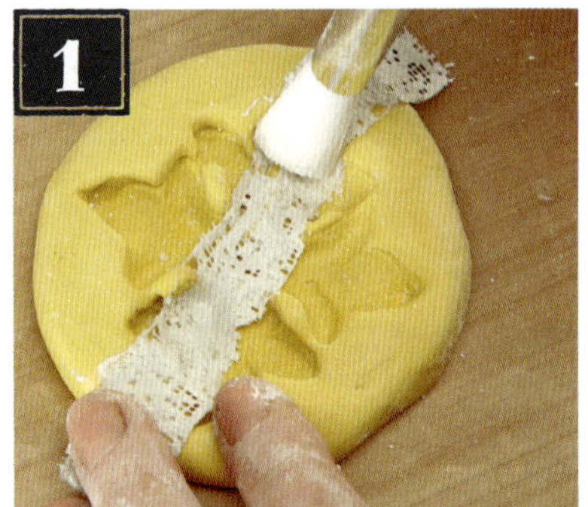

Bei einem erhabenen Relief drücken Sie Gipsbinde mit einem steifen Pinsel in eine Silikonform.

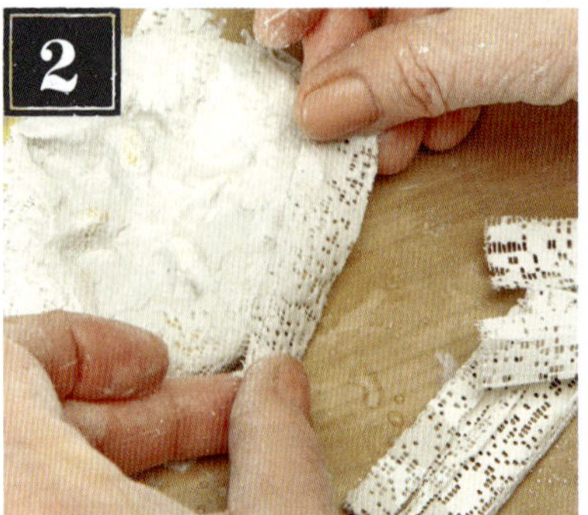

Tragen Sie drei Schichten Binde auf und glätten Sie sie dabei. Lassen Sie sie hart werden.

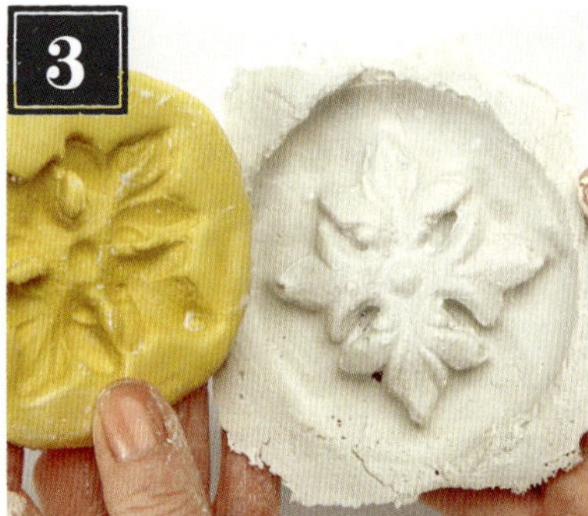

Lösen Sie den Gips nach dem Abbinden aus der Form und schneiden Sie die Kanten zurecht.

VON ALT NACH NEU UND UMGEKEHRT

Umwickeln Sie einen alltäglichen Gegenstand mit Gipsbinde, bemalen und verzieren Sie ihn und lassen Sie ihn wahlweise alt oder neu wirken. Eins ist sicher: Er wird ganz anders aussehen als vorher.

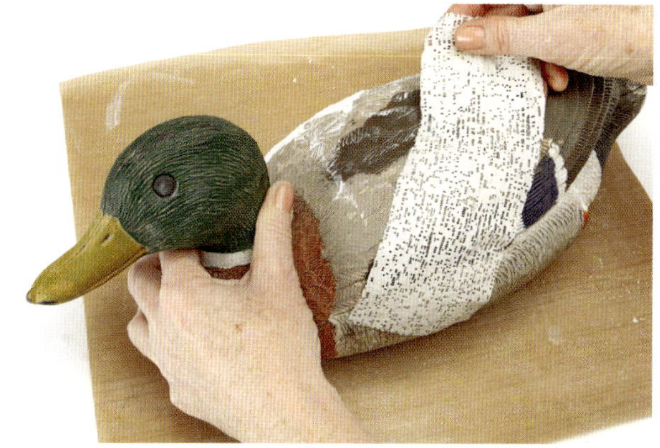

Umwickeln Sie den Gegenstand mit Gipsbinde.

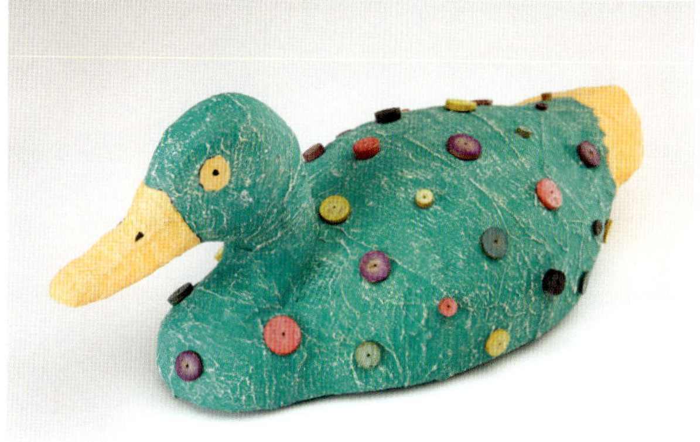

Bemalen und verzieren Sie ihn nach Wunsch.

BUCHSEITEN AUS GIPSBINDE

Aus Gipsbinde können Sie auch Buchseiten machen: Schichten und glätten Sie nasse Stücke Gipsbinde bis zur gewünschten Stärke aufeinander.

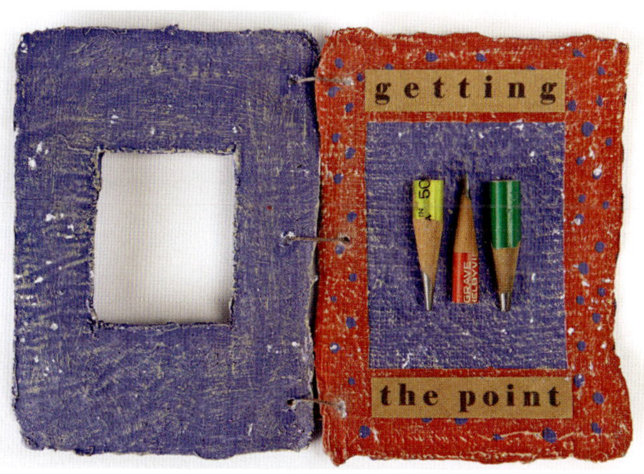

TIPP

Um Leinwand eine Textur zu geben, umwickeln Sie sie mit Gipsbinde und sorgen dabei bewusst für Unebenheiten. Nach dem Trocknen können Sie die Textur mit Trockenpinseltechnik hervorheben.

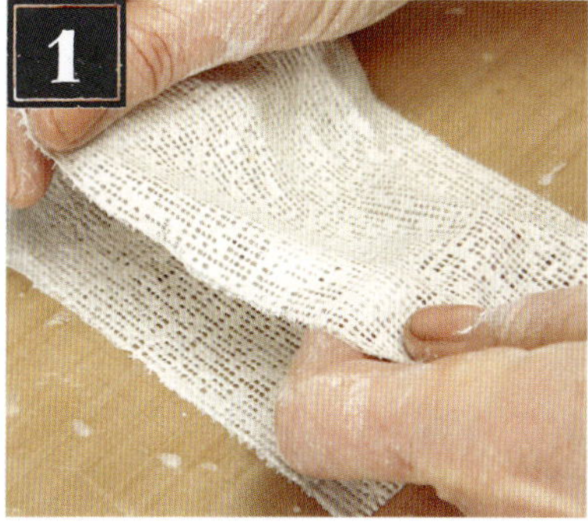

Legen Sie zwei Stücke nasse Gipsbinde auf eine Plastikmatte.

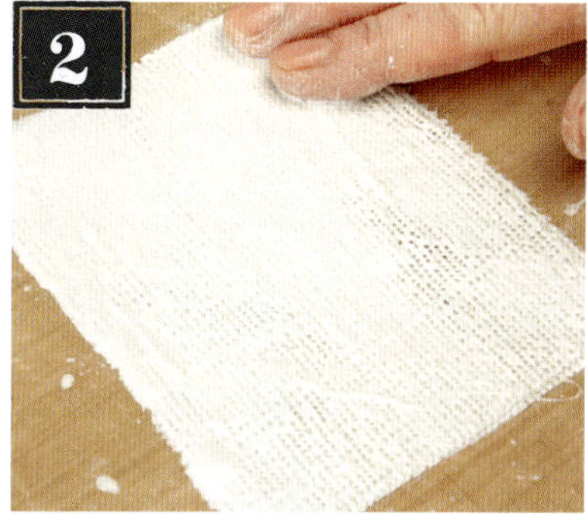

Streichen Sie die Schichten glatt. Lassen Sie sie trocknen.

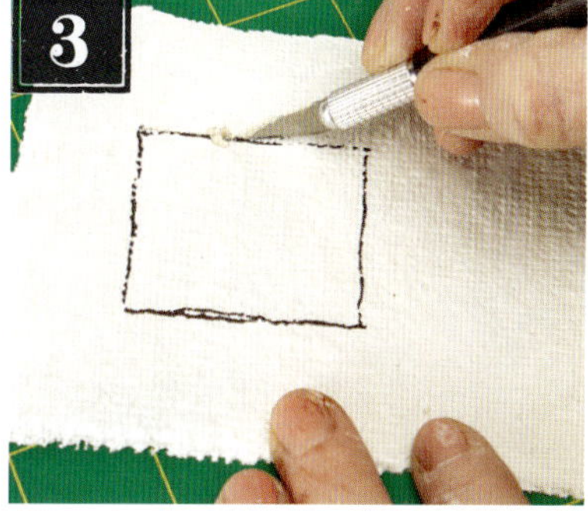

Schneiden Sie nach Bedarf ein Fenster aus, dann bemalen Sie die Buchseite.

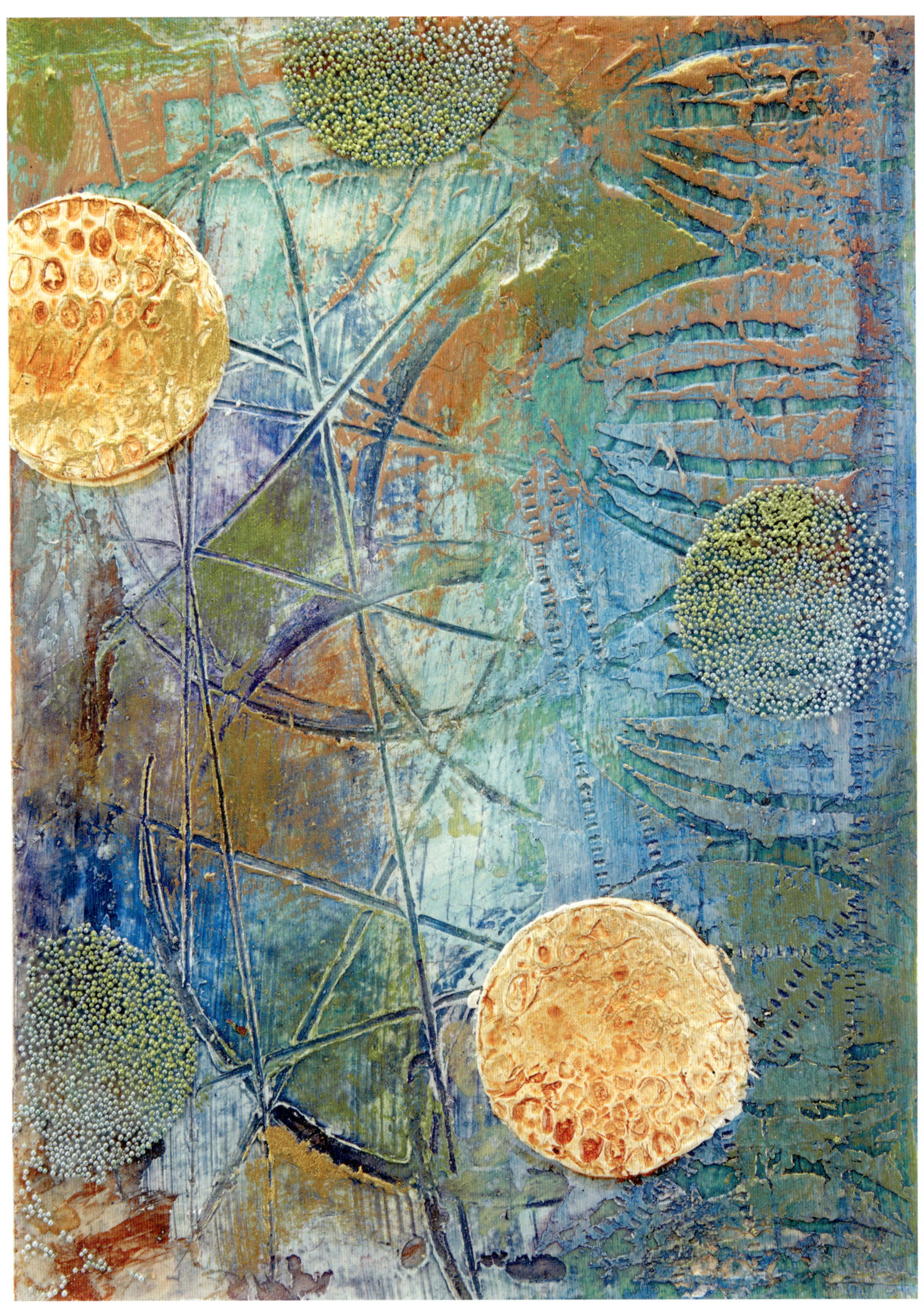

ALIEN MOOSCAPE (Fremdartige Mondlandschaft) ▪ DARLENE OLIVIA MCELROY
Stucco Feinspachtel, geschnitzt, bestempelt, mehrere Schichten Acrylglasur.

STUCCO FEINSPACHTEL 17

Dieses Material erinnert mich an die alten Fresken und Putztechniken in Europa. Stucco Feinspachtel ist eine Mischung aus Kalk und Marmormehl und trocknet zunächst matt an. Durch Polieren entsteht eine hochglänzende, steinharte Oberfläche, die an Marmor erinnert. Sie lässt sich bemalen, schnitzen, modellieren, schmirgeln, schichtweise auftragen und noch auf vielerlei andere Weise bearbeiten.

TIPPS ZU STUCCO FEINSPACHTEL

- Dichtmassen wie VersaBond oder Fugenspachtel haben ähnliche Eigenschaften wie Stucco Feinspachtel und lassen sich auf dieselbe Weise verarbeiten.
- Statt Acrylfarben für Impasto-Techniken mit Gel oder Pasten anzudicken, können Sie auch Stucco Feinspachtel hinzufügen und auf diese Weise etwas Geld sparen. Die pastöse Acrylfarbe eignet sich für die Arbeit mit dem Palettenmesser oder den Auftrag mehrerer Farbschichten.

MATERIALLISTE:

Abziehbilder

Acrylfarbe

Leinwand oder Rupfen

Polymer Medium (Malmedium, Fa. Golden)

Sandpapier

Schablonen

Stempel

Stucco Feinspachtel

Werkzeuge zum Prägen, Ritzen, Stempeln usw.

AUFTRAGEN UND EINFÄRBEN

Tragen Sie Stucco Feinspachtel in dünnen Schichten auf und lassen Sie jede Schicht trocknen, bevor Sie die nächste auftragen. Dicke Schichten reißen und sind nicht so haltbar.

Stucco Feinspachtel gibt es fertig gemischt in mehreren Farben, das Basismaterial kann jedoch auch mit Acrylfarben abgetönt werden (gründlich mischen). Die Oberfläche saugt die Farbe auf und ändert dabei den Farbton. Durch Schnitzen oder Kratzen können Sie die darunterliegende Farbe aufdecken. Sie können die Oberfläche auch mit mattem Polymer Medium versiegeln.

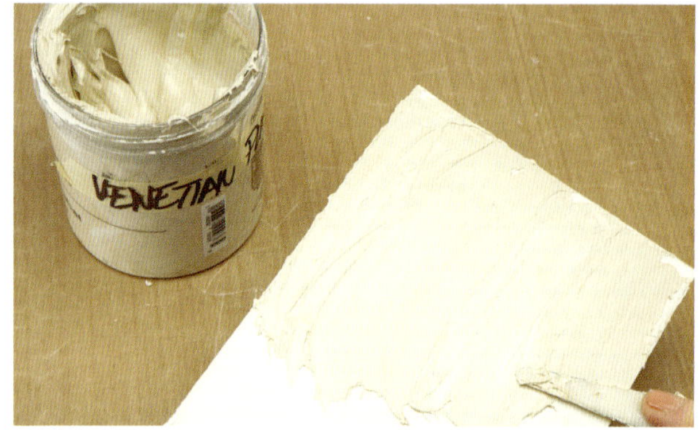

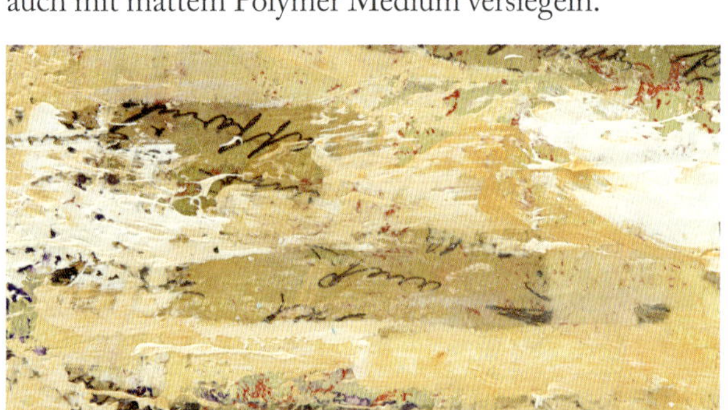

Papier, eingebettet in Schichten aus gefärbtem Stucco Feinspachtel.

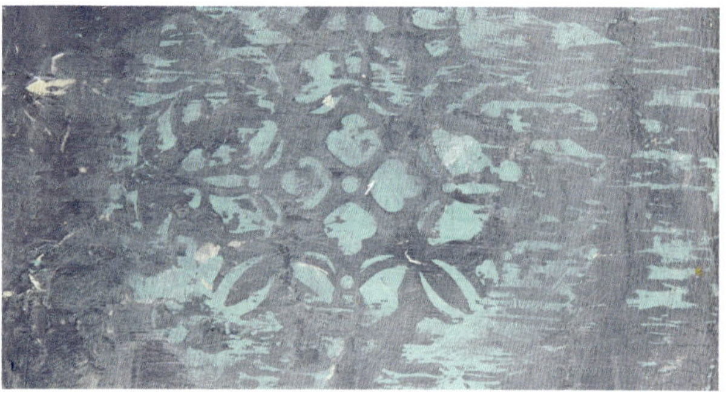

Schabloniertes Muster teilweise sichtbar unter einer angeschmirgelten Schicht aus farbigem Stucco Feinspachtel.

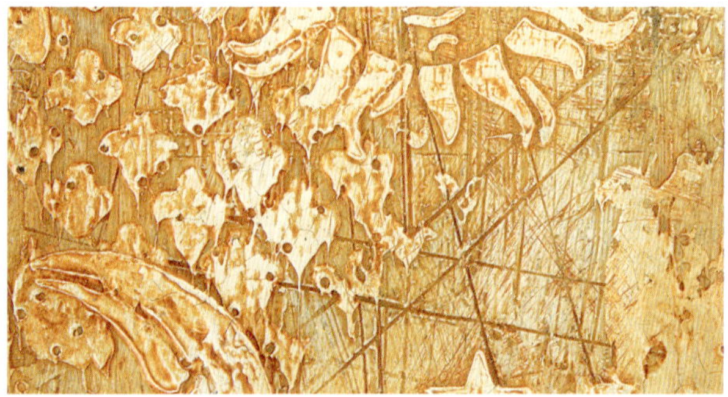

Schablonierte Muster mit Stucco Feinspachtel, bestempelt, geritzt, geschichtet.

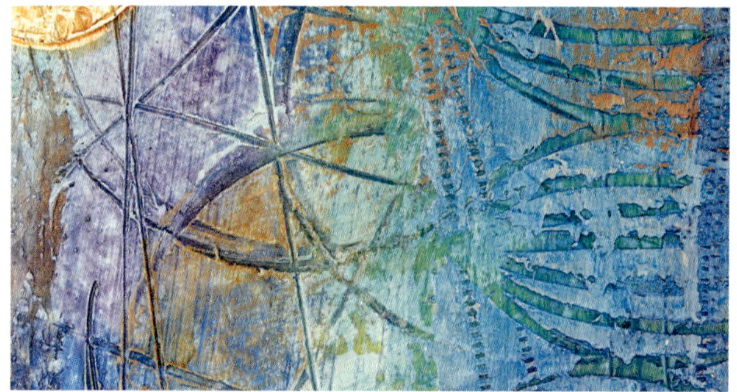

Stucco Feinspachtel, im nassen Zustand texturiert, im trockenen bemalt.

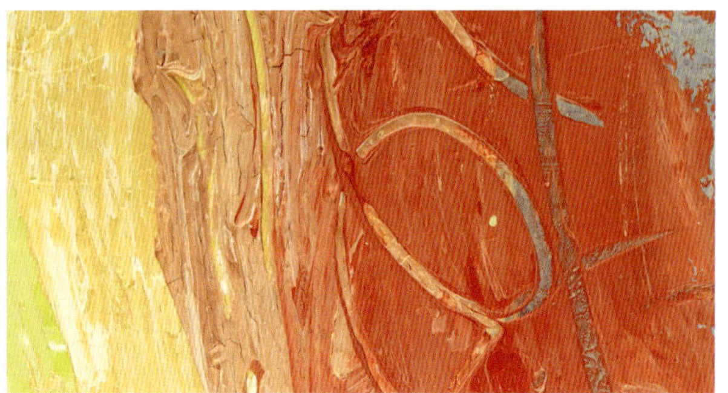

Impasto-Technik mit Stucco Feinspachtel auf Acrylfarbe.

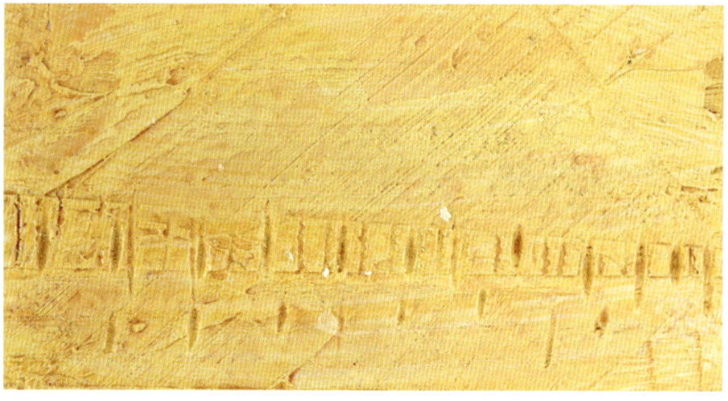

Stucco Feinspachtel, geschnitzt.

STUCCO FEINSPACHTEL MIT RISSEN

Geben Sie eine dünne Schicht Stucco Feinspachtel auf Leinwand oder Rupfen, bestempeln Sie die Oberfläche und lassen Sie sie durchtrocknen, bevor Sie den beschichteten Stoff zusammendrücken. Patinieren Sie die rissige Oberfläche mit einer Farbe Ihrer Wahl, die in die Risse eindringt und sie hervorhebt.

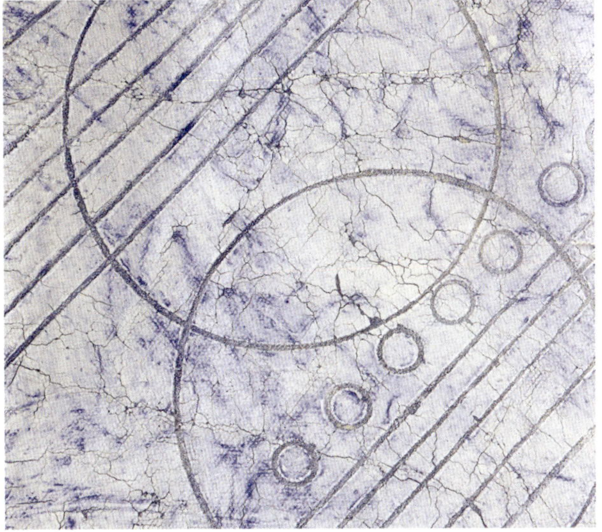

Stucco Feinspachtel mit Rissen auf Leinwand.

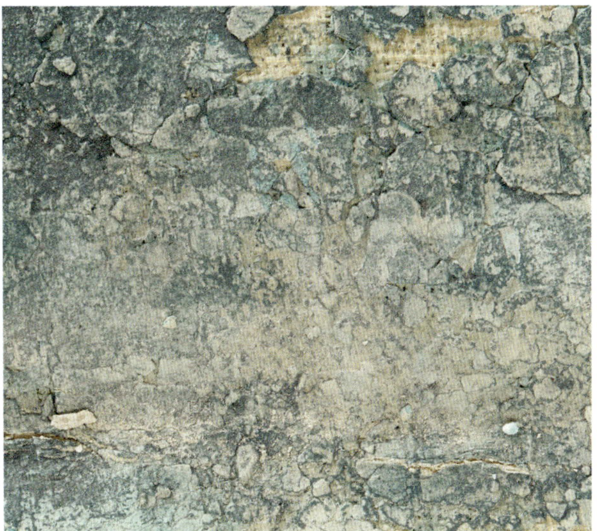

Stucco Feinspachtel mit Rissen auf Rupfen.

ABZIEHBILDER HINZUFÜGEN

Jeder Riss oder Schnitt in der Oberfläche ist durch das Abziehbild sichtbar. Dadurch sieht das Bild alt und etwas mitgenommen aus, wenn Sie es nach dem Trocknen schmirgeln. Falls Sie diese Wirkung verhindern wollen, achten Sie darauf, dass der Untergrund vollkommen glatt ist, bevor Sie das Abziehbild auftragen. Ich arbeite am liebsten mit Crystal Clear, Sie können aber auch Wasserschiebebilder, Citra-Solv, Blender Pens oder Wet-Gels benutzen. Nähere Informationen zu Abziehbildern finden Sie in meinem Buch *Image Transfer Workshop*.

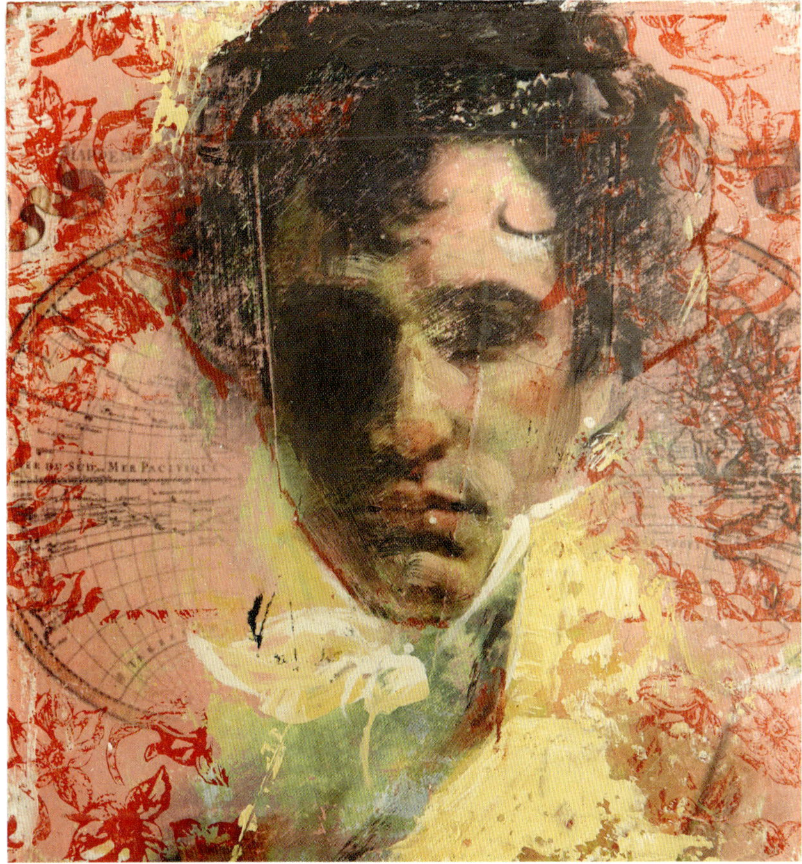

Wasserschiebebild, geschmirgelt und mit Farbe überstrichen.

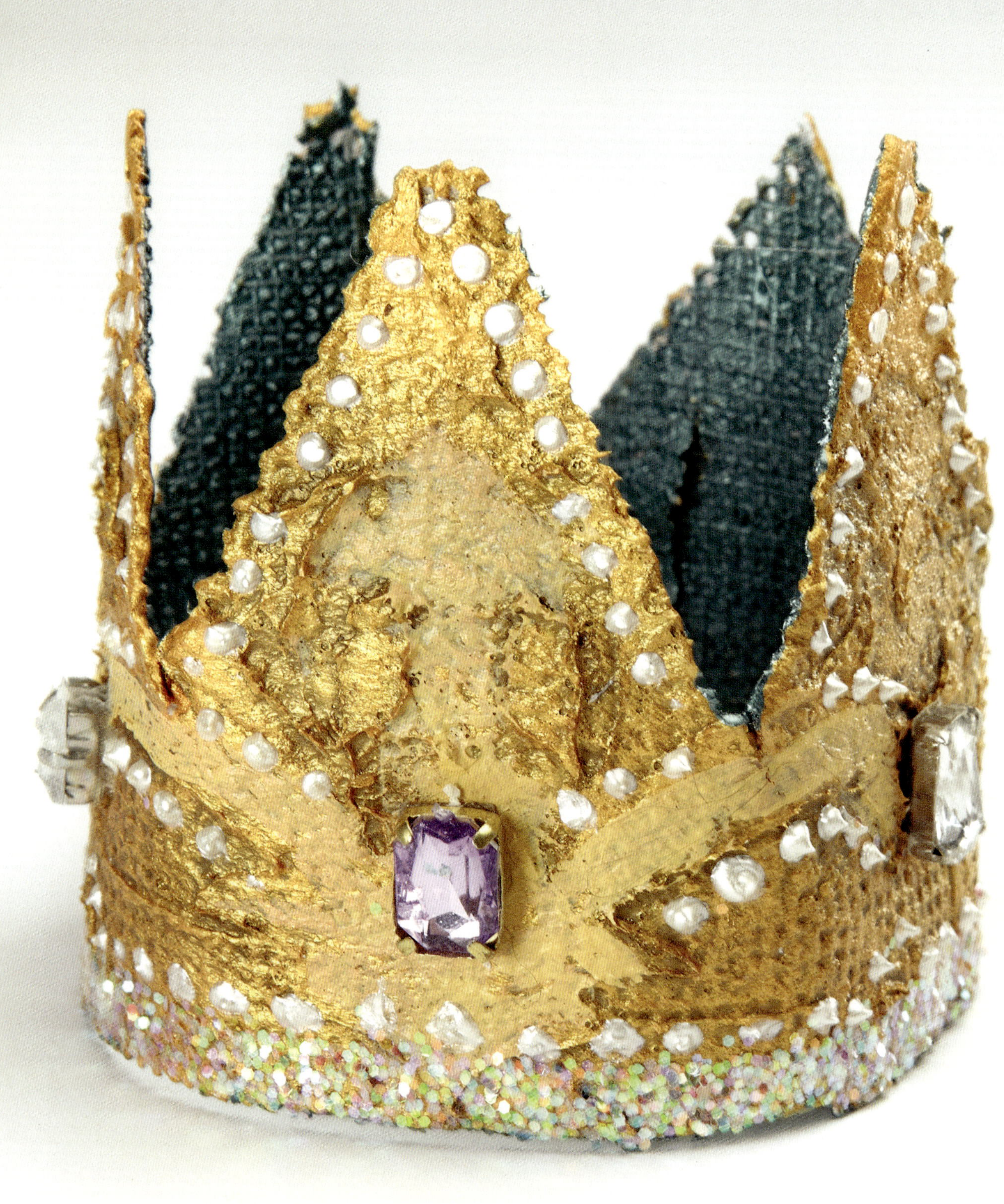

PARTY CROWN (Krone für eine Party) ▪ DARLENE OLIVIA MCELROY
Faserpaste auf grobem Netzstoff, Schablonen aus Faserpaste, Strasssteine, Goldfarbe, Glitter.

FASERPASTE 18

Faserpaste hat einerseits große Ähnlichkeit mit Ton, andererseits aber auch nicht. Im feuchten Zustand fühlt sie sich an wie ein dicker Brei aus schamottiertem Ton, doch nach dem Trocknen gleicht sie eher handgeschöpftem Papier. Faserpaste kann man schneiden, nähen und bedrucken. Sie lässt sich problemlos mit Acrylfarbe abtönen. Die Polymeranteile des Materials sorgen dafür, dass andere Materialien gut daran haften. Faserpaste braucht etwas Zeit zum Trocknen (manchmal eine ganze Nacht).

MATERIALLISTE:

Acrylfarbe und Pinsel
Faserpaste
Garnierspritze
grober Netzstoff
Klebeband
Klebstoff
Palettenmesser
Plastikfolie
Schablonen
Schere
Soft Gel (Klebstoff, Fa. Golden)
Texturplatten
Verzierungen

DÜNNE PLATTEN AUS FASERPASTE

Dünne Platten aus Faserpaste können Sie unbehandelt lassen, abtönen oder bemalen. Sie können sie zerschneiden, Mosaike daraus machen und sie sogar bedrucken.

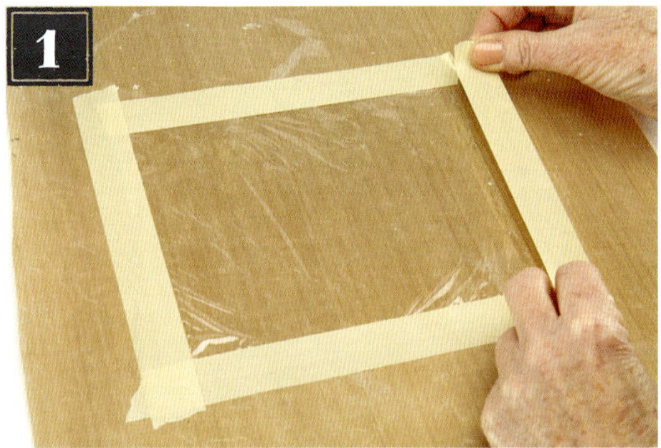

Kleben Sie Frischhaltefolie auf Ihre Arbeitsfläche oder arbeiten Sie auf einem PP-Schneidebrett.

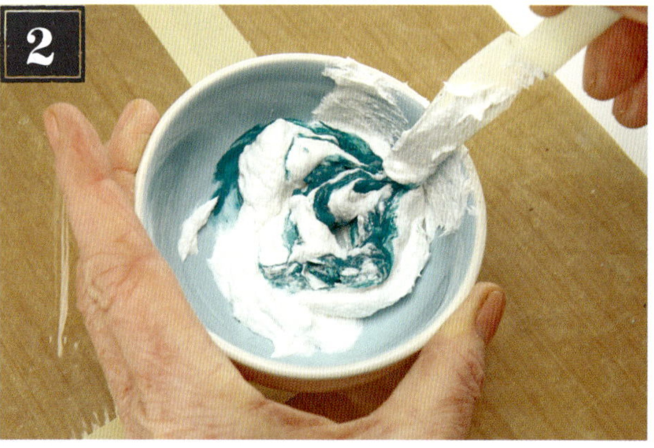

Geben Sie ein wenig Acrylfarbe in Ihre Faserpaste und mischen Sie beides gründlich durch.

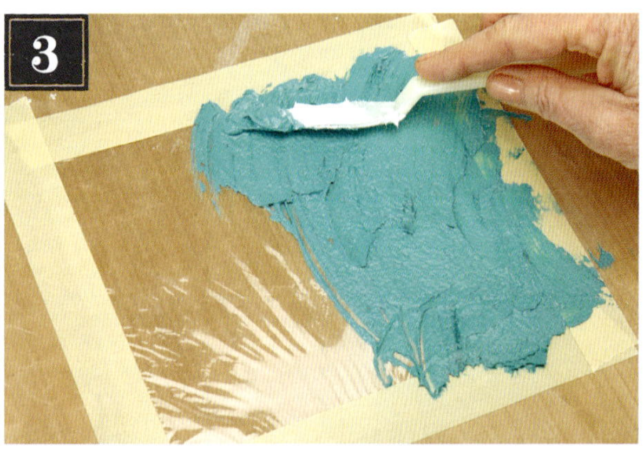

Streichen Sie die Faserpaste auf die Folie und die Klebestreifen.

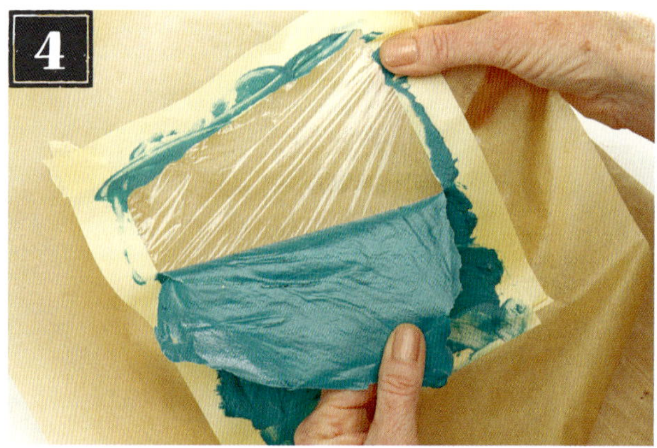

Wenn die Platte durchgetrocknet ist, ziehen Sie sie mit Hilfe des Klebebands von der Folie.

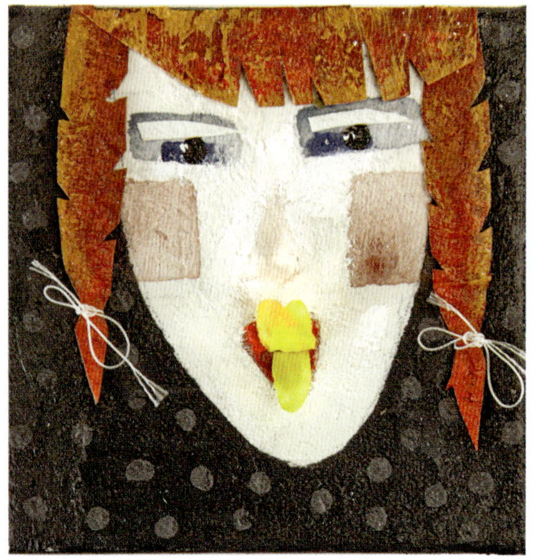

Die dünne Faserpastenplatte kann man zerschneiden und mit Acryl- oder Wasserfarbe bemalen.

SCHABLONEN

Schaben Sie Faserpaste durch eine Schablone auf eine Plastikmatte. Das getrocknete Ornament lösen Sie von der Matte und fügen es in Ihre Collage ein.

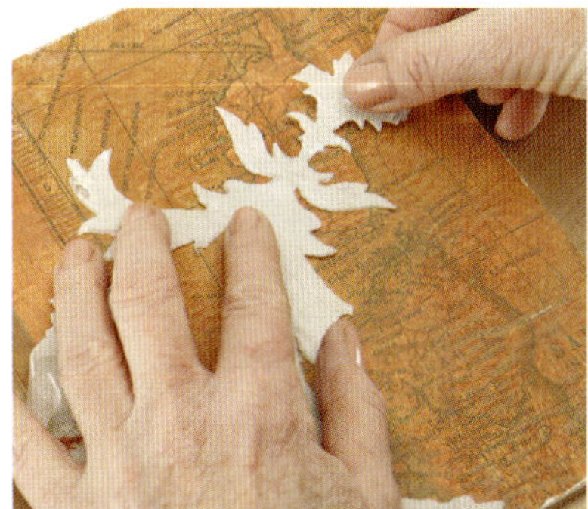

Kleben Sie das getrocknete Ornament mit Soft Gel auf.

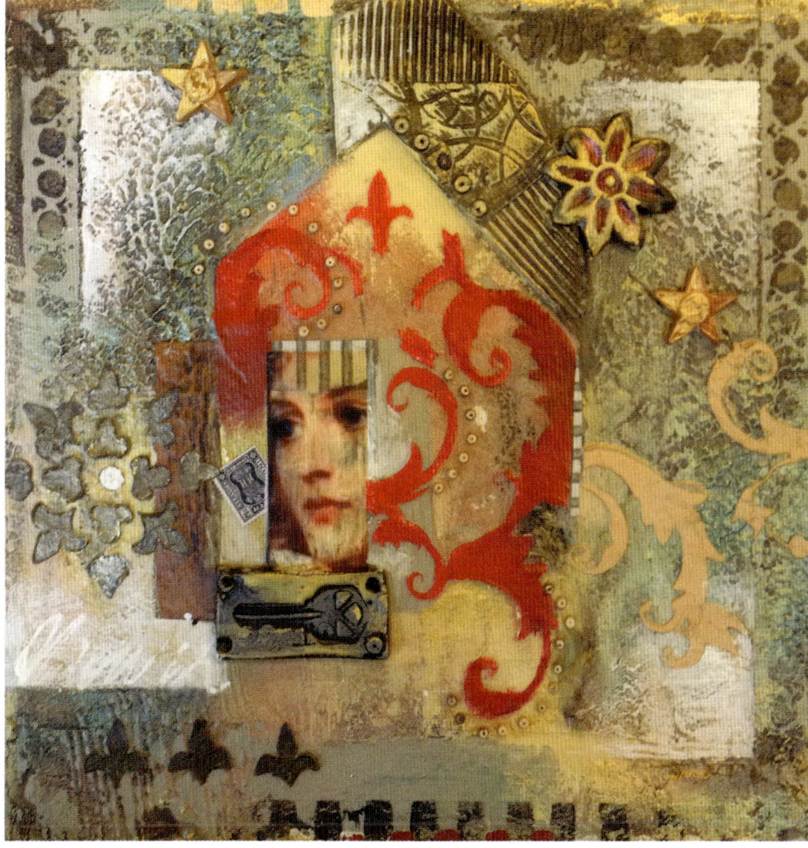

Hier sehen Sie bemalte und umgestaltete Ornamente aus Faserpaste.

TEXTUREN

Wenn die Faserpaste angetrocknet ist, können Sie Muster und Texturen hineinstempeln. Alternative: Sie streichen die Masse auf eine Texturplatte aus Plastik und lassen sie trocknen. Wo auf der Vorlage glatte Flächen sind, ist auch die Faserplatte nach dem Trocknen glatt.

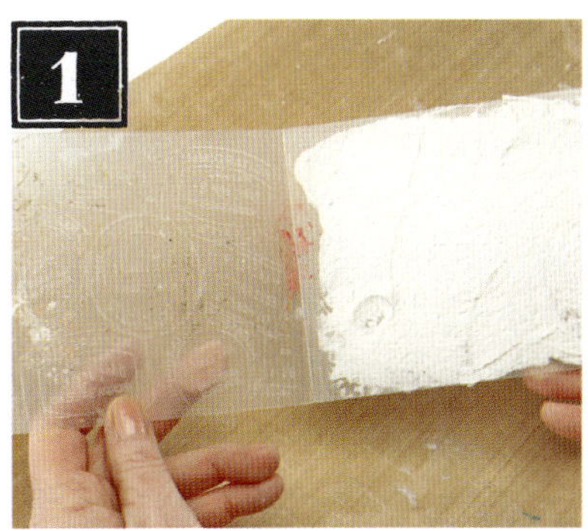

Streichen Sie Faserpaste auf eine Texturplatte. Lassen Sie sie trocknen.

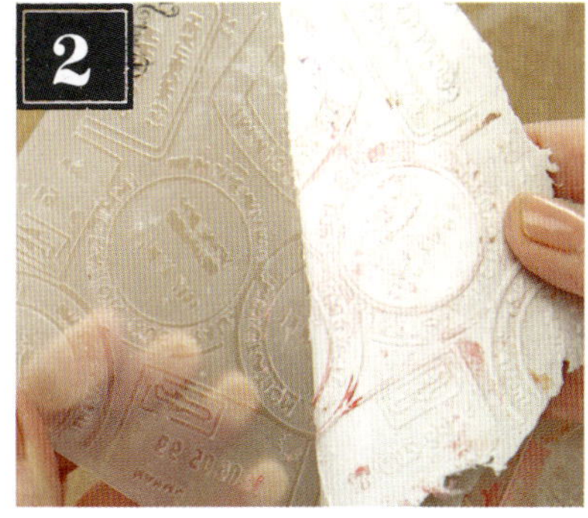

Die Faserpaste hat Farbreste von der Texturplatte aufgenommen.

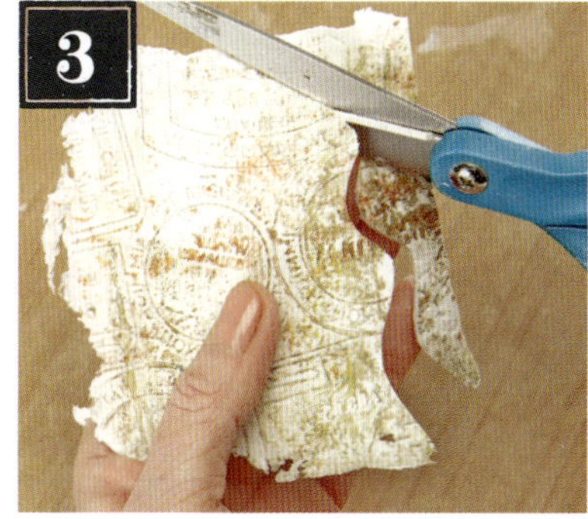

Zerschneiden Sie die geprägte Platte zu Elementen für Ihre Collage.

IN EIN KUNSTWERK EINFÜGEN

Faserpaste lässt sich direkt auf ein Bild oder wie hier auf eine Plastikmatte streichen. Nach dem Trocknen lösen Sie das Element von der Matte und positionieren es nach Belieben in Ihrer Collage.

ROST

Eine preiswerte und einfache Methode, Faserpaste rosten zu lassen: Streuen Sie Kurkuma auf eine nasse, roh-umbrafarbene Oberfläche. Manche Leute benutzen Zimt.

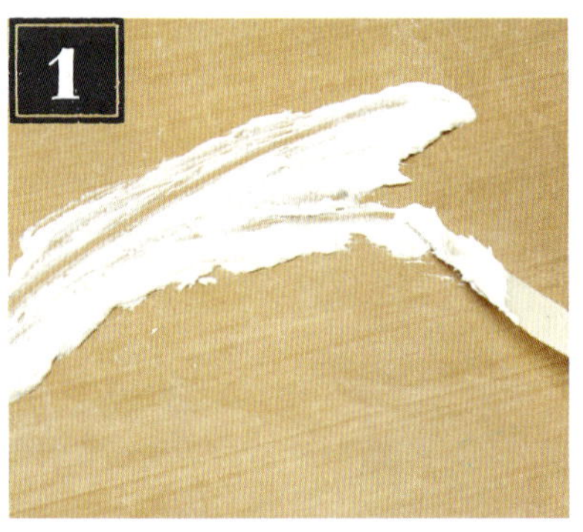

Streichen Sie Faserpaste in groben Strichen auf eine Plastikmatte. Lassen Sie sie trocknen.

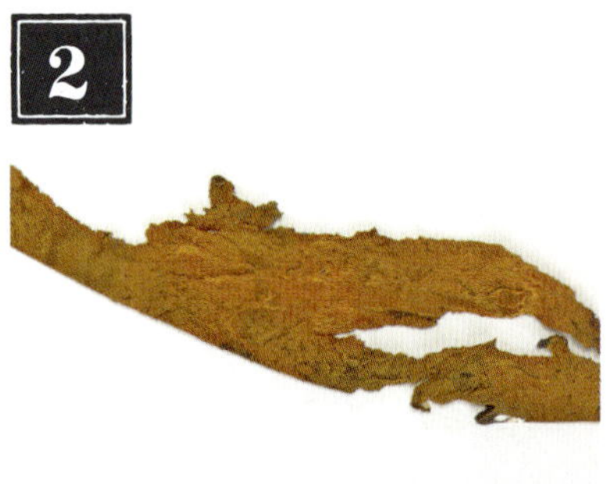

Lösen Sie die Faserpaste und behandeln Sie sie mit Rosteffektfarbe oder nach Wunsch.

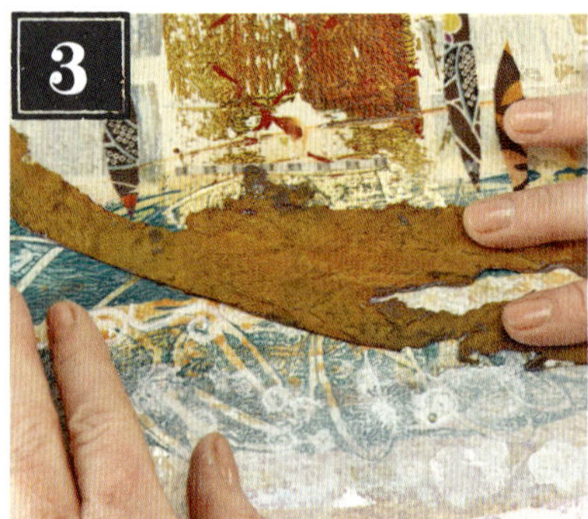

FILIGRANSCHNÖRKEL AUS FASERPASTE

Faserpaste eignet sich gut für eine Garnierspritze. Verdünnen Sie die Masse nach Wunsch mit destilliertem Wasser. Zeichnen Sie Ihr Muster mit Permanentmarker auf Alufolie oder legen Sie ein fertiges Muster unter klares Plastik. Folgen Sie den Linien mit Faserpaste aus einer beliebigen Tülle der Garnierspritze. Auf diese Weise können Sie sogar Wülste für ein Gefäß herstellen.

Zeichnen Sie die Linien mit Faserpaste aus der Garnierspritze nach.

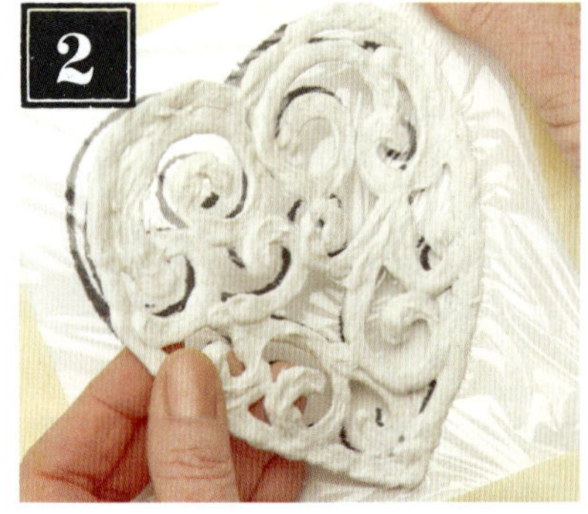

Lösen Sie das Ornament vom Untergrund und fügen Sie es in Ihr Kunstwerk ein.

EIN FREI STEHENDES GEBILDE

Ich bin überzeugt, dass wir alle etwas Königliches an uns haben, also brauchen wir auch eine Krone.

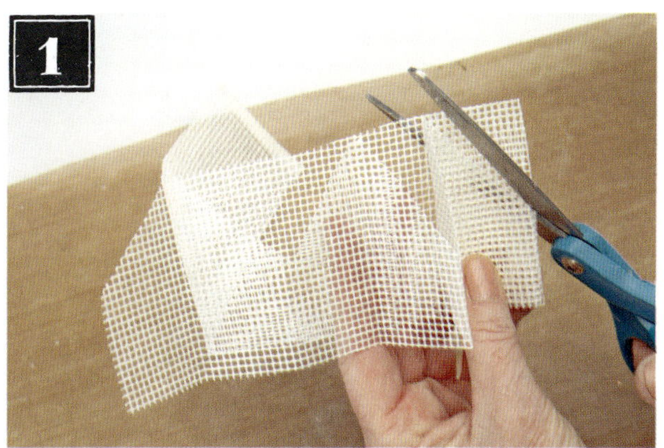

Falten Sie groben Netzstoff und schneiden Sie Spitzen hinein.

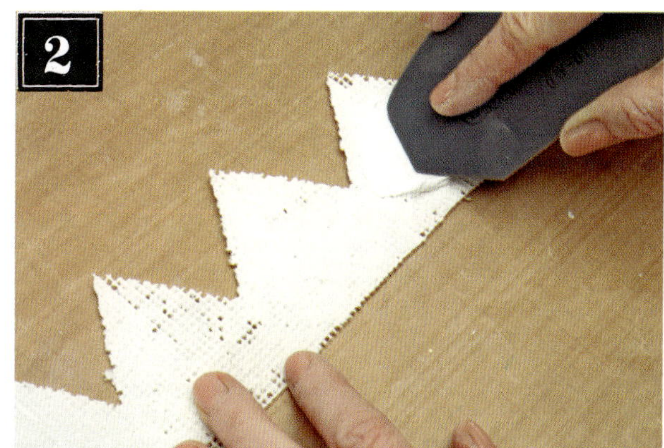

Glätten Sie den Netzstoff, bestreichen Sie ihn mit Faserpaste. Trocknen lassen.

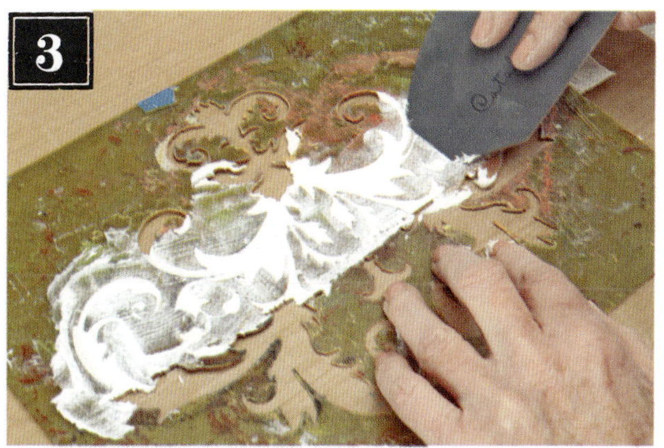

Streichen Sie Faserpaste durch eine Schablone auf Ihre Krone.

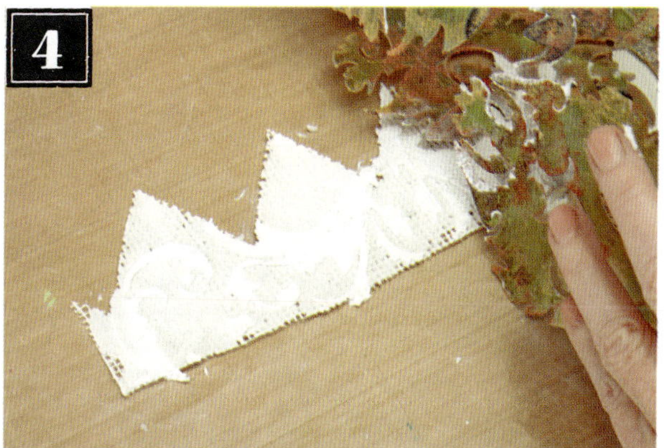

Nehmen Sie die Schablone ab.
Lassen Sie die Paste trocknen.

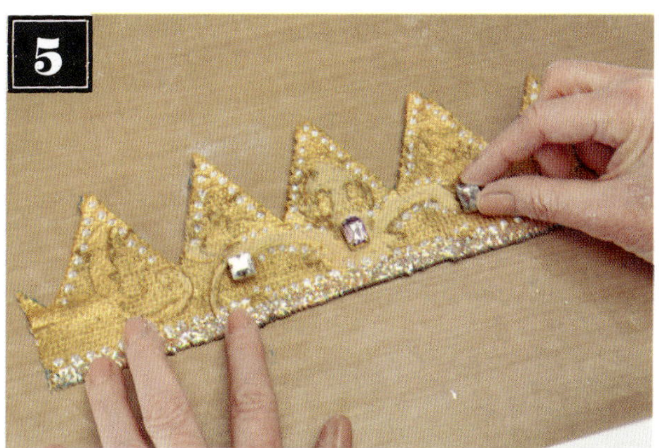

Bemalen, patinieren und verzieren Sie sie ganz nach Ihren Wünschen, Majestät.

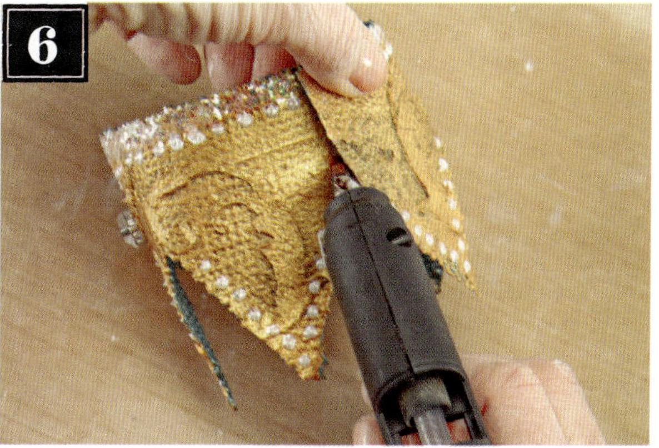

Kleben Sie die Ränder mit Heißkleber fest.

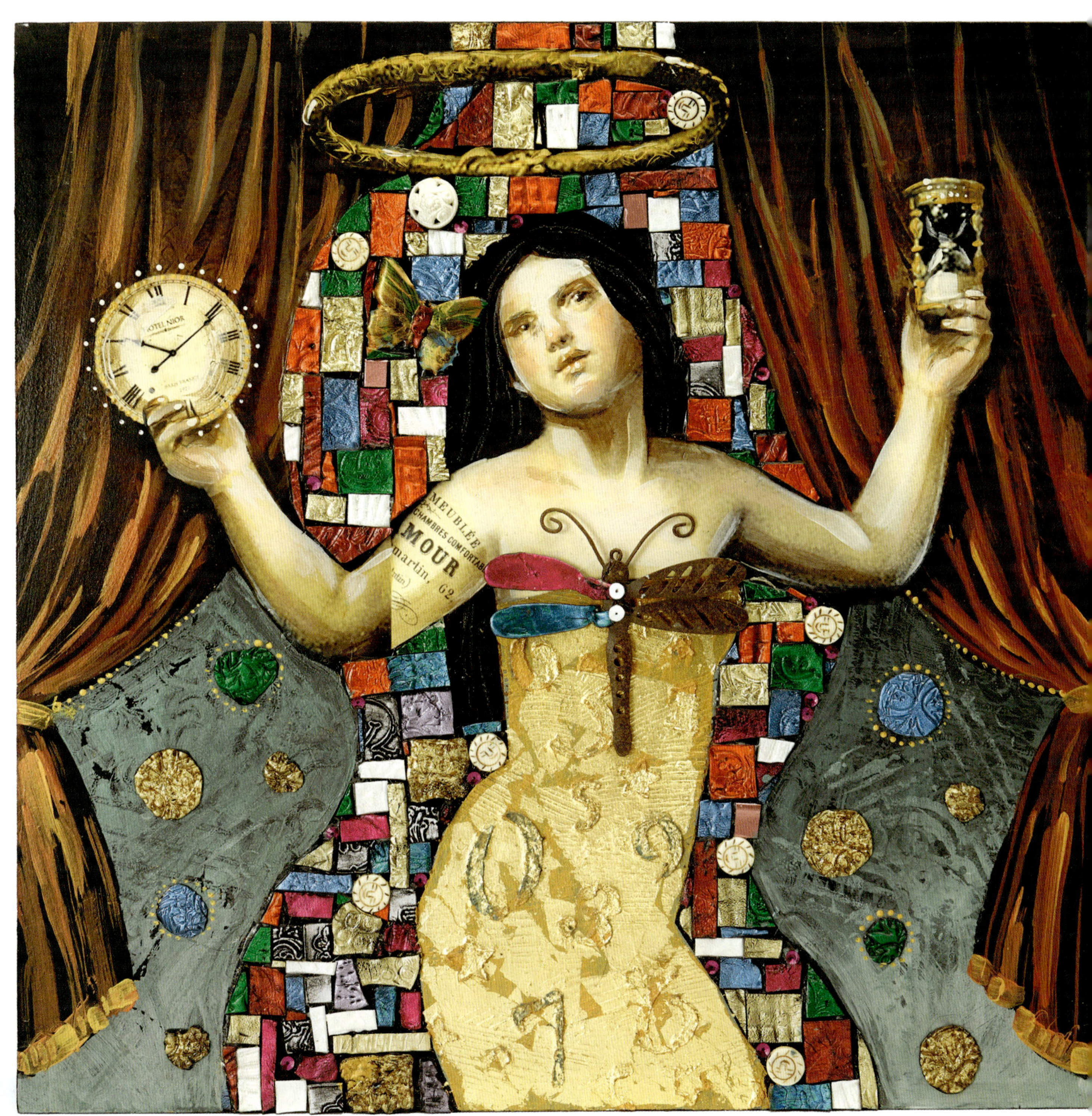

TIME DIVA (Zeit-Diva) ▪ DARLENE OLIVIA MCELROY
Mosaik aus geprägten thermoplastischen Streifen als zusätzliche Elemente auf einem Bild.

THERMOPLASTISCHE MODELLIERPELLETS UND -STREIFEN

Ich glaube, man kann kein Künstler sein, ohne gleichzeitig Abenteurer, Wissenschaftler und Alchemist zu sein. Kunststoff zu schmelzen und seine Form zu verändern hat für mich von allem etwas. Thermoplastische Modellierpellets und – streifen ermöglichen es Ihnen, dreidimensionale Elemente, Mosaiksteinchen, Perlen und viel, viel mehr zu schaffen. Die Plastikstreifen gibt es zwar in unterschiedlichen Farben und Metalleffekten, man kann sie aber auch mit Alkoholtinten einfärben – mit hervorragendem Ergebnis. Sie können sie mit einer Schere zerschneiden, sie auf Ihre Leinwand schmelzen und wieder erhitzen, wenn Sie eine anderen Technik ausprobieren wollen.

Bei der Arbeit mit heißem Kunststoff sollten Sie immer vorsichtig sein, wie bei allen heißen Sachen. Fassen Sie ihn mit einer Pinzette an und warten Sie, bis er sich etwas abgekühlt hat, aber noch formbar ist.

Achtung: Richten Sie auf keinen Fall eine Heißluftpistole auf eine Arbeitsfläche aus Kunststoff und drücken Sie keinen Gummistempel in den heißen Modellierstreifen: Der Streifen würde am Gummi kleben bleiben.

MATERIALLISTE:

Acrylfarbe

Becher mit heißem Wasser

Blattmetallflocken

Kraftkleber

Formen

Gabel und Ausstechförmchen

glatte Arbeitsfläche (Plastikfolie oder glänzende Seite von Einwickelpapier)

Hammer und Dorn

Heißluftpistole

klare Versiegelung

Metallspieß

PearlEx Pigmente in Pulverform

Pflanzenöl

Pinzette

Schere

Schmuckfassung

Stempel

thermoplastische Modellierpellets und -streifen

PLASTIKPELLETS FORMBAR MACHEN

Plastikpellets können Sie in einer Partypfanne, mit einer Heißluftpistole oder in heißem Wasser formbar machen. Im warmen (nicht heißen) Zustand lassen sie sich auswalzen, in eine Form pressen, modellieren oder bestempeln. Sie sehen erst transparent aus, werden beim Härten aber weiß. Man kann sie jederzeit erhitzen und umformen. Sie kühlen rasch aus, daher müssen Sie sich beeilen oder sie erneut erhitzen. Sie können die Masse mit Acrylfarben bemalen. Zum Einfügen in ein Kunstwerk erhitzen Sie sie oder kleben sie mit E6000 fest.

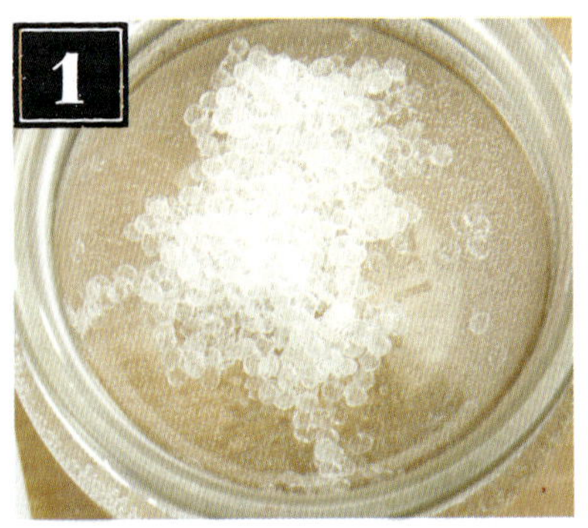

Legen Sie die Pellets in eine Schale mit heißem Wasser.

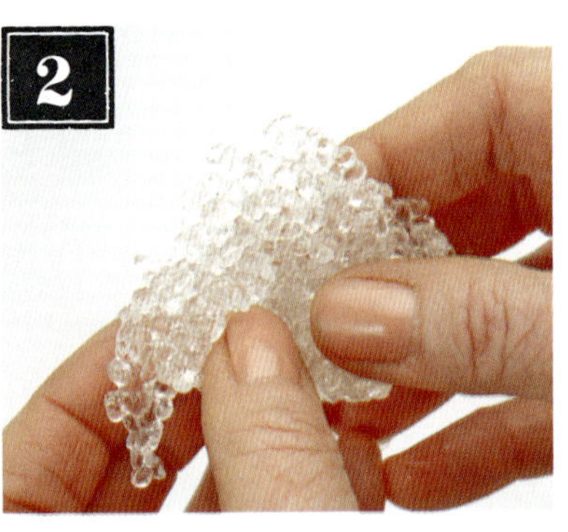

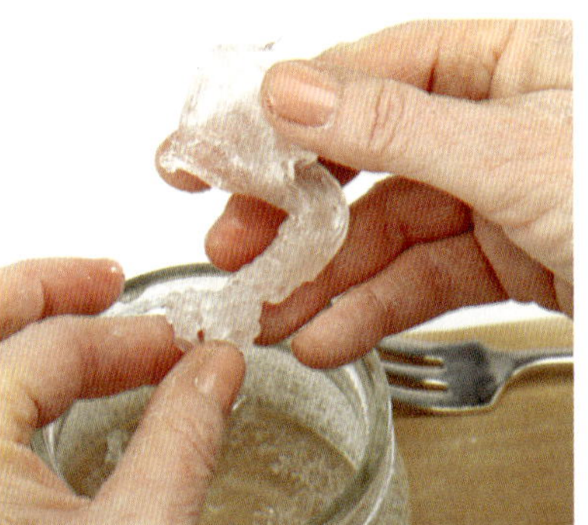

Holen Sie die Pellets heraus, die aneinander haften. Kneten Sie sie.

ABFORMUNGEN MIT PELLETS

Silikonformen eignen sich gut für Abformungen mit Pellets, da sich die Plastikmasse leicht daraus lösen lässt. Eventuell müssen Sie die Form mit Trennmittel vorbehandeln.

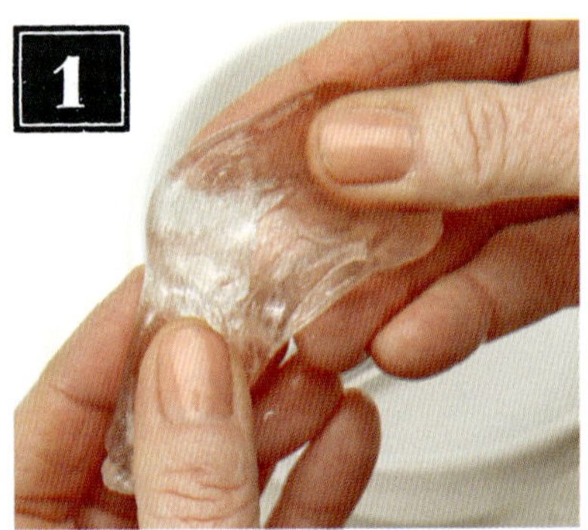

Kneten Sie die aufgeheizten Pellets.

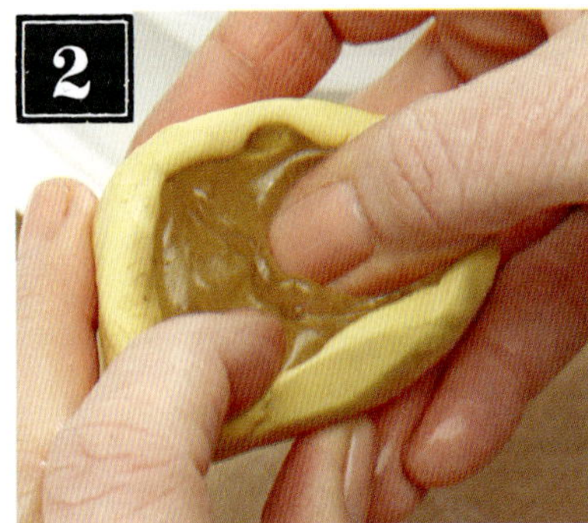

Pressen Sie sie in die Form, solange die Masse warm und formbar ist.

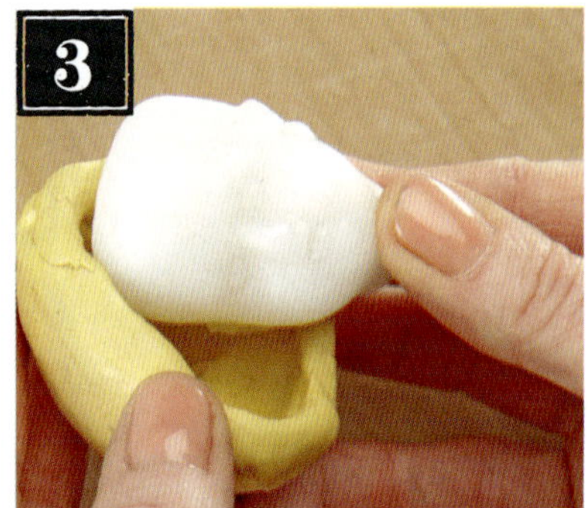

Nach dem Abkühlen lösen Sie die Abformung aus der Form.

PELLETS BESTEMPELN

Erhitzte Pellets lassen sich gut bestempeln. Da sie weiß aushärten, sieht man den Stempelabdruck, wenn man sie nach dem Aushärten anmalt. Experimentieren Sie mit verschiedenen Methoden, Farbe aufzutragen: Trockenpinseltechnik, Patinieren, Blattmetal, Dekorpaste und andere.

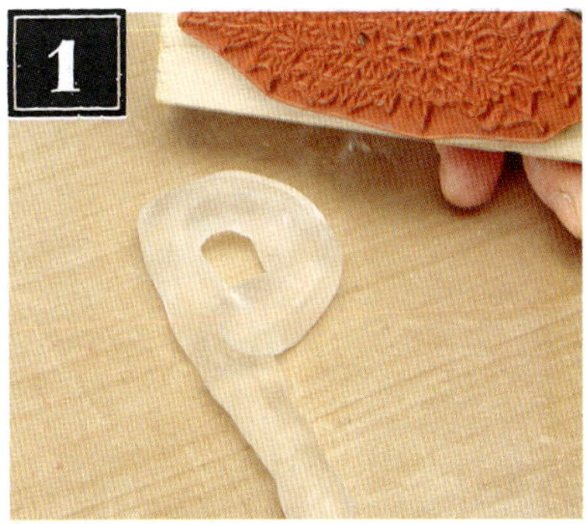

Modellieren Sie eine beliebige Form aus den erhitzten Pellets.

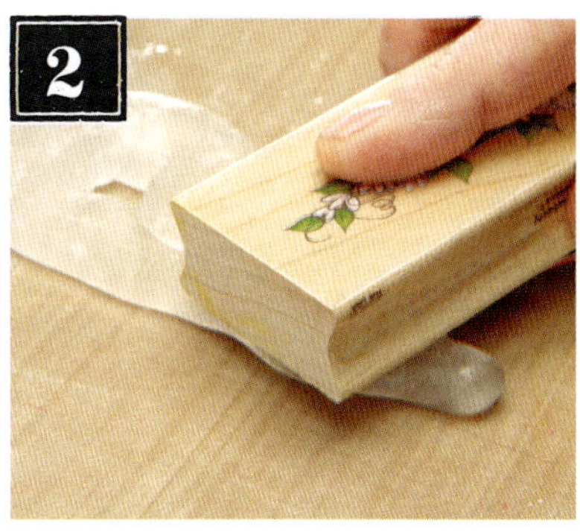

Stempeln Sie und lassen Sie die Masse härten.

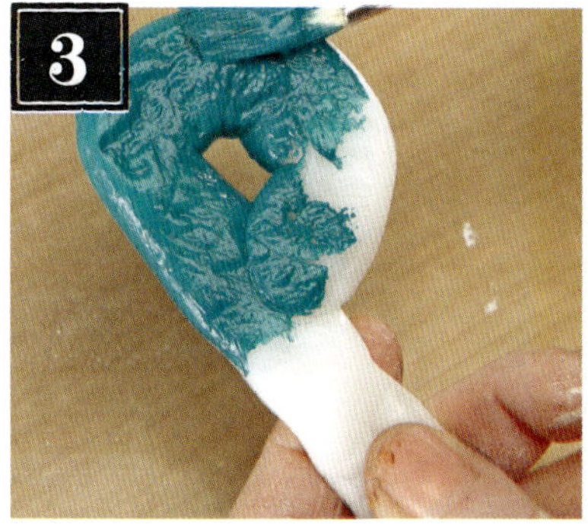

Fügen Sie Farbe hinzu.

PLASTIKCABOCHON MIT ABZIEHBILD

Mit Plastikpellets sind Cabochons in einer Schmuckfassung ein Kinderspiel!

Formen Sie eine Kugel aus geschmolzenen Pellets, drücken Sie sie in eine Schmuckfassung und glätten Sie sie mit einem mit Pflanzenöl benetzten Finger. Lassen Sie die Masse durchhärten und nehmen Sie sie dann aus der Fassung.

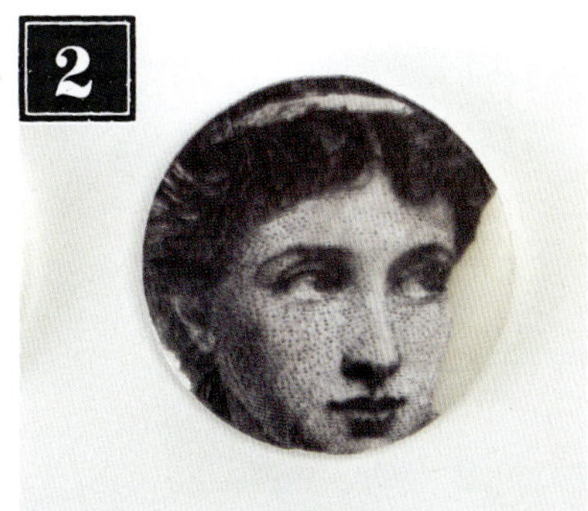

Drucken Sie ein Bild auf Transferpapier und übertragen Sie es auf den Cabochon. Arbeiten Sie die Ränder nach dem Trocknen nach.

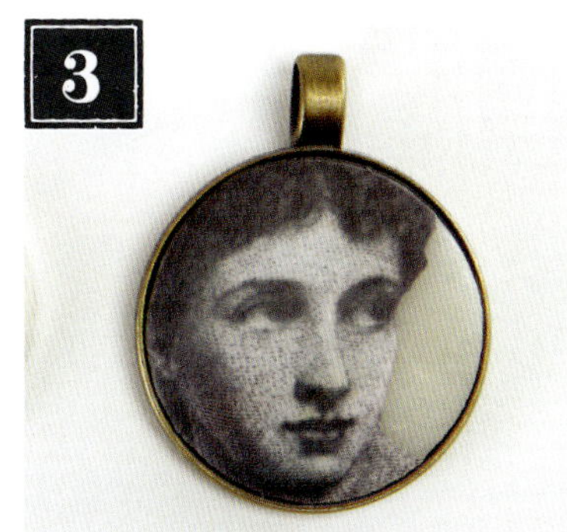

Tragen Sie klare Versiegelung auf (z.B. transparentes Polymer Medium). Lassen Sie sie trocknen. Kleben Sie den Schmuckstein mit E6000 in die Fassung.

PERLEN MODELLIEREN

Aus Plastikpellets Perlen herzustellen könnte nicht einfacher sein: Sie müssen die Masse nur zu einer Kugel rollen und mit einem Spieß ein Fädelloch stechen. Sie können das Material mit Acrylfarbe, Alkoholtinten oder Pulverpigmenten von PearlEx abtönen oder Glitter einkneten. Erhitzen Sie die Perlen, wenn sie auf dem Spieß stecken, und wälzen Sie sie in Blattmetallkrümeln. Entfernen Sie überschüssige Krümel und Sie haben eine wunderbar leichte „Metall"-Perle.

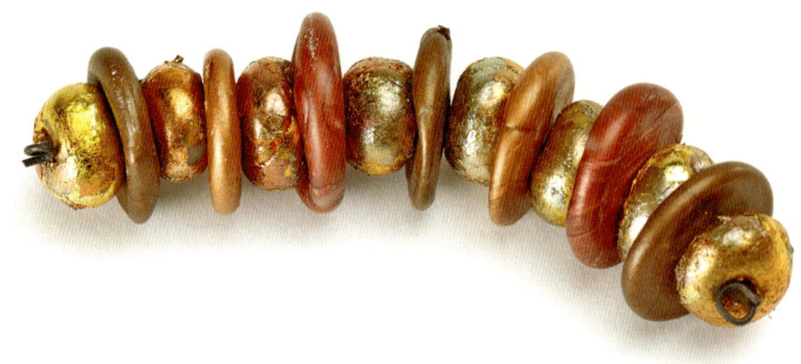

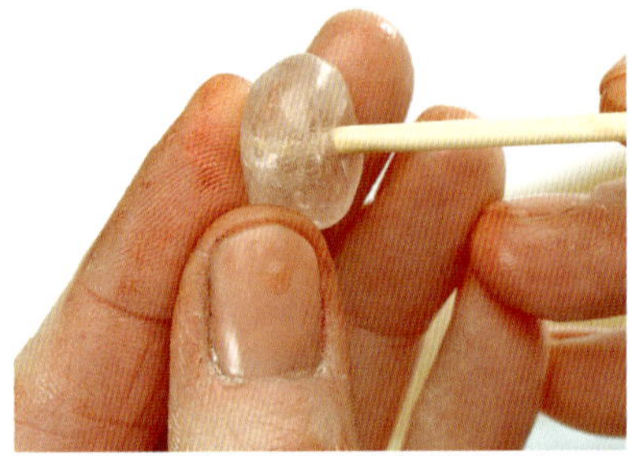

Stechen Sie mit einem Spieß ein Loch in eine formbare Kugel aus geschmolzenen Pellets. Lassen Sie die Perle auf dem Spieß härten.

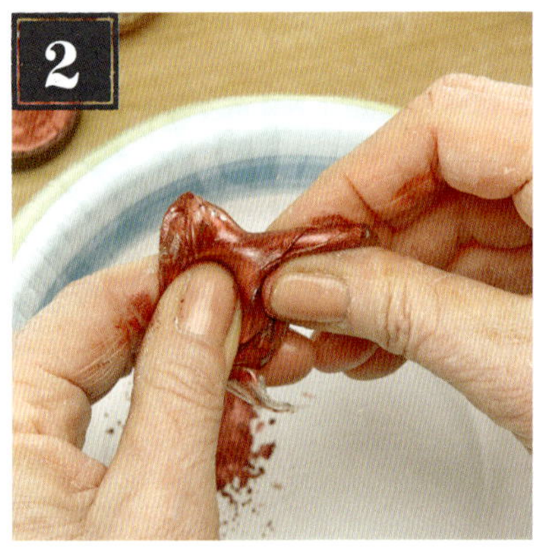

Färben Sie die Masse mit PearlEx-Pigmenten, Acrylfarbe oder Alkoholtinen.

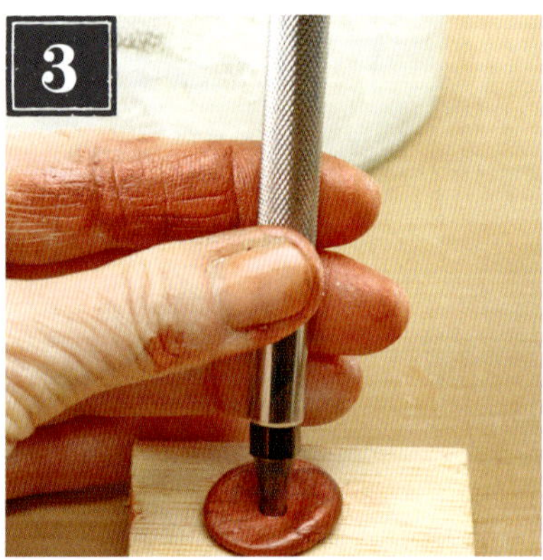

Formen Sie eine flache Scheibe. Stechen Sie mit Locheisen und Hammer ein Loch, wenn die Perle hart ist.

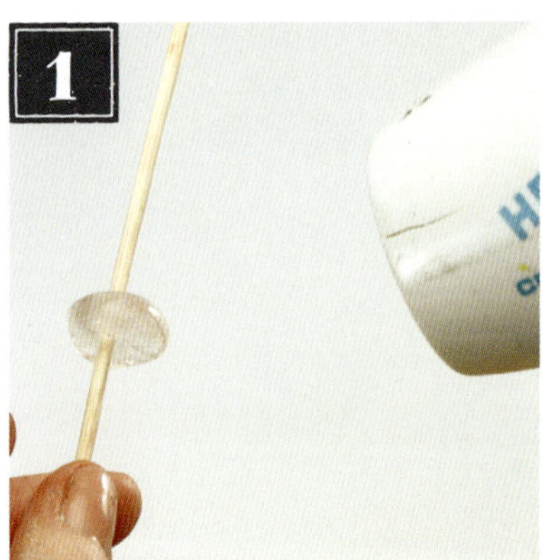

Erhitzen Sie die Perle auf dem Spieß, um sie mit Blattmetall zu färben.

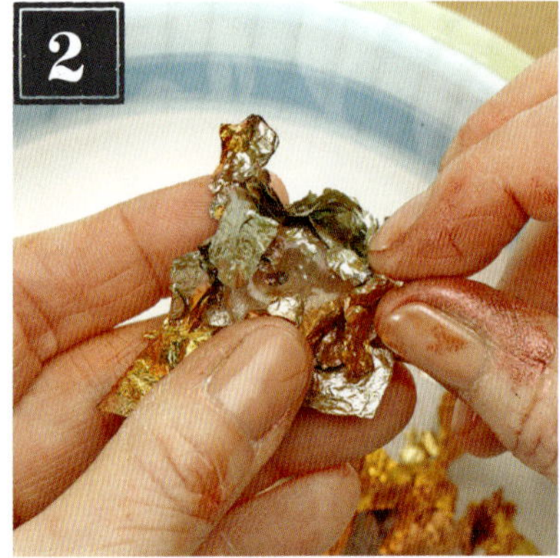

Nehmen Sie die erhitzte Perle vom Spieß und wälzen Sie sie in Blattmetallkrümeln.

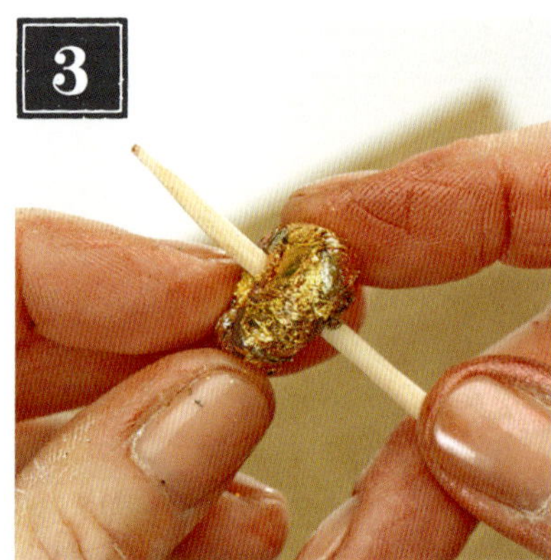

Reiben Sie überschüssige Krümel ab und stecken Sie die Perle wieder auf den Spieß.

MODELLIERSTREIFEN BESTEMPELN

Drücken Sie den Stempel einmal oder mehrmals in einen erhitzten Streifen. Sie lassen sich ebenso erhitzen wie Pellets. Mit der Heißluftpistole wird die Masse vielleicht zu heiß und klebrig, lassen Sie sie also ein wenig abkühlen, bevor Sie sie weiterverarbeiten. Ich lege meine Streifen am liebsten in eine Schale mit heißem Wasser, hole sie mit einer Pinzette heraus und platziere sie direkt in das Stück, an dem ich gerade arbeite.

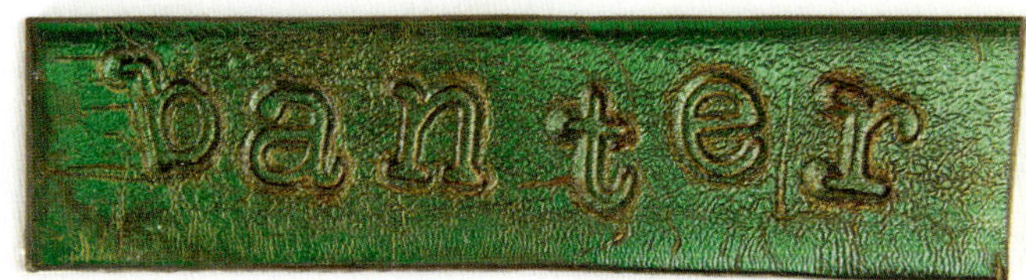

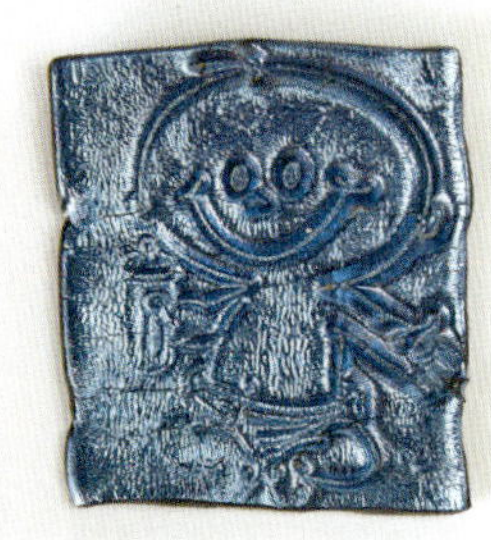

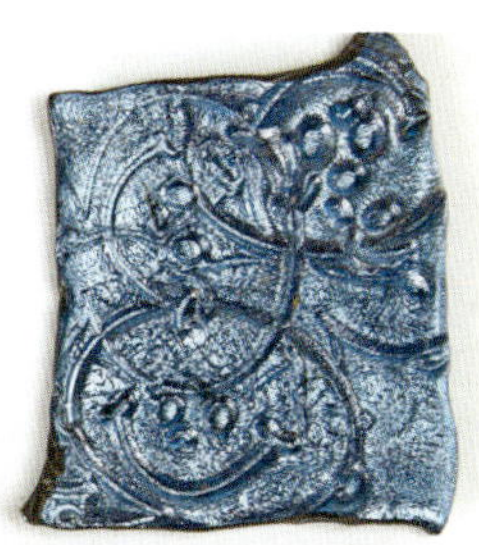

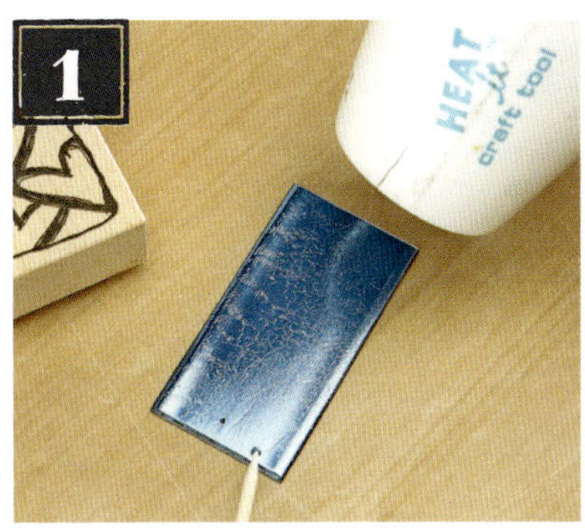

Erhitzen Sie den Streifen.

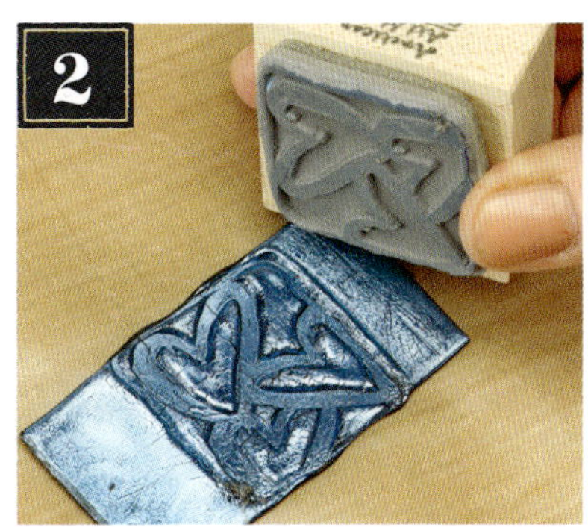

Bestempeln Sie die erhitzten Streifen.

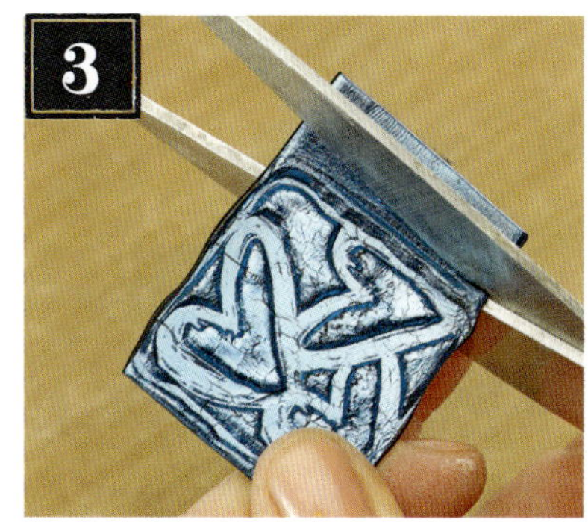

Schneiden Sie die Ränder ab.

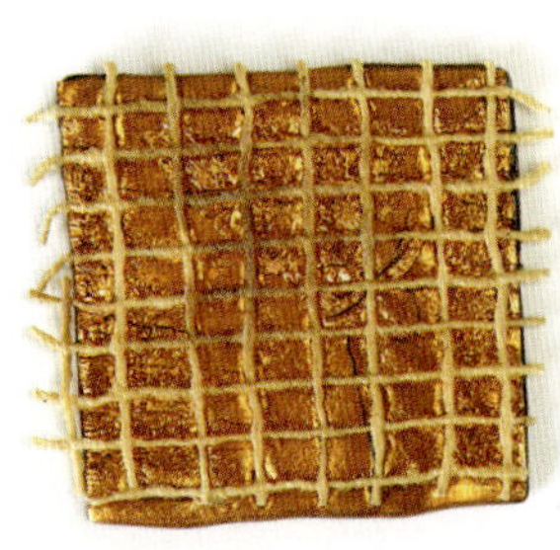

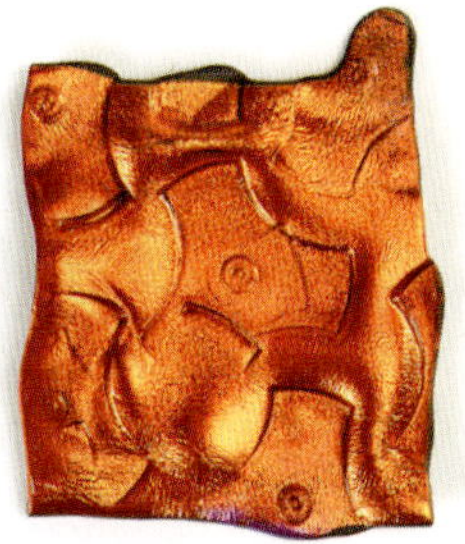

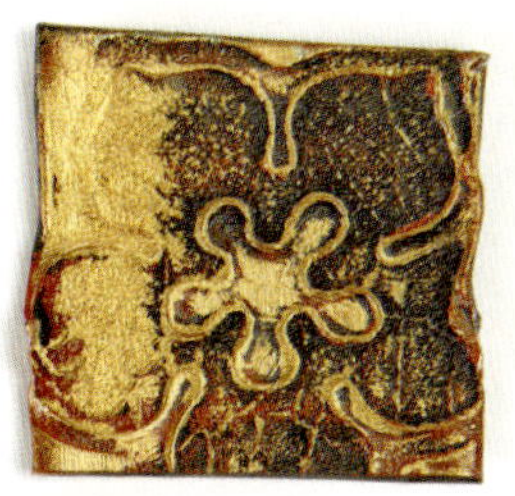

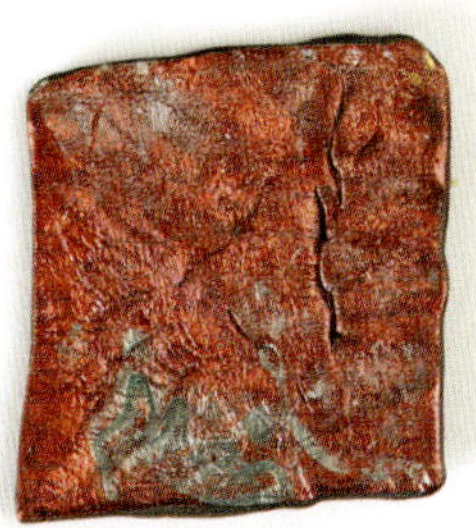

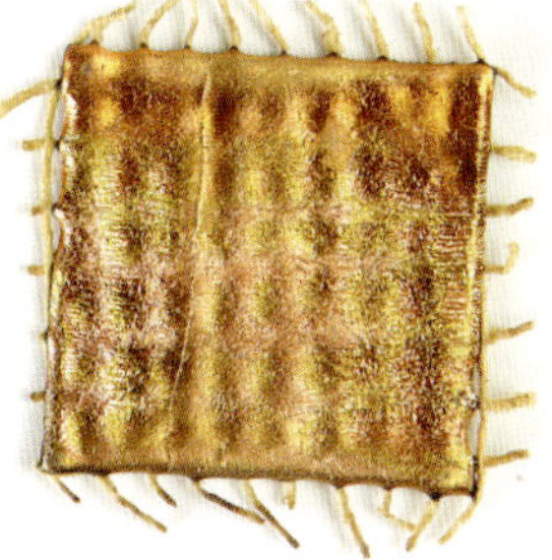

Modellierstreifen können unbearbeitet bleiben, bemalt oder mit metallener Dekorpaste verziert werden.

STEMPEL SÄUBERN

Wenn die Masse zu heiß ist, klebt sie an Gummistempeln. Lassen Sie alles abkühlen, dann lösen Sie das Plastikmaterial.

ABFORMUNGEN MIT THERMOPLASTISCHEN STREIFEN

Legen Sie den Streifen über die Öffnung einer Silikonform und erhitzen Sie ihn mit einer Heißluftpistole, bis er sich in die Form schmiegt. Nach dem Abkühlen lösen Sie ihn aus der Form und schneiden die Ränder zurecht. Solange der Streifen heiß ist, können Sie kleine Stücke zu feinen Fäden ziehen.

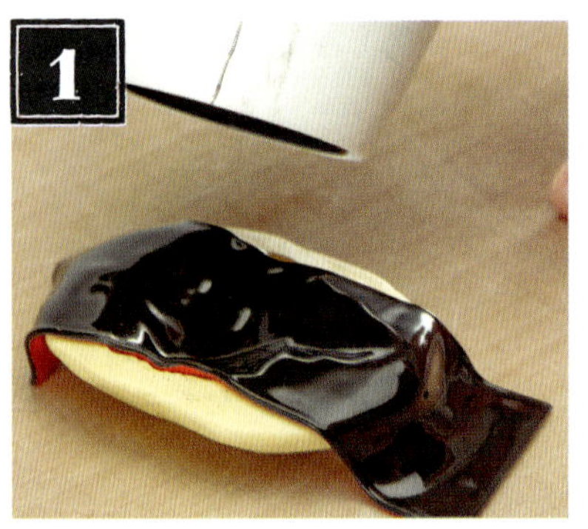

1 Legen Sie den Streifen über die Form und erhitzen Sie ihn, sodass er in die Form sinkt.

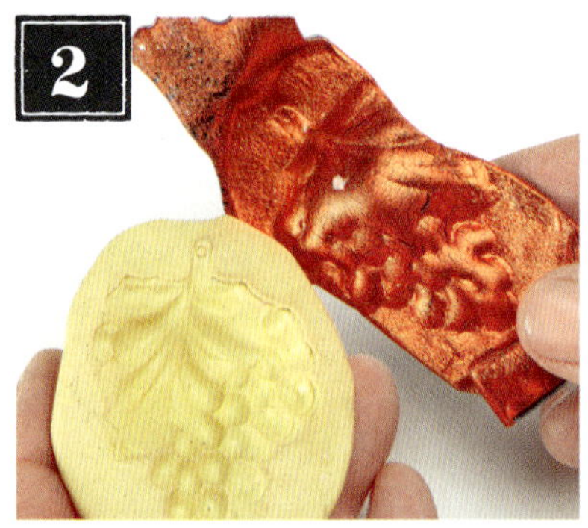

2 Lassen Sie den Streifen ganz abkühlen, dann lösen Sie ihn aus der Form.

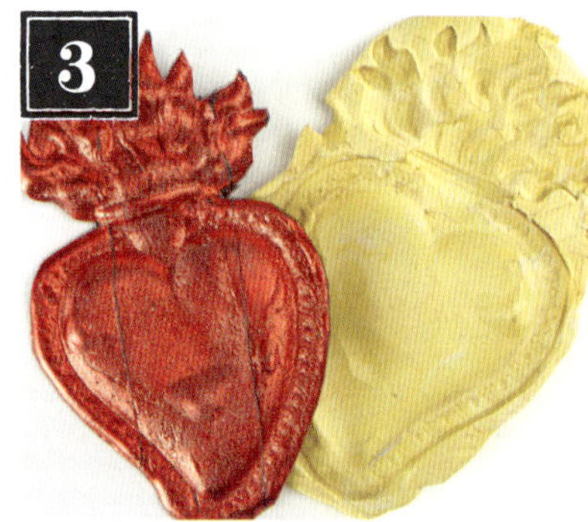

3 Schneiden Sie die Ränder bei.

STREIFEN MITEINANDER VERSCHMELZEN

Verschmelzen Sie mehrere Farbstreifen mit einer Heißluftpistole miteinander. Dann ziehen Sie die Zinken einer Gabel von oben nach unten und/oder umgekehrt über die horizontal verlaufenden Streifen. Stechen Sie mit gekühlten Ausstechförmchen Formen aus dem Streifenmuster, solange das Material heiß ist.

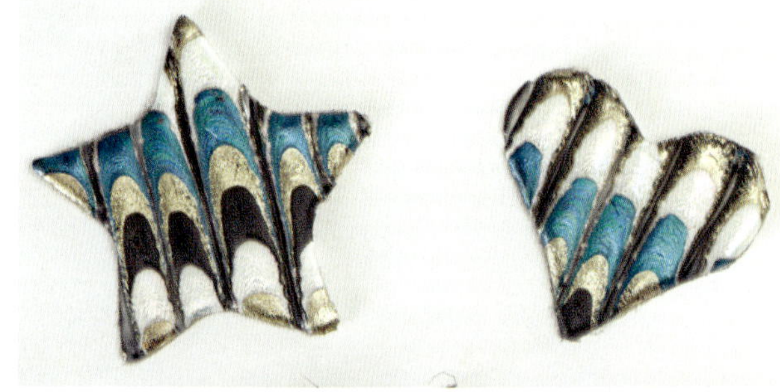

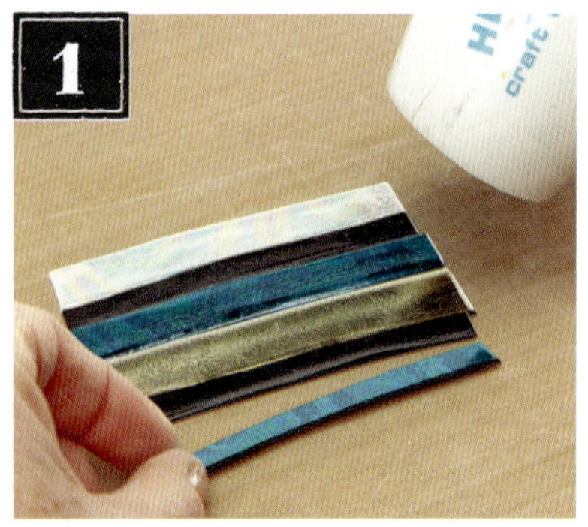

1 Verschmelzen Sie mehrere Farbstreifen miteinander.

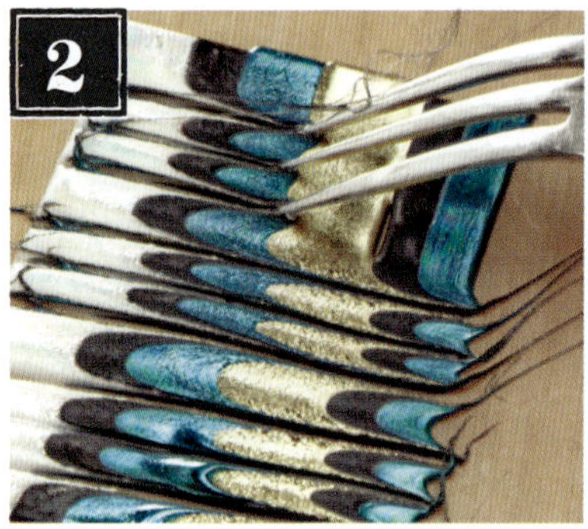

2 Ziehen Sie eine Gabel durch die Streifen, von oben nach unten, von unten nach oben oder in beide Richtungen.

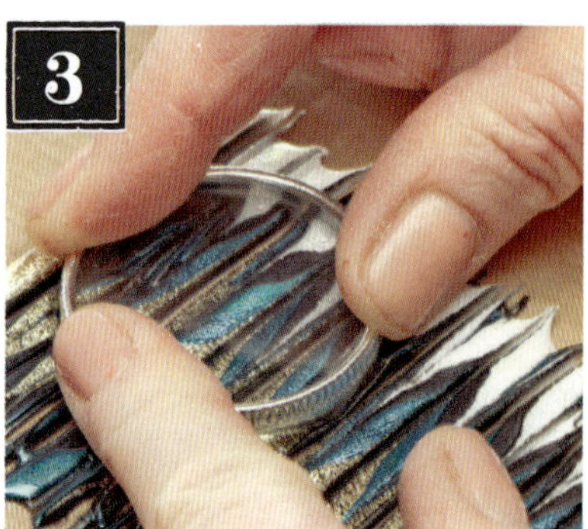

3 Stechen Sie aus dem Material Formen aus, solange es heiß ist.

SCHICHTEN UND STANZEN

Legen Sie schmale Streifen zu einem Gitter übereinander und befestigen Sie sie entweder durch Erhitzen oder mit E6000-Kleber. Wenn Sie einen antikisierten Effekt anstreben, betupfen Sie die Streifen mit matter Farbe oder Gold-Dekorpaste.

Die Streifen lassen sich auch mit robusteren Motivstanzern bearbeiten. Sie haben die Wahl zwischen den unterschiedlichsten Motiven, von Girlanden bis zu Blättern und Schlüsseln. Um Texturen hinzuzufügen, erhitzen Sie die Stanzteile mit Heißluftpistole oder Wasser und bestempeln sie. Die Streifen lassen sich auch aufeinander schichten.

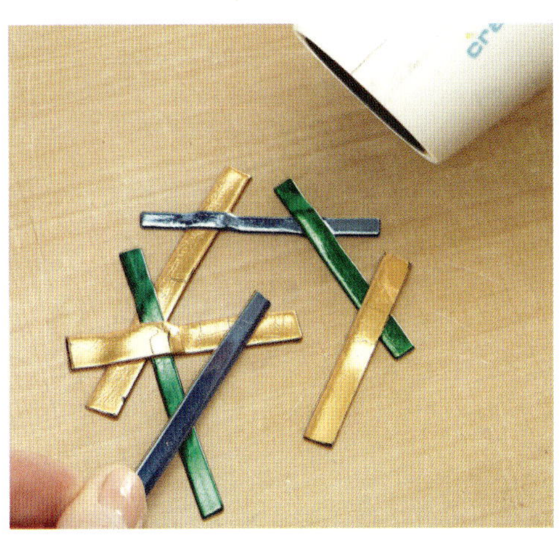

Lassen Sie schmale Streifen überlappen. Verbinden Sie sie durch Erhitzen.

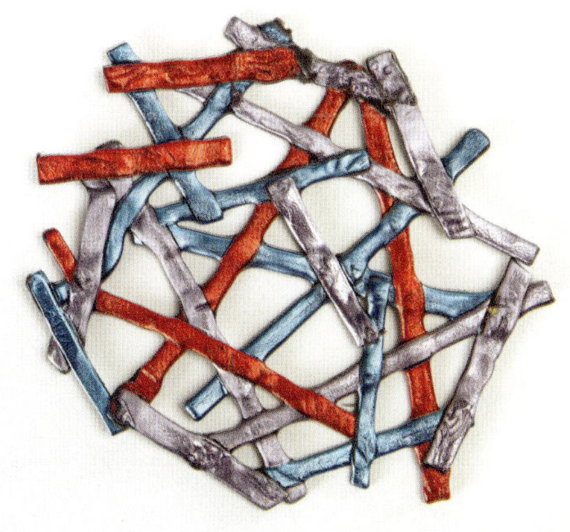

Legen Sie das Gitterwerk aus Streifen über eine umgedrehte Glasschüssel. Erhitzen Sie die Streifen, um sie an die Form anzupassen, oder verwenden Sie sie als flaches Collage-Element.

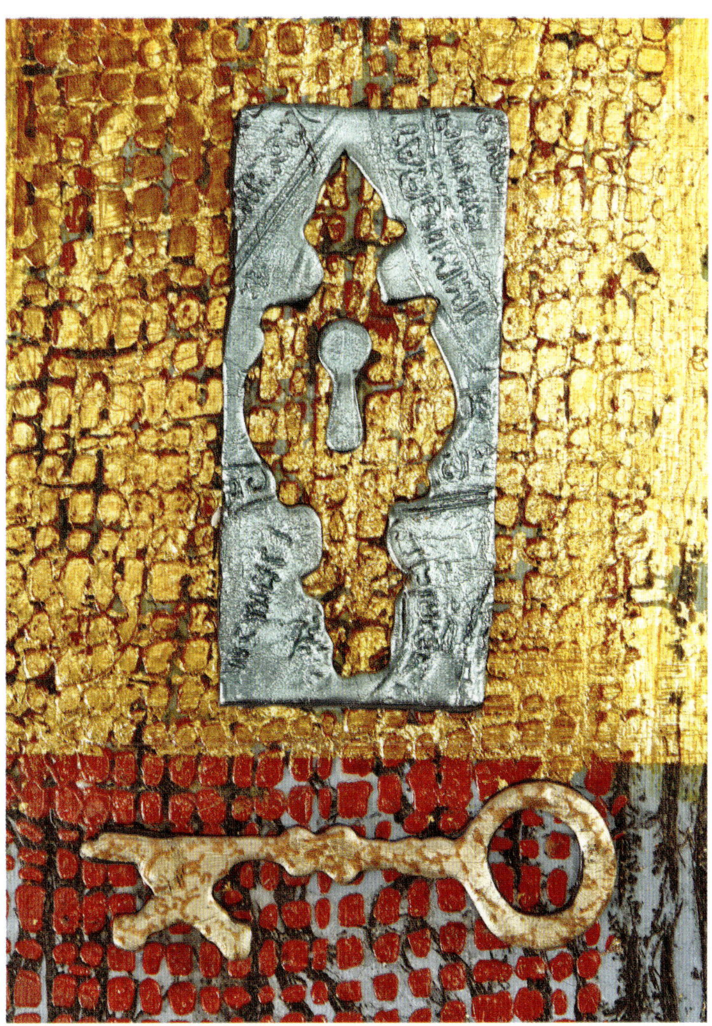

Hier wurde das Stanzteil erhitzt und geprägt. Nach dem Akühlen wurde es auf einen texturierten Hintergrund geklebt.

REZEPTE FÜR SELBSTGEMACHTE MODELLIERMASSEN

Erinnern Sie sich noch daran, wie Sie im Kindergarten Mehl und Salz gemischt haben? Und ist es nicht herrlich, dass wir immer noch mit Modelliermassen spielen? Wir möchten Ihnen hier einige unserer Lieblingsrezepte für selbstgemachte Massen vorstellen. Sie können sie alle an einem einzigen Nachmittag mischen und vergleichen. Meist brauchen Sie nur ein paar Minuten zum Mischen. Einige Massen müssen aufgekocht, aber keine von ihnen muss gebrannt werden.

Sie können die Massen mit Lebensmittelfarbe, Acrylfarbe oder Glitter abtönen, sie nach dem Trocknen bemalen, mit Möbelwachs bestreichen und mit Sprühlack versiegeln oder mit der Trockenpinseltechnik gestalten. Die Materialien brauchen je nach Dicke Ihrer Projekte ein paar Tage zum Trocknen. Überschüssige Modelliermasse können Sie in Frischhaltefolie einwickeln und in verschließbaren Plastikbeuteln aufbewahren.

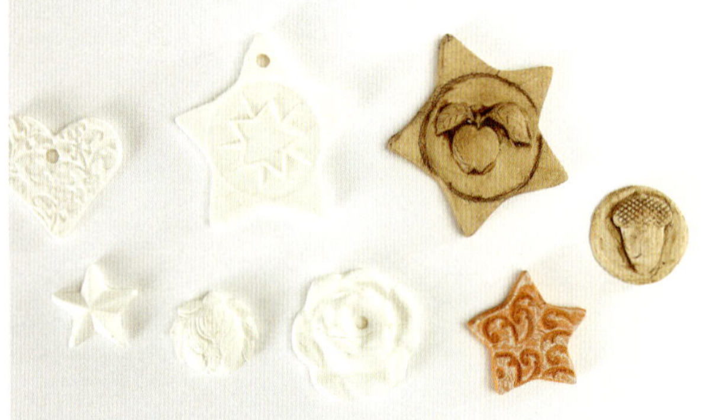

MODELLIERMASSE MIT NATRON

Eine strahlend weiße Masse, die detailliertes Arbeiten erlaubt und fest genug ist zum Modellieren.

237 ml Natron
118 ml Maisstärke
158 ml warmes Wasser

Trockene Zutaten in beschichtetem Topf mischen, dann Wasser hinzufügen. Unter Rühren bei mittlerer Hitze erwärmen. Wenn die Mischung wie weicher Teig aussieht, von der Kochplatte nehmen, etwas abkühlen lassen. Dann etwa fünf Minuten lang durchkneten.

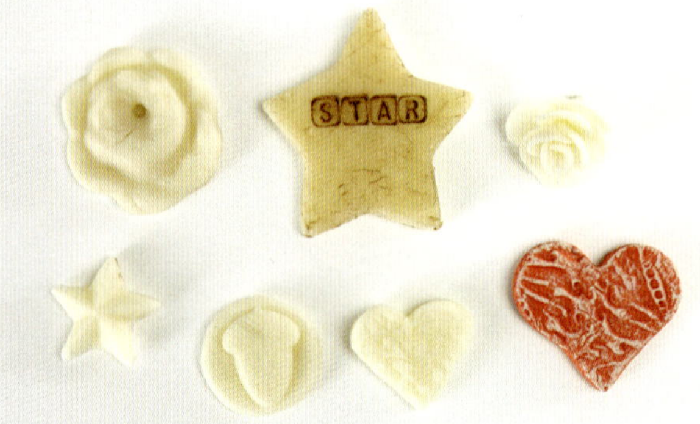

KALTPORZELLAN

Kaltporzellan ist leicht durchscheinend, gut geeignet für Details. Schrumpft leicht beim Trocknen.

177 ml Elmer's Glue-All
5 ml Coldcream (Pond's)
5 ml Glyzerin (Apotheke)
237 ml Maisstärke
118 ml Wasser

Bastelleim, Wasser, Coldcream und Glyzerin in einem Topf erhitzen. Unter Rühren bei mittlerer Hitze glattrühren. Maisstärke hinzufügen, weiterrühren. Die Mischung wird sehr fest; wenn sie einen Klumpen bildet, ist die Masse fertig. Im warmen Zustand etwa fünf Minuten kneten.

TIPP

Lassen Sie Ihre Kreationen aus selbstgemachter Modelliermasse in einem beschichten Topf oder auf Freezer Paper trocknen.

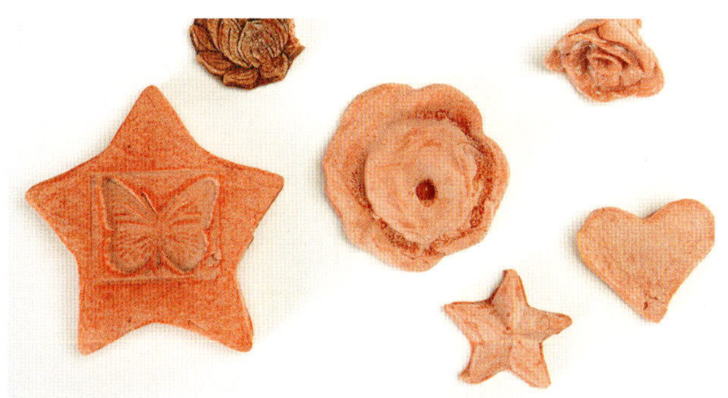

KNETE MIT KOOL-AID

Mit dieser Masse lässt sich gut modellieren und detailgenau abformen. Die Farbe hängt von der Geschmacksrichtung des Kool-Aid ab. Beim Trocknen wird sie heller.

2 Päckchen	Kool-Aid	59 ml	Salz
237 ml	Mehl	15 ml	Babyöl
30 ml	Weinstein	237 ml	Wasser

Trockene Zutaten in einem Topf mischen. Wasser und Öl hinzugeben, glattrühren. 3 bis 5 Minuten auf mittlerer Hitze erhitzen und rühren, bis ein Klumpen entsteht. Etwa 2 Minuten kneten.

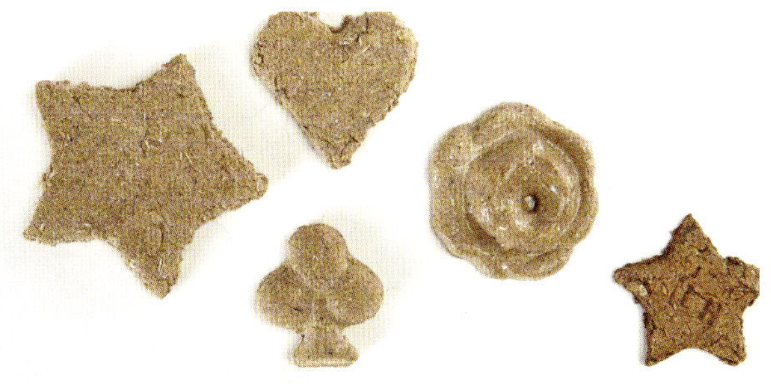

MODELLIERMASSE AUS SÄGEMEHL

Ein einfaches Material für grobe Formen, Details z.B. beim Stempeln halten nicht. Man kann sie nicht glatt schneiden, sie eignet sich aber zum Abformen. Trocknet extrem hart mit körniger Oberfläche.

237 ml	Sägemehl	Wasser
118 ml	Mehl	

Sägemehl und Mehl mischen, nach und nach Wasser zugeben, bis die Mischung fest, aber formbar ist. Geben Sie mehr Mehl hinzu, wenn sie zu krümelig ist. Mehrere Minuten kneten, bis sie elastisch ist.

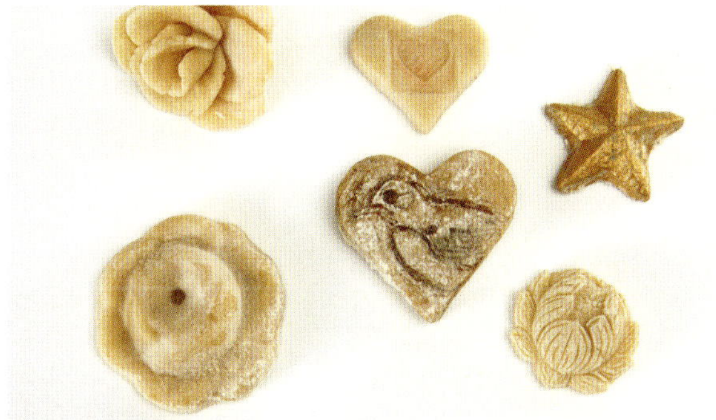

KNETE AUS WEISSBROT

Eine erstaunliche Modelliermasse mit sehr schöner Textur. Zum Modellieren, Bestempeln und Abformen geeignet.

2 Scheiben	Weißbrot	30 ml	Elmer's Glue-All

Die Kruste von den Brotscheiben schneiden, das Brot in einer Schüssel in kleine Stücke bröseln. Leim hinzufügen und mit den Händen (Einweghandschuhe) vermischen und kneten, bis die Masse glatt und formbar ist. Ist sie zu krümelig, brauchen Sie mehr Leim, ist sie zu klebrig, brauchen Sie mehr Brot.

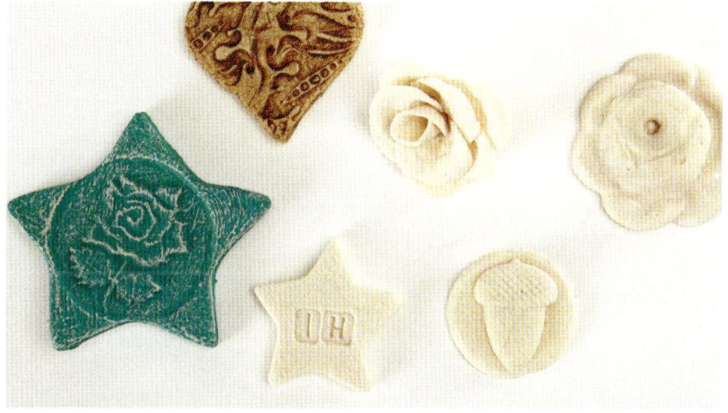

SALZTEIG

Diese Masse lässt sich leicht verarbeiten und hat eine schöne Konsistenz. Eignet sich sehr gut zum Stempeln und Abformen. Hat eine leicht körnige Oberfläche.

296 ml	Mehl	22 ml	Babyöl
59 ml	Salz	2,5 ml	Alaun
237 ml	Wasser		

Mehl und Salz mischen. Wasser, Babyöl und Alaun in einem Topf aufkochen. Die kochende Mischung zu den trockenen Zutaten geben, alles vermischen. Mehrere Minuten mit zusätzlichem Mehl verkneten, bis der Teig nicht mehr klebt.

VERWENDETE MATERIALIEN

Alumilite High Strength 3
Amazing Mold Putty
Apoxie Sculpt
Blender Pens
Citra-Solv
ClayShay
Crackle Paste
Creative Paperclay
Critter Clay
Crystal Clear
Dekopaste
Dermoplastik
Elmer's Glue-All
Enkaustik Wachs
Epoxidharzkleber
E6000 Kleber
Faserpaste
Fiberpaste
Foamboard
Freezer Paper
Fugenmasse
GAC 800
Gel- oder Modellierpaste
Gesso
Gießharz
Gips/Gipsbinde
Kalkspachtel
Kinetic Sand
Knetsilikon
Kool-Aid
Marmormehl
Masonit
Papiermaschee/Pappmaschee
PearlEx
Pellets
Polymer Medium

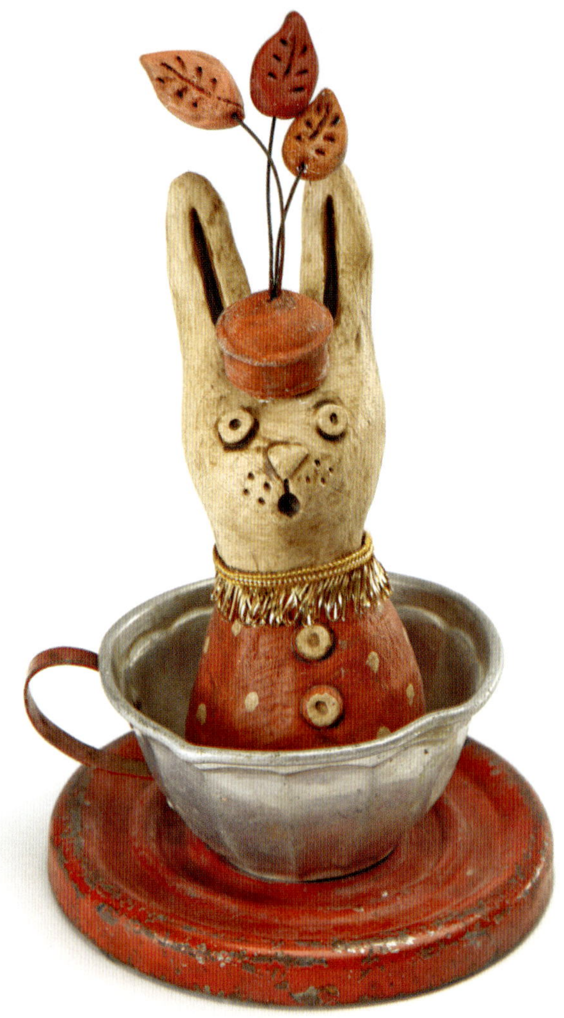

BUNNY SURPRISE (Überraschung!) ▪ PATRICIA CHAPMAN
Critter Clay, handmodelliert und bemalt, mit Verzierungen und Fundstücken.

PU-Versiegelung
Ranger Melt Art Mold-n-Pour
Silikonkautschuk
Soft Gel
Strukturpaste
Stucco Feinspachtel
Thermoplastische Modelliermasse
Töpferton
VersaBond
Wet-Gel
Zwei-Komponenten-Modelliermasse

AUSWAHL HILFREICHER WEBSEITEN

http://www.architekturbedarf.de

http://www.backfieber.com

http://www.bastel-welt.de

http://www.bausep.de

http://www.bildhau.de

http://www.boesner.com

http://www.boyensbackservice.de

http://www.colorado-shop.de

http://www.colores-nativi.de

http://de.dawanda.com

http://www.de-craftorij.nl

http://www.ebay.de

http://www.e-stocklasa.de

http://www.exclusiveone.com

http://www.fredericus-rex.eu/de

http://www.gerstaecker.de

http://www.gestaltungsmaterialien.de

http://www.hobbytrend.eu

http://www.hobbyversand-schlachter.de

http://www.hornbach.de

http://www.kuenstlermagazin.de

http://kugelknete.de

http://www.kunstpark-shop.de

http://www.meincupcake.de

http://www.metalclay.co.uk

http://shop.modellpferdeversand.de

http://www.modulor.de

http://www.mycostumes.de

http://www.mytoys.de

http://www.online-werkzeughandel.de

http://www.pearl.de

http://www.pandurohobby.de

http://www.propdog.co.uk

http://www.quiltzauberei.de

http://www.schmuck-ton.de

http://www.stampin.com

http://www.stempelmuehle.de

http://www.susand-design.de

http://www.trollfactory.de

http://www.viva-decor.de

REGISTER

Die amerikanische Originalausgabe
erschien 2016 unter dem Titel

MIXED MEDIA IN CLAY

This translation has been published
by arrangement with
North Light Books,
an imprint of F+W Media, Inc.,
10151 Carver Road, Suite 200, Blue Ash, Ohio, USA
45242.

Satz: Martin Kring, Lahnstein
Druck: Printed in China

Darlene Olivia McElroy/Patricia Chapman
Variantenreiches Modellieren
Überraschende Ergebnisse ohne Brand
Übersetzt aus dem Englischen
von Rita Kloosterziel
1. Auflage 2016

ISBN 978-3-936489-55-2

Hanusch Verlag
Zeppelinstraße 11
56075 Koblenz
Internet: www.hanusch-verlag.de
e-mail: info@hanusch-verlag.de

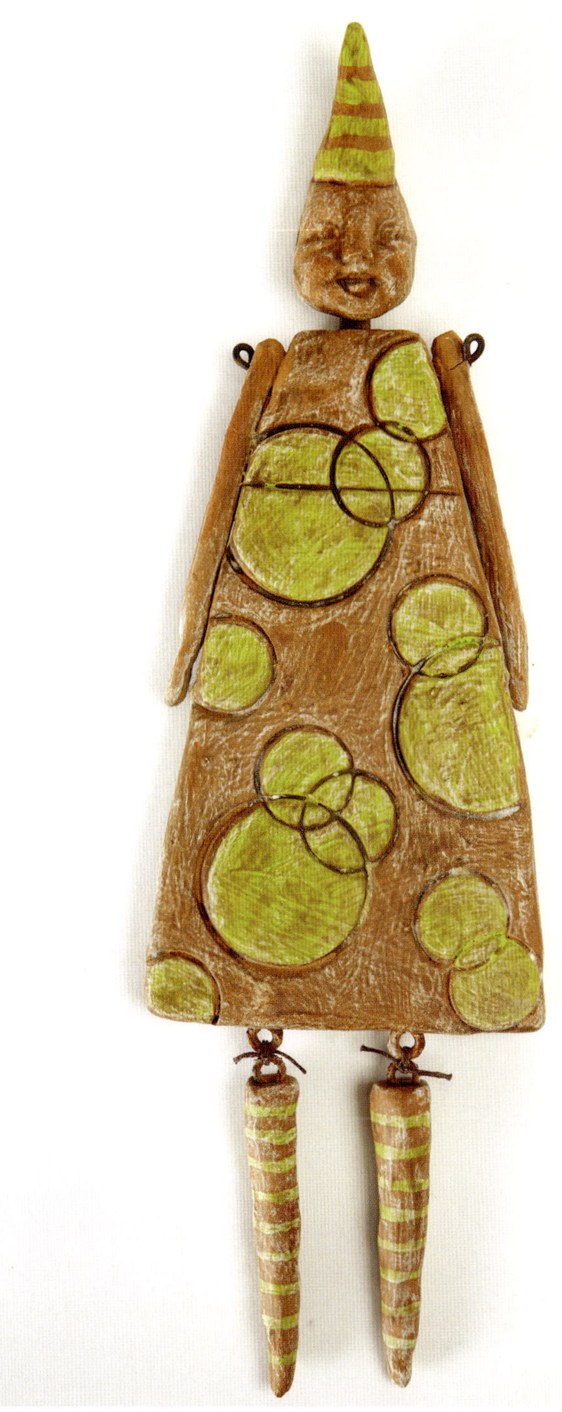

BUBBLES (Blasen) ▪ PATRICIA CHAPMAN
Platte aus Critter Clay, bestempelt und bemalt, mit abgeformten und frei modellierten Elementen aus Critter Clay.

ÜBER DIE AUTORINNEN

DARLENE OLIVIA MCELROY

Darlene wuchs in Südkalifornien auf. Sie stammt aus einer Familie mit Künstlern und Geschichtenerzählern und wurde vor allem von ihrem Großvater beeinflusst, einem bekannten Künstler von Catalina Island. Sie selbst arbeitet gern mit transparenten Schichten, um eine Tiefe zum Vorschein zu bringen, die dem ersten Blick verborgen bleibt. Mit neoklassischen (oder auch jüngeren) Bildern und Symbolen vermittelt sie einen Eindruck von der Flüchtigkeit des Lebens, oft in neuen und unerwarteten Kontexten. Darlenes Kunst ist in nationalen und internationalen Galerien zu sehen, sie gibt Kurse und gehört aktuell zum Creative Paperclay Design Team. Sie lebt in Santa Fe, mit ihrem Mann und vier Hunden und ist von wunderbar kreativen Freunden umgeben. Darlene hat bereits mehrere Bücher veröffentlicht. Weitere Informationen auf DarleneOliviaMcElroy.com.

WIDMUNG:

Ich könnte keine bessere Freundin und Co-Autorin als Patricia Chapman (jo, Pat!) und keinen wunderbareren Mann als Dave haben. Ihr seid brillant!

DANKSAGUNG:

Das Team bei F+W hält uns zusammen, lässt uns gut dastehen und macht die Arbeit zum Vergnügen Tonia Jenny, Kristin Conlin, Christine Polomsky und Jamie Markle.

PATRICIA CHAPMAN

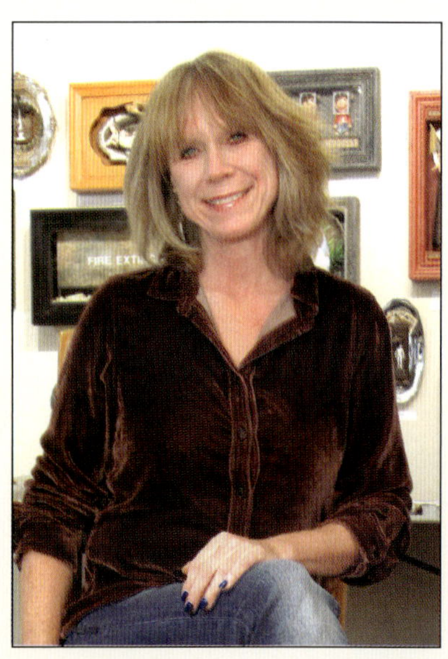

Patricia wuchs im Mittleren Westen auf und wollte unbedingt Cowgirl werden. Als sie jedoch zum ersten Mal einen Klumpen Knete in die Finger bekam, wurde der Wunsch, kreativ zu sein, stärker als ihre Cowgirl-Träume. Patricia studierte an der San Francisco Academy of Art und der Universität von Arizona. Danach schuf sie einige Jahre lang großformatige Faserkunst-Objekte für öffentliche und private Auftraggeber. Aus ihrer Sammelleidenschaft für ungewöhnliche Gegenstände erwuchs schließlich die Erkenntnis, dass sie sich deren metaphorischen Gehalt zunutze machen und sie zu Assemblage-Kunstwerken mit Text und viel Humor zusammenstellen sollte, um Geschichten über das Leben, die Liebe und andere unmögliche Situationen zu erzählen. Patricias Kunst war in Galerien im In- und Ausland zu sehen und erschien in mehreren Buchpublikationen. Sie lebt in Boulder, Colorado, und verbringt lächerlich viel Zeit in ihrem Studio, gibt Privatstunden und Workshops und hat unglaublich wunderbare Freunde und eine ebensolche Familie. Nähres unter ThePatStudio.com.

WIDMUNG:

Für meine unermüdlich hilfsbereite, ermutigende und großartige Familie und einen wunderbaren Freundeskreis. Und für meine Katze Zoe, die mich immer wieder daran erinnert, eine Pause zu machen und mit der Katze zu spielen.

DANKSAGUNG:

Meiner unglaublich talentierten Co-Autorin Darlene bin ich zu ewigem Dank verpflichtet. Mein tief empfundener Dank gilt außerdem der Chefredakteurin Kristy Conlin und der Fotografin Christine Polomsky vom F+W Dream Team. Für mich als Neuling hätte der Einstieg ins Büchermachen nicht entspannter und schöner sein können.